全世界无产者，联合起来！

毛泽东文集

第 二 卷

（一九三七年八月——一九四二年十二月）

人 民 出 版 社

目　　录

关于红军作战的原则

（一九三七年八月一日）

周、博、林[1]：

关于红军作战，依当前敌我情况，我们认为须坚持下列两原则：

甲、在整个战略方针下执行独立自主的分散作战的游击战争，而不是阵地战，也不是集中作战，因此不能在战役战术上受束缚。只有如此才能发挥红军特长，给日寇以相当打击。

乙、依上述原则，在开始阶段，红军以出三分之一的兵力为适宜，兵力过大，不能发挥游击战，而易受敌人的集中打击。其余兵力依战争发展，逐渐使用之。

以上原则，请与各同志[2]商定，并准备携告国民党。

洛[3]、毛

东西

根据中央档案馆保存的抄件刊印。

注　　释

〔1〕周，指周恩来。博，指博古，即秦邦宪（一九〇七——一九四六），江苏无锡

人。林，指林伯渠（一八八六——一九六〇），湖南临澧人。他们当时是中共中央委派的同国民党进行谈判的代表。

〔**2**〕指当时在陕西泾阳县云阳镇的朱德、彭德怀等红军总部领导人。

〔**3**〕洛，指洛甫，即张闻天（一九〇〇——一九七六），江苏南汇（今属上海市）人。当时任中共中央政治局常委，在中央负总责。

对国防问题的意见

（一九三七年八月四日）

周朱叶[1]并告博林，彭任，刘张，贺关，陈聂，徐程，陈王，萧郭[2]：

国防问题，我们意见如下：

甲、第一防线张家口、涿州、静海、青岛等处，重点在张家口，应集中第一次决战兵力。

乙、第二防线大同、保定、马厂、潍县等处，应集中优势兵力，相机增援第一线并准备第二线决战。

丙、至太原、石家庄、沧州等处，仅能作为第三防线，决不能只顾此线而不集中兵力于第一、二线。

丁、目前关键是第一防线。

戊、总的战略方针，暂时是攻势防御，应给进攻之敌以歼灭的反攻，决不能是单纯防御；将来准备转变到战略进攻，收复失地。

己、正规战与游击战相配合，游击战以红军与其他适宜部队及人民武装担任之，在整个战略部署下给与独立自主的指挥权。

庚、担任游击战之部队，依地形条件及战况之发展，适当使用其兵力。为适应游击战性质，原则上应分开使用而不是集中使用。

辛、依现时情况，红军应出三分之一兵力，依冀、察〔3〕、晋、绥〔4〕四省交界地区为中心，向着沿平绥路西进及沿平汉路南进之敌，执行侧面的游击战。另以一部向热〔5〕冀察边区活动，威胁敌后方（兵力不超过一个团）。红军应给与必要的补充。

壬、发动人民的武装自卫战，是保证军队作战胜利的中心一环，对此方针游移是必败之道。

癸、其余由你们相机提出，不可过多，要捉住中心。

洛〔6〕、毛

八月四日

根据中央档案馆保存的抄件刊印。

注　释

〔1〕周，指周恩来。朱，指朱德。叶，指叶剑英（一八九七——一九八六），广东梅县人。一九三七年八月初，经中共中央决定，他们正准备前往南京出席商讨国防问题的会议。

〔2〕博林，指博古（秦邦宪）和林伯渠。他们当时是中共中央委派的同国民党谈判的代表。彭，指彭德怀（一八九八——一九七四），湖南湘潭人，当时任红军前敌总指挥。任，指任弼时（一九〇四——一九五〇），湖南湘阴人，当时任红军前敌总指挥部政治委员。刘，指刘伯承（一八九二——一九八六），四川开县人，当时任红军援西军司令员。张，指张浩，即林育英（一八九七——一九四二），湖北黄冈（今黄州市）人，当时任红军援西军政治委员。贺，指贺龙（一八九六——一九六九），湖南桑植人，当时任红军第二方面军总指挥。关，指关向应（一九〇二——一九四六），辽宁金县（今属大连市）人，当时任红军第二方面军政治委员。陈，指陈光（一

九〇七——一九五四)，湖南宜章人，当时任红军第一军团代理军团长。聂，指聂荣臻(一八九九——一九九二)，四川江津人，当时任红军第一军团政治委员。徐，指徐海东(一九〇〇——一九七〇)，湖北大悟人，当时任红军第十五军团军团长。程，指程子华(一九〇五——一九九一)，山西解县(今属运城市)人，当时任红军第十五军团政治委员。陈，指陈再道(一九〇九——一九九三)，湖北麻城人，当时任红军援西军第四军军长。王，指王宏坤(一九〇九——一九九三)，湖北麻城人，当时任红军援西军第四军政治委员。萧，指萧克，一九〇八年生，湖南嘉禾人，当时任红军援西军第三十一军军长。郭，指郭述申，一九〇四年生，湖北孝感人，当时任红军援西军第三十一军政治委员。

〔3〕察，指察哈尔省，一九五二年撤销，当时辖区为今河北省西北部及内蒙古自治区锡林郭勒盟。

〔4〕绥，指绥远省，一九五四年撤销，当时辖区为今内蒙古自治区乌兰察布盟、伊克昭盟、巴彦淖尔盟东部及呼和浩特市、包头市等地。

〔5〕热，指热河省，一九五五年撤销，当时辖区为今河北省东北部、辽宁省西南部、内蒙古自治区东南部。

〔6〕洛，指洛甫，即张闻天，当时任中共中央政治局常委，在中央负总责。

同各方接洽要有谦逊态度

（一九三七年八月十日）

雪枫[1]同志：

各电均悉，甚慰。

甲、同各方接洽，在积极推动抗战的总方针下，要有谦逊的态度，不可自夸红军长处，不可说红军抗日一定打胜仗，相反要请教他们各种情况，如日军战斗力、山地战、平原战等等红军素所不习的情形，以便红军有所根据，逐渐克服困难。不可隐瞒红军若干不应该隐瞒的缺点，例如只会打游击战，不会打阵地战，只会打山地战，不会打平原战，只宜于在总的战略下进行独立自主的指挥，不宜于以战役战术上的集中指挥去束缚，以致失去其长处，这些都应着重说明。根据山地战与游击战的理由，红军要求位于冀、察[2]、晋、绥[3]四省交界之四角地区，向着沿平绥路西进及沿平汉路南进之敌，作侧面的袭击战，配合正面友军战略上的行动。红军技术与装备十分贫弱，也要使他们知道，并照昨电所开五类十九种物品要求补充，否则同强敌作战，是难以收效的。

乙、因时局紧急，红军不待改编即拟出动，到大同后再行改编。朱、周[4]已于九日飞京，俟接其回电立即出动。如他们问及如何还未改编，则答以因为南京的拖延（不发表宣言，不决定政治纲领，不发表指挥部，也不颁布番号，最近几天内才把番号颁下，但指挥部还未委任）。

丙、出动路线，因洛川至府谷千余里无粮，延安南北八百余里颗粒无买（机关粮食从晋西与西安买来），因此决不能走陕北，只能走韩城渡河经蒲县、孝义、汾阳到大同集中。此点与阎〔5〕交涉一定要办到。

丁、太原公开办事处〔6〕立即开设，你为主任。

毛 泽 东

八月十日

根据中央档案馆保存的抄件刊印。

注 释

〔1〕雪枫，即彭雪枫（一九〇七——一九四四），河南镇平人。当时受中共中央委派在山西等地做统一战线工作。

〔2〕察，指察哈尔省，见本卷第5页注〔3〕。

〔3〕绥，指绥远省，见本卷第5页注〔4〕。

〔4〕朱，指朱德。周，指周恩来。他们当时已赴南京参加商讨国防问题的会议。

〔5〕阎，指阎锡山（一八八三——一九六〇），山西五台县河边村（今属定襄）人。当时任国民党政府太原绥靖公署主任。

〔6〕指八路军驻山西办事处。

中日战争爆发后的形势与任务[1]

（一九三七年九月一日）

甲、形势

（一）日本大规模进攻开始

是大规模的

是继续的

一个强大的帝国主义并有外援

但又是一个冒险的进攻

（二）中国全国性抗战开始

是全国性的不是局部的

进入了实行抗战的阶段

但还是单纯的政府抗战，压制人民的积极性，包含着严重的危险性

抗日战线中的左派、中派、右派，阶级关系在重新变化，估计到阶级结合之新的情况

全民抗战还没有到来，但非此不能战胜日本

抗日民族统一战线已在全国开始组织成功，但还是不充实的，不坚固的

（三）结论

是持久战

为动员一切力量争取抗战胜利而斗争，为充实的坚固的抗日民族统一战线而斗争

乙、任务

（一）动员一切力量争取抗战胜利，十大纲领，全面的全民族的战争

（二）红军之团结核心的任务

独立自主的山地游击战争

由“壮气军”地位到实力领导地位

抗日根据地问题与义勇军问题

（三）友党友军区域的任务

党从现在地位到实力领导地位

（四）边区的任务

政治、军事与干部的策源地

（五）战争中建立工农资产阶级民主共和国，并准备过渡到社会主义

两个特点

两个前途

（六）资产阶级追随无产阶级，还是无产阶级追随资产阶级（国民党吸引共产党，还是共产党吸引国民党）

自觉与不自觉

反对急性病

反对右倾机会主义即投降主义——即将成为全

党的主要危险(混同不同的阶级、党与政策)

民族失败主义有两种:一种是"左"的——托洛茨基主义;一种是右的——民族悲观主义(存在于抗日战线的右翼中)

(七)团结干部在党的路线周围

根据中央档案馆保存的抄件刊印。

注　　释

〔1〕这是毛泽东一九三七年九月一日在中央一级积极分子会议上的报告大纲。

对独立自主的山地游击战争的解释

（一九三七年九月十二日）

德怀[1]同志：

真电[2]悉。

甲、同意你偕恩来去南京一行。[3]

乙、在晋、在冀、在京，均着重解释我军"独立自主的山地游击战争"这个基本原则，取得他们的彻底了解与同意。

丙、此原则中包含：（一）依照情况使用兵力的自由。现在蒋鼎文[4]还在说刘师[5]应速上前线。彼等用意，或者不明白使用大兵团于一个狭小地域实不便于进行游击战争，如果是这样，可见我们对此原则并未向他们有过彻底坚持的说明；或者他们含有恶意，即企图迫使红军打硬仗。（二）红军有发动群众、创造根据地、组织义勇军之自由，地方政权与邻近友军不得干涉。如不弄清这一点，必将发生无穷纠葛，而红军之伟大作用决不能发挥。（三）南京只作战略规定，红军有执行此战略之一切自由。（四）坚持依傍山地与不打硬仗的原则。

丁、你未回军以前，属我直接指挥，通知朱、任、林、贺〔6〕。

毛 泽 东

九月十二日

根据中央档案馆保存的抄件刊印。

注 释

〔1〕德怀，即彭德怀，当时任八路军副总司令。

〔2〕指一九三七年九月十一日彭德怀给毛泽东、朱德的电报。电报中请示他是否仍随周恩来去南京一次，以便报告前方实情和争取补充，对整个作战方针和发动民众问题亦可相机进言。

〔3〕朱德、任弼时一九三七年九月十二日致电毛泽东并告周恩来、彭德怀，认为目前前线紧张，彭德怀可不去南京，在以后适当时机再去为妥。因此，彭德怀这次未去南京。周恩来也因前线战事紧张，这次未能成行。

〔4〕蒋鼎文（一八九五——一九七四），浙江诸暨人。当时任国民党政府军事委员会西安行营主任。

〔5〕刘师，指刘伯承任师长的八路军第一二九师。

〔6〕朱，指朱德。任，指任弼时，当时任八路军政治部主任。林，指林彪（一九〇七——一九七一），湖北黄冈（今黄州市）人，当时任八路军第一一五师师长。贺，指贺龙，当时任八路军第一二〇师师长。

南方游击区谈判改编时应坚持的方针

（一九三七年九月十四日）

博、叶、周[1]并告林、董、朱、彭、任[2]：

关于各边区统一战线问题：

甲、湘鄂赣边区傅秋涛[3]等派至武汉谈判代表，承认武汉行营派军需主任、副官主任等许多人到部队中去及其他许多不利条件，完全错误。已电伯渠、必武，通知谈判代表停止谈判，即速回去，由傅秋涛另派代表，否认原定条件，重定办法，坚持下列各点：

（一）国民党不得插进一个人来；

（二）一定的军饷；

（三）驻地依靠有险可守之山地，严防暗袭及破坏，不要求驻大地方。

乙、郑位三[4]到南京已见博、叶否？请转博严嘱郑位三依照上述三点进行鄂豫皖谈判，嗣后豫等不得蹈湘鄂赣及闽粤边之覆辙。

丙、要求南京责令余汉谋[5]退回何鸣部[6]人枪，不得缺少一人一枪，博、叶交涉情况如何？

丁、统一战线中，地方党容易陷入右倾机会主义，这已成党的主要危险，请严密注意。

洛甫〔7〕、泽东

九月十四日

根据中央档案馆保存的抄件刊印。

注 释

〔1〕博、叶、周，指博古（秦邦宪）、叶剑英、周恩来，当时均为中共中央长江沿岸委员会委员，周恩来为书记。该委员会负责同国民党武汉行营的交涉、谈判事宜。

〔2〕林，指林伯渠，当时任陕甘宁边区政府主席、中共中央长江沿岸委员会委员，具体负责西安方面的统一战线和对外联络工作。董，指董必武（一八八六——一九七五），湖北黄安（今红安）人，当时任中共中央长江沿岸委员会委员，具体负责武汉方面的统一战线和对外联络工作。朱，指朱德。彭，指彭德怀，当时任八路军副总司令。任，指任弼时，当时任八路军政治部主任。

〔3〕傅秋涛（一九〇七——一九八一），湖南平江人。当时任中共湘鄂赣特委书记。

〔4〕郑位三（一九〇二——一九七五），湖北黄安（今红安）人。当时任中共鄂东北特委书记。

〔5〕余汉谋（一八九七——一九八一），广东高要人。当时任国民党军第四战区副司令长官兼第十二集团军总司令。

〔6〕何鸣（一九一〇——一九三九），广东万宁（今属海南省）人。当时任中共闽粤边特委代理书记、中国工农红军闽南独立第三团团长兼政治委员。一九三七年七月，由于他对国民党借谈判消灭闽粤边区红军的阴谋毫无察觉，使所率独立第三团近千人被包围缴械。

〔7〕洛甫，即张闻天，当时任中共中央政治局常委，在中央负总责。

关于敌情判断及八路军的战略部署

（一九三七年九月十七日）

朱彭任，林聂，贺萧，刘徐[1]：

关于情况判断及战略部署问题：

甲、判断敌攻华北大约分为四路，总兵力约十五万至二十万人。一路山东，现未出动。又一路津浦线，约一个半师团，现攻至马厂。又一路平汉线，约一个师团，现在涿州以北未动。又一路平绥、同蒲线，约三个师团，为其主力[2]，以大迂回姿势，企图夺取太原，威胁平汉线中央军而最后击破之，夺取黄河以北。以此姿势，威胁河南、山东之背，而利于最后夺取山东，完成其夺取华北五省[3]之企图。其总的战略方针，是采取右翼迂回。至于上海进兵，于破坏中国经济命脉外，又钳制中央军之主力，以便利其夺取华北。以上是对日寇第一期作战计划之基本判断。

乙、日寇右翼之主力，又分为三路，均以追击姿势前进。一路沿平绥东段、同蒲北段攻雁门关，判断约一师团，占大同后现未动。一路由天镇占广灵后，向灵丘、平型关进攻，系向晋绥军行右翼迂回。一路由张家口占蔚县后，有攻涞源之势，系向卫立煌[4]军及紫荆关部队行左翼迂回。此两路判断系组成联合兵团，至少两师团，以第一步中央突破之姿势达成其第二步分向两翼迂回之目的。

丙、蒋[5]以卫立煌军处于敌之包围中，令其向平汉线撤退。阎[6]以灵丘为山西生命线，拟集中十四个团在平型关以北举行决战。判断如决战胜利，则敌之南进可稍延缓，但必增兵猛攻。如决战失败，敌必速攻平型关、雁门关，待后路预备兵团到达后，主力直下太原，使绥远西境之晋绥军、恒山山脉南段五台等处之各军、平汉北段之各军，均不得不自行撤退，彼可不战而得上述各地，娘子关之天险亦失其作用。

丁、涞源、灵丘为敌必争之地。阜平、五台、盂县如无南北公路，或可暂时不被敌占；如有南北公路，敌有出一支向南切断正太路之可能。不论如何，恒山山脉必为敌军夺取冀、察、晋三省之战略中枢，向此中枢出动主力，此点已为浑源、蔚县、广灵之被占所证明。

戊、晋阎指挥下之傅、杨、刘、汤[7]各军均失锐气，使我们不能作出这些军队能够在现阵地根本破坏敌人战略计划之结论。

己、红军此时是支队性质，不起决战的决定作用。但如部署得当，能起在华北（主要在山西）支持游击战争的决定作用。

庚、过去决定红军全部在恒山山脉创造游击根据地的计划，在上述敌我情况下，已根本上不适用了。此时如依原计划执行，将全部处于敌之战略大迂回中，即使第二步撤向太行山脉，亦在其大迂回中（设想敌占太原之情况下），将完全陷入被动地位。

辛、依上述情况及判断，为战略上展开于机动地位，即展开于敌之翼侧，钳制敌之进攻太原与继续南下，援助晋绥军使之不过于损失力量，为真正进行独立自主的山地游击战，为广泛发动群众，组织义勇军，创造游击根据地，支持华北游击战争，并为扩大红军本身起见，拟变更原定部署，采取如下之战略部署：(一)我二方面军〔8〕应集结于太原以北之忻县待命，准备在取得阎之同意下，转至晋西北管涔山脉地区活动。(二)我四方面军〔9〕在外交问题〔10〕解决后，或在适当时机，进至吕梁山脉活动。(三)我一方面军〔11〕则以自觉的被动姿势，现时进入恒山山脉南段活动，如敌南进，而友军又未能将其击退，则准备依情况逐渐南移，展开于晋东南之太行、太岳两山脉中。(四)总部进至太原附近，依情况决定适当位置。

壬、你们意见如何？请考虑电复。

毛 泽 东

十七日午

根据中央档案馆保存的抄件刊印。

注　　释

〔1〕朱彭任，指朱德、彭德怀、任弼时，当时分别任八路军总司令、副总司令和政治部主任。林聂，指林彪、聂荣臻，当时分别任八路军第一一五师师长和副师长。贺萧，指贺龙、萧克，当时分别任八路军第一二〇师师长和副师长。刘，指刘伯承，当时任八路军第一二九师师长。徐，指徐向前（一九〇一——一九九〇），山西五台人，当时任八路军第一二九师副师长。

〔2〕当时日军进攻华北的主力系沿平汉铁路南下和由滏阳河迂回平汉铁路

的六个师团。沿平绥铁路、同蒲铁路西进、南下的日军不是主力。

〔3〕华北五省，指当时中国华北地区的河北、察哈尔（今分属河北、山西两省）、绥远（今属内蒙古自治区）、山东、山西五省。

〔4〕卫立煌（一八九七——一九六〇），安徽合肥人。当时任国民党军第十四集团军总司令。

〔5〕蒋，指蒋介石。

〔6〕阎，指阎锡山，当时任国民党军第二战区司令长官。

〔7〕傅，指傅作义（一八九五——一九七四），山西临猗人，当时任国民党军第七集团军总司令兼第三十五军军长。杨，指杨爱源（一八八八——一九五九），山西五台人，当时任国民党军第三十四军军长。刘，指刘茂恩（一八九四——一九八一），河南巩县人，当时任国民党军第十三军团军团长兼第十五军军长。汤，指汤恩伯（一九〇〇——一九五四），浙江武义人，当时任国民党军第七集团军前敌总指挥兼第十三军军长。

〔8〕指八路军第一二〇师。

〔9〕指八路军第一二九师。

〔10〕指国共谈判中中国共产党要求国民党发表《中共中央为公布国共合作宣言》，承认中国共产党的合法地位。当时，党内曾将同国民党谈判称作外交问题。

〔11〕指八路军第一一五师。

关于实行独立自主的山地游击战方针

（一九三七年九月二十一日）

德怀[1]同志：

阎锡山[2]现在处于不打一仗则不能答复山西民众，要打一仗则毫无把握的矛盾中，他的这种矛盾是不能解决的。你估计他放弃平型关，企图在沙河决战的决心是动摇的，这种估计是完全对的。他的部下全无决心，他的军队已失战斗力，也许在雁门关、平型关、沙河一带会被迫地举行决战，然而大势所趋，必难持久，不管决战胜败如何，太原与整个华北都是危如累卵。个别同志对于这种客观的必然的趋势，似乎还没有深刻认识，被暂时情况所诱惑。如果这种观点不变，势必红军也同阎锡山相似，陷入于被动的、应付的、挨打的、被敌各个击破的境遇中。今日红军在决战问题上不起任何决定作用，而有一种自己的拿手好戏，在这种拿手戏中一定能起决定作用，这就是真正独立自主的山地游击战（不是运动战）。要实行这样的方针，就要战略上有有力部队处于敌之翼侧，就要以创造根据地发动群众为主，就要分散兵力，而不是以集中打仗为主。集中打仗则不能做群众工作，作群众工作则不能集中打仗，二者不能并举。然而,只有分散做群众工作,才是决定地制胜敌人、援助友军的唯一无二的办法,集中打仗在目前是毫无结果可言的。目前情况与过去国内战争根本不同,不能回想过去的味道,还要在目前照样再做。我完全同意你十八日电中"使敌虽深入山西,还处在我们游击战争的四面包围中"这个观点。请你坚持这个观点,从远处大处着想,对于个别同志不妥当的观点给与深刻的解释,使战略方针归于一致。林彪〔3〕同志来电完全同意我十七日的判断与部署,他只想以陈旅〔4〕集中相机给敌以打击,暂时不分散。这种一个旅的暂时集中,当然是可以的,但如许久还无机可乘时,仍以适时把中心转向群众工作为宜。王震〔5〕率一个团暂时到五台也是可以的,但请注意到适当时机仍以转赴晋西北为宜。依情况判断,林率陈旅即使能打一二个胜仗,不久也须转向五台来的。统请斟酌处理。

毛　泽　东

二十一日

根据中央档案馆保存的抄件刊印。

注　释

〔1〕德怀,即彭德怀,当时任八路军副总司令。

〔2〕阎锡山,当时任国民党军第二战区司令长官。

〔3〕林彪,当时任八路军第一一五师师长。

〔4〕陈旅,指陈光任旅长的八路军第一一五师第三四三旅。

〔5〕王震(一九〇八——一九九三),湖南浏阳人。当时任八路军第一二〇师第三五九旅副旅长。

关于在山西
开展游击战争的意见

（一九三七年九月二十三日）

雪枫[1]同志并告周，朱彭任，林聂，贺萧，刘徐张[2]：

巧电[3]悉。关于阎先生所提，假如在不利情况下，两军团结一致，用游击战争坚决抵抗日寇进攻之方针，我是完全同意的。但有下列意见：

甲、游击战争主要应处于敌之翼侧及后方，在山西应分为晋西北、晋东北、晋东南、晋西南四区，向着进入中心城市及要道之敌人，取四面包围袭击之姿势，不宜集中于五台山脉一区，集中一区是难以立足的。

乙、五台山脉应使之成为重要的游击区域之一，现就宜加紧准备，可双方派人察看，并计划一切，不宜迟缓。

丙、同时应该充分注意晋西北管涔山脉地区及部署与准备，因为敌人必将先行占领该地神池、宁武一带，与东边占领恒山山脉之行动相配合，取居高临下之利，然后进攻太原。

丁、太行、太岳山脉之晋东南与吕梁山山脉之晋西南，虽目前距敌尚远，然亦不可不于此时作适当之部署，如若干必要资材之准备迁移等。资材集中于五台一处是不妥当的。

戊、游击战争除军事部署以外，最主要的是紧密依靠乡村广大人民群众，只有如此，才能取得最后胜利。

己、上述部署及计划，并不妨碍争取以主力在长城一带举行有利的决战之现时计划。

庚、关于阎先生诚意合作与商量指挥之事，我们甚为佩服与感谢。

辛、上述游击战争意见，望即提供阎先生考虑，倘承采取，抗战幸甚。

毛　泽　东

二十三日午

根据中央档案馆保存的抄件刊印。

注　　释

〔1〕雪枫，即彭雪枫，当时任八路军总部参谋处处长兼驻山西办事处主任。

〔2〕周，指周恩来。朱，指朱德。彭，指彭德怀，当时任八路军副总司令。任，指任弼时，当时任八路军政治部主任。林聂，指林彪、聂荣臻，当时分别任八路军第一一五师师长和政治委员。贺萧，指贺龙、萧克，当时分别任八路军第一二〇师师长和副师长。刘徐张，指刘伯承、徐向前、张浩（林育英），当时分别任八路军第一二九师师长、副师长和政治委员。

〔3〕指彭雪枫一九三七年九月十八日给毛泽东的电报。该电汇报了他同国民党军第二战区司令长官阎锡山十六日秘密会谈的情况，其中提到阎锡山建议：一旦出现津浦路平汉路失守、晋军败退的不利局势，以八路军会合晋绥军一个集团军，在五台山山脉建立根据地，同日军周旋。

整个华北工作应以游击战争为唯一方向

（一九三七年九月二十五日）

周〔1〕并转胡服、尚昆、朱瑞〔2〕并告朱、彭、任〔3〕：

甲、整个华北工作，应以游击战争为唯一方向。一切工作，例如民运、统一战线等等，应环绕于游击战争。华北正规战如失败，我们不负责任；但游击战争如失败，我们须负严重的责任。

乙、除山西部署已告外，应令河北党注全力于游击战争，借着红军抗战的声威，发动全华北党（包括山东在内）动员群众，收编散兵散枪，普遍地但是有计划地组成游击队。为此目的，周是否应与冯治安、黄绍竑〔4〕等再谈一次，请酌。

丙、为此目的，应着重于高级干部之分配及独立领导的党政军集体机关之组织。要设想在敌整个占领华北后，我们能坚持广泛有力的游击战争。要告诉全党（要发动党内党外），今后没有别的工作，唯一的就是游击战争。为此目的，红军应给予一切可能的助力。

丁、请以整个华北的部署见告。

毛　泽　东

二十五日

根据中央档案馆保存的抄件刊印。

注　　释

〔1〕周，指周恩来。

〔2〕胡服，即刘少奇。尚昆，即杨尚昆，一九〇七年生，四川潼南人，当时任中共中央北方局副书记。朱瑞（一九〇五——一九四八），江苏宿迁人，当时任中共中央北方局军委书记。

〔3〕朱，指朱德。彭，指彭德怀，当时任八路军副总司令。任，指任弼时，当时任八路军政治部主任。

〔4〕冯治安（一八九六——一九五四），河北故城人，当时任国民党军第一集团军副总司令兼第七十七军军长。黄绍竑（一八九五——一九六六），广西容县人，当时任国民党政府军事委员会第一部部长。

关于华北作战的战略意见

（一九三七年九月二十五日）

朱、彭、任、周[1]并告林彪[2]：

战略意见：

甲、依据现时敌攻保定、代州[3]并向石家庄、太原，对灵、涞、广、蔚[4]四县似乎没有多兵据守的情况，依据蒋、阎[5]谈决在保定取决战方针，在晋北取固守方针的情况，为阻敌南占太原、石家庄，支持华北的持久战起见，拟建议蒋、阎派何柱国[6]骑兵军全部，另派桂军或中央军有力步兵一万五千至二万人，与我林师全部配合，受朱、彭指挥，在蔚、涞之敌向保定前进，灵、广之敌向代州前进确已深入之际，从灵、涞之间向北突击（反攻性质的中央突破），恢复灵、涞、广、蔚四县，然后向着大同、张家口、北平线，大同、太原线，北平、石家庄线，举行大规模的侧后袭击战，在灵、涞、广、蔚建立群众的及堡垒的根据地。如此着成功，还可用相当一部进出热河[7]方向，如此或能造成华北战争的新局面，支持相当时期的持久战。请你们考虑之后向蒋、阎建议。

乙、不管蒋、阎协助与否，目前红军不宜过早暴露，尤不宜过早派遣战术支队，应候蔚、涞之敌脱离蔚、涞攻至满城附近，灵、广之敌脱离灵、广攻至繁峙附近，上述四县兵力极少之际（此时，涿州之敌当攻至徐水附近，大同之敌当攻至雁门关附近），然后使用我林师全部向北突出，依情况再分成无数小支或分成二三个集团，向着恒山山脉以东以西以北广大地区敌之空虚侧后，举行广泛的袭击战。若在敌之主力尚未集中于其主要的攻击点、敌之后方尚未十分空虚之时，暴露红军目标，引起敌人注意，那是不利的。若仅派遣战术支队，那是无益的。

丙、如同意上述意见，就请暂时把我军兵力一概隐蔽并养精蓄锐，待必要条件具备时实行，那时应以王震〔8〕部位于策应前方、保持后路之地区。贺师〔9〕在晋西北之使用同此原则。

丁、如出至敌后，须采取没收大地主政策，广泛发动群众，红军便不孤立。

戊、蒋、阎保定决战、晋北固守的方针（见蒋十九日部署电），完全是处在被动的挨打的姿势下，如无上述一支奇兵袭入敌后，决难持久，只有实行上述计划才能变被动为主动。现在仅仅剩下此一着活棋，应向蒋、阎极力建议（暂不说红军单独行动，只要求派兵协助）。

己、如能实现上述计划，即使保定、代州失守，也是不怕的。没有某些地方失守之代价，不能取得敌后活动的便利。

庚、实行上述计划，须在灵、涞、广、蔚敌军甚少之条件下，须有敌后方敌兵不易活动而我步兵易于活动之地形条件。

辛、以上作为一种提议，请考虑电复。

毛　泽　东

二十五日

根据中央档案馆保存的抄件刊印。

注　释

〔1〕朱，指朱德。彭，指彭德怀，当时任八路军副总司令。任，指任弼时，当时任八路军政治部主任。周，指周恩来。

〔2〕林彪，当时任八路军第一一五师师长。

〔3〕代州，今代县。

〔4〕指山西的灵丘、广灵和河北的涞源、蔚县。

〔5〕蒋，指蒋介石。阎，指阎锡山，当时任国民党军第二战区司令长官。

〔6〕何柱国（一八九七——一九八五），广西容县人。当时任国民党军骑兵第二军军长。

〔7〕热河，指热河省，见本卷第5页注〔5〕。

〔8〕王震，当时任八路军第一二〇师第三五九旅副旅长。

〔9〕贺师，指贺龙任师长的八路军第一二〇师。

在山西应坚持普遍的游击战争的方针

（一九三七年九月二十九日）

周、朱、彭、任[1]：

甲、华北大局非常危险，敌已从平汉、津浦两路的中间突破进来，保定已失，敌正迂回石家庄的侧面，河北局面已经完结了。卫立煌、曾万钟、孙连仲[2]三军退阜平、获鹿线，布置侧面阵地，将依托太行山脉。河北失后，敌将从海州登陆进占徐州，则山东将不战而失。不久中国阵地将变为扼守黄河、运河两线。这一形势将影响到上海战线发生某些变化，南京将被大轰炸，国民党如不妥协，必将迁都。估计中国政局在数月后将起变化，我们应争取在彼时达到改造政府、改造军队、实行三民主义与十大政纲[3]、继续支持民族战争之目的。也只有在彼时，真正人民的民族战争才能实现。判断在彼时苏联将给中国以实力的援助。

乙、山西将成为华北的特殊局面，这根本的是因为有红军，其次则是阎锡山[4]与我们结合起来。由于这两个力量的结合，将造成数百万人民的游击战争。我们应坚持这一方针，布置全省的游击战，坚持废除苛捐杂税、减租减息、人民参政及改造晋军的根本方针。

丙、目前长城抗战仅是暂时的，而且是极短的暂时。阎必要求我军与他配合来打一二仗，为了给晋军以更好的影响，如果在确实有利的条件下，当然是可以参加的，但须计算。这仅是战役的暂时的局面，根本方针是争取群众，组织群众的游击队，在这个总方针下实行有条件的集中作战。你们应要求阎锡山拿出一万支枪来武装人民。你们应在前方办一个五百至一千人的干部学校，由红军与地方党合办，以充游击战争干部。在六个月后，抗大的一期学生可以大部使用于山西。

丁、关于使用一一五师配合国民党二三个师，待敌相当深入后，向灵、涞、广、蔚〔5〕及其以北突击，捣其空虚后方的计划，请你们着重研究一番。如实行此着，可能在一个时期内展开一个新局面，虽然不能根本地破坏敌人战略计划，但暂时地部分地破坏是可能的，这就大有利于在山西全省创立我们的根据地。

毛　泽　东

九月二十九日十时

根据中央档案馆保存的抄件刊印。

注　释

〔1〕周，指周恩来。朱，指朱德。彭，指彭德怀，当时任八路军副总司令。任，指任弼时，当时任八路军政治部主任。

〔2〕卫立煌，当时任国民党军第十四集团军总司令。曾万钟（一八九六——？），云南大关人，当时任国民党军第三军军长。孙连仲（一八九三——一九

九〇），河北雄县人，当时任国民党军第一军团军团长。

〔3〕十大政纲，指一九三七年八月中共中央政治局洛川会议通过的抗日救国十大纲领，即：一、打倒日本帝国主义；二、全国军事的总动员；三、全国人民的总动员；四、改革政治机构；五、抗日的外交政策；六、战时的财政经济政策；七、改良人民生活；八、抗日的教育政策；九、肃清汉奸卖国贼亲日派，巩固后方；十、抗日的民族团结。

〔4〕阎锡山，当时任国民党军第二战区司令长官。

〔5〕指山西的灵丘、广灵和河北的涞源、蔚县。

关于差别和矛盾问题[1]

（一九三七年）

一

思奇[2]同志：

你的《哲学与生活》[3]是你的著作中更深刻的书，我读了得益很多，抄录了一些，送请一看是否有抄错的。其中有一个问题略有疑点[4]（不是基本的不同），请你再考虑一下，详情当面告诉。今日何时有暇，我来看你。

毛　泽　东

二

根本道理是对的，但“差别不是矛盾”的说法不对。应说一切差别的东西在一定条件下都是矛盾。一个人坐椅摇笔濡墨以从事作文，是因人与作文这两个一定的条件把矛盾的东西暂时地统一了，不能说这些差别不是矛盾。大师傅煮饭，把柴米油盐酱醋茶在一定的条件下统一起来。店员与作家也可以在一定条件下统一起来。半工半读，可以把工、读统一起来。差

别是世上一切事物，在一定条件下都是矛盾，故差别就是矛盾，这就是所谓具体的矛盾。艾的说法是不妥的。（毛泽东意见）

根据手稿刊印。

注　释

〔1〕本篇一是毛泽东给艾思奇的信，写信时间可能是一九三七年十月。本篇二是毛泽东一九三七年九月阅读艾思奇所著《哲学与生活》一书时写的一段批注，这段批注写在《哲学与生活》中以下一段文字后面："差别的东西不是矛盾，例如笔，墨，椅子不是矛盾。但如果懂得推移和变化的原理，就知差别的东西在一定条件下也可以转化为矛盾，倘若某两件差别东西同时同地在一起且发生互相排斥的作用时，就成为矛盾了。例如店员与作家本无矛盾的，如果某店员有了写作兴趣而想成为作家时，二者就在统一体里互相排斥，也就成为矛盾了。……"

〔2〕思奇，即艾思奇（一九一〇——一九六六），云南腾冲人。一九三七年十月到延安，在抗日军政大学任主任教员。

〔3〕《哲学与生活》，是艾思奇继《大众哲学》之后，以答读者问的形式写的一本宣传马克思主义哲学的著作，一九三七年四月由上海读书生活出版社出版。一九三七年九月毛泽东作了《艾著〈哲学与生活〉摘录》，这篇摘录在三联书店一九七九年八月出版的《中国哲学》第一辑上全文刊出。

〔4〕指毛泽东对艾思奇《哲学与生活》一书中关于"差别不是矛盾"的论点提出的质疑，详见本篇二和注〔1〕。

关于华北作战的补充意见

（一九三七年十月六日）

周、朱、彭[1]并告林、聂[2]：

关于作战问题之补充意见：

甲、程潜[3]放弃石家庄、集中兵力守太行山山地是正确的，但敌占石家庄后将向西面进攻，故龙泉关、娘子关两点须集结重兵，实行坚守，以使主力在太原以北取得胜利。在右翼除朱怀冰[4]外尚有些什么兵力，能达到坚守任务否？

乙、进入山西之敌，判断总数似不过两师半。为保卫晋北已经占领之数十县，至少分散一个师，则攻太原者似至多不过一师半。雁门关以南又须沿途分兵守备，则达忻口一带作战者，似将不过一个师左右，已处于我三面包围中。如果龙泉关、娘子关能坚守一个月，又如果我方部署适当，则以我方兵力数量与质量计算，有可能暂时破坏敌之攻击计划。因为我方兵力数量在十五万以上，红军与卫立煌[5]军在质量上可为晋北战役之领导者，山西军已处最后关头，将不得不打一仗。

丙、此战役之关键在于下列三点：

(1)娘子关、龙泉关之坚守。

(2)正面忻口地区之守备与出击(出击是主要的)。

(3)敌后方之破坏。

丁、为达上述目的：

(1)要求南京速加派生力军三四个师位于娘子关。

(2)要求卫军四个师担任正面出击兵团之主力，晋军以两个师协助出击，余任守备。

(3)红军林、贺两师[6]主力，担任从东西两方破坏敌之侧后纵深地区。另要求南京派生力军两个师从涞源、蔚县行动。

戊、为此目的，我一一五师主力不但不应出河北，亦不宜位于龙泉关，似应第一步移至豆村、台怀之线，以便适时袭击大营、沙河、繁峙线，并准备于可能与必要时，北越长城出至浑源、应县，以此为中心，分为若干支队，采取夜间行动，袭击雁门大同线、大同张家口线之铁路，袭击张家口广灵线、广灵代县线之汽车路。一一五师这一行动(如再加南京两个师更好)，配合贺师主力在左云、右玉、平鲁、朔县之行动，将引起山西敌军正面攻击之停顿，甚至暂时部分的后退，并将引起平汉线敌军停止深入石家庄以南，而采取以一部守备北平、石家庄线，以另一部转向灵、涞、广、蔚[7]地区对付我军。在一一五师本身，则因转移与作战频繁，要准备付出相当之代价，即应准备减员二千至二千五百，并因减员而不得不将枪支一小部分交与地方民众，武装他们。但在支持山西作战，即用以支持华北作战较为长久之战略目的上，却有很大意义。

己、因此，在经过你们的详细考虑后，如果基本上同意此方针，便请执行下列步骤：

(1)要求程、阎[8]确定龙泉关、娘子关新增守备兵力是何部何人，何时到达，保证东面之安全。

(2)要求程、阎派二个师出恒山北段。

(3)要求程、阎补充我军步枪三千至三千五百支，机关枪三十至三十五挺，并允许补充新兵五千至七千人。

(4)一一五师之教导营应开至太原为中心之地区，实行扩红，不要开到河北去，因为到那里扩红是靠不住的；骑兵营应随主力行动。总部及贺师亦应派人去太原地区扩红。

(5)刘师[9]主力或全部使用于正太路，发动群众，配合娘子关守军，巩固后路。

庚、以上意见请详加考虑电复。

此电写完，接朱、彭本日六时电，我们意见已根本一致，但不知林、聂尚有不同意见否？又向阎、程建议，要求他们十分注意秘密，他们部署最好不用无线电，否则是十分危险的。

毛　泽　东

六日一时

根据中央档案馆保存的抄件刊印。

注　　释

〔1〕周，指周恩来。朱，指朱德。彭，指彭德怀，当时任八路军副总司令。

〔2〕林、聂，指林彪、聂荣臻，当时分别任八路军第一一五师师长和副师长。

〔3〕程潜（一八八二——一九六八），湖南醴陵人。当时任国民党政府军事委员会参谋总长、第一战区代司令长官。

〔4〕朱怀冰（一八九二——一九六八），湖北黄冈（今黄州市）人。当时任国民党军第九十四师师长。

〔5〕卫立煌，当时任国民党军第十四集团军总司令。

〔6〕指林彪任师长的八路军第一一五师和贺龙任师长的八路军第一二〇师。

〔7〕指山西的灵丘、广灵和河北的涞源、蔚县。

〔8〕阎，指阎锡山，当时任国民党军第二战区司令长官。

〔9〕指刘伯承任师长的八路军第一二九师。

《农村调查》序言一[1]

（一九三七年十月六日）

从一九二七年北伐战争期间起，到一九三四年离开中央苏区为止，我亲手从农村中收集的材料，现在仅剩下下列各部分：（一）寻乌调查；（二）兴国调查；（三）东塘等处调查；（四）木口村调查；（五）赣西南土地分配情形；（六）分青和出租问题；（七）江西土地斗争中的错误；（八）分田后的富农问题；（九）两个初期的土地法；（十）长冈乡调查；（十一）才溪乡调查。最后两部分，曾在中央苏区的《斗争》报[2]发表过，其余保存原稿，经过长征，尚未损失。此外的东西，就都损失了。其中最可惜的是，一九二七年春天在湖南做的长沙、湘潭、湘乡、衡山、醴陵五县调查，因许克祥叛变[3]而损失；一九二八年春天在井冈山做的宁冈、永新两县调查[4]，因井冈山失守而损失。这里存下来的，都是中央苏区的材料，前九部分是属于初期的土地革命，后两部分是属于深入了的土地革命。虽不完全，亦可见其一斑。为免再损失，印出若干份，并供同志们参考。这是一种历史材料，其中有些观点是当时的意见，后来已经改变了。

根据人民出版社一九八二年出版的
《毛泽东农村调查文集》刊印。

注　释

〔1〕这是毛泽东在延安为当时准备印的《农村调查》一书写的一篇序言。《农村调查》当年没有印，到一九四一年才在延安出版，毛泽东又写了一篇序言。

〔2〕《斗争》报，是中共苏区中央局机关报。毛泽东的《长冈乡调查》和《才溪乡调查》，曾分别在《斗争》报一九三四年一月第四十二至四十四期和一九三四年二月第四十五、四十六、四十八期连续发表。

〔3〕许克祥叛变，通称“马日事变”。一九二七年蒋介石在上海发动四一二反革命政变后，五月二十一日(马)，国民党军第三十五军独立第三十三团团长许克祥，在该军军长何键策动下发动反革命叛乱，围攻湖南省工会、省农民协会等革命群众组织，捕杀共产党人和革命工农群众。

〔4〕宁冈调查是一九二七年十一月做的，永新调查是一九二八年春做的。

给雷经天[1]的信

（一九三七年十月十日）

雷经天同志：

你的及黄克功[2]的信均收阅。黄克功过去斗争历史是光荣的，今天处以极刑，我及党中央的同志都是为之惋惜的。但他犯了不容赦免的大罪，以一个共产党员、红军干部而有如此卑鄙的，残忍的，失掉党的立场的，失掉革命立场的，失掉人的立场的行为，如为赦免，便无以教育党，无以教育红军，无以教育革命者，并无以教育做一个普通的人。因此中央与军委便不得不根据他的罪恶行为，根据党与红军的纪律，处他以极刑。正因为黄克功不同于一个普通人，正因为他是一个多年的共产党员，是一个多年的红军，所以不能不这样办。共产党与红军，对于自己的党员与红军成员不能不执行比较一般平民更加严格的纪律。当此国家危急革命紧张之时，黄克功卑鄙无耻残忍自私至如此程度，他之处死，是他的自己行为决定的。一切共产党员，一切红军指战员，一切革命分子，都要以黄克功为前车之戒。请你在公审会上，当着黄克功及到会群众，除宣布法庭判决外，并宣布我这封信。对刘茜同志之家属，应给以安慰与抚恤。

毛　泽　东

一九三七年十月十日

根据人民出版社一九八三年出版的《毛泽东书信选集》刊印。

注　　释

〔1〕雷经天（一九〇四——一九五九），广西南宁人。当时任陕甘宁边区高等法院院长，是审判黄克功案件的审判长。

〔2〕黄克功，少年时加入红军，参加过井冈山的斗争和长征。当时是抗日军政大学第六队队长。一九三七年十月，他对陕北公学女学生刘茜逼婚不遂，开枪把刘茜打死。经陕甘宁边区高等法院审判，黄克功被处以死刑。

关于没收汉奸财产问题

（一九三七年十月十五日）

朱、彭、任[1]：

十一日电悉。没收大地主，指没收汉奸政策的主要阶级内容，大地主而未为汉奸者，当然不在没收之列。在一切汉奸分子中，首先应坚决没收大地主，而对中层分子之为汉奸者，在未得民众同意以前，不应急于没收。工农中有被迫为汉奸者，应取宽大政策，以说服教育为主。这是统一战线中的阶级路线，有向全体明确说明的必要。

洛[2]、毛

根据中央档案馆保存的抄件刊印。

注　　释

〔1〕朱，指朱德。彭，指彭德怀，当时任八路军副总司令。任，指任弼时，当时任八路军政治部主任。

〔2〕洛，指洛甫，即张闻天，当时任中共中央政治局常委，在中央负总责。

论 鲁 迅[1]

（一九三七年十月十九日）

同志们：

今天我们陕北公学主要的任务是培养抗日先锋队的任务。当着这伟大的民族自卫战争迅速地向前发展的时候，我们需要大批的积极分子来领导，需要大批的精练的先锋队来开辟道路。这种先锋分子是胸怀坦白的，忠诚的，积极的与正直的；他们是不谋私利的，唯一地为着民族与社会的解放；他们不怕困难，在困难面前总是坚定的，勇往直前；他们不是狂妄分子，不是风头主义者，而是脚踏实地富于实际精神的人们。他们在革命的道路上起着向导的作用。目前的战局只是单纯政府与军队的抗战，没有广大的人民参加，这是绝对没有最后胜利的保障的。我们现在需要造就一大批为民族解放而斗争到底的先锋队，要他们去领导群众，组织群众，来完成这历史的任务。首先全国的广大的先锋队要赶紧组织起来。我们共产党是无产阶级的先锋队，同时又是最彻底的民族解放的先锋队。我们要为完成这一任务而苦战到底。

我们今天纪念鲁迅先生，首先要认识鲁迅先生，要懂得他在中国革命史中所占的地位。我们纪念他，不仅因为他的文章写得好，是一个伟大的文学家，而且因为他是一个民族解放的急先锋，给革命以很大的助力。他并不是共产党组织中的一人，然而他的思想、行动、著作，都是马克思主义的。他是党外的布尔什维克。尤其在他的晚年，表现了更年青的力量。他一贯地不屈不挠地与封建势力和帝国主义作坚决的斗争，在敌人压迫他、摧残他的恶劣的环境里，他忍受着，反抗着，正如陕北公学的同志们能够在这样坏的物质生活里勤谨地学习革命理论一样，是充满了艰苦斗争的精神的。陕北公学的一切物质设备都不好，但这里有真理，讲自由，是造就革命先锋分子的场所。

鲁迅是从正在溃败的封建社会中出来的，但他会杀回马枪，朝着他所经历过来的腐败的社会进攻，朝着帝国主义的恶势力进攻。他用他那一支又泼辣，又幽默，又有力的笔，画出了黑暗势力的鬼脸，画出了丑恶的帝国主义的鬼脸，他简直是一个高等的画家。他近年来站在无产阶级与民族解放的立场，为真理与自由而斗争。鲁迅先生的第一个特点，是他的政治的远见。他用望远镜和显微镜观察社会，所以看得远，看得真。他在一九三六年就大胆地指出托派匪徒的危险倾向，现在的事实完全证明了他的见解是那样的准确，那样的清楚。

鲁迅在中国的价值，据我看要算是中国的第一等圣人。孔夫子是封建社会的圣人，鲁迅则是现代中国的圣人。我们为了永久纪念他，在延安成立了鲁迅图书馆，在延长开办了鲁迅师范学校，使后来的人们可以想见他的伟大。

鲁迅的第二个特点，就是他的斗争精神。刚才已经提到，他在黑暗与暴力的进袭中，是一株独立支持的大树，不是向两旁偏倒的小草。他看清了政治的方向，就向着一个目标奋勇地斗争下去，决不中途投降妥协。有些不彻底的革命者起初是参加斗争的，后来就“开小差”了。比如德国的考茨基、俄国的普列汉诺夫就是明显的例子。在中国这等人也不少。正如鲁迅先生所说，最初大家都是左的，革命的，及到压迫来了，马上有人变节，并把同志拿出去献给敌人作为见面礼。鲁迅痛恨这种人，同这种人做斗争，随时教育着训练着他所领导下的文学青年，教他们坚决斗争，打先锋，开辟自己的路。

鲁迅的第三个特点是他的牺牲精神。他一点也不畏惧敌人对于他的威胁、利诱与残害，他一点不避锋芒地把钢刀一样的笔刺向他所憎恨的一切。他往往是站在战士的血痕中，坚韧地反抗着、呼啸着前进。鲁迅是一个彻底的现实主义者，他丝毫不妥协，他具备坚决的心。他在一篇文章〔2〕里，主张打落水狗。他说，若果不打落水狗，它一旦跳起来，就要咬你，最低限度也要溅你一身的污泥。所以他主张打到底。他一点没有假慈悲的伪君子的色彩。现在日本帝国主义这条疯狗，还没有被我们打下水，我们要一直打到它不能翻身，退出中国国境为止。我们要学习鲁迅的这种精神，把它运用到全中国去。

综合上述这几个特点，形成了一种伟大的“鲁迅精神”。鲁迅的一生就贯穿了这种精神。所以，他在文艺上成了一个了不起的作家，在革命队伍中是一个很优秀的很老练的先锋分子。我们纪念鲁迅，就要学习鲁迅的精神，把它带到全国各地的抗战队伍中去，为中华民族的解放而奋斗！

根据一九八一年九月二十二日《人民日报》刊印。

注　释

〔1〕这是毛泽东在延安陕北公学纪念鲁迅逝世周年大会上的讲话。

〔2〕指鲁迅一九二五年十二月二十九日写的《论“费厄泼赖”应该缓行》一文，发表在一九二六年一月十日《莽原》半月刊第一期。

必须把勇敢精神与谨慎精神联系起来

（一九三七年十月二十五日）

朱彭任，林聂罗，贺关萧，刘徐张[1]各同志并转各级负责同志：

小胜之后，必生骄气，轻视敌人，以为自己了不得。七七一团七亘村受袭击[2]，是这种胜利冲昏头脑的结果。你们宜发通令于全军，一直传达到连队战士，说明对日本帝国主义的战争是一个艰苦奋斗的长过程。凡那种自称天下第一、骄气洋溢、目无余子的干部，须以深切的话告诉他们，必须把勇敢精神与谨慎精神联系起来，反对军队中的片面观点与机械主义。

毛　泽　东

十月二十五日

根据中央档案馆保存的抄件刊印。

注　释

〔1〕朱，指朱德。彭，指彭德怀，当时任八路军副总司令。任，指任弼时，当时任

八路军政治部主任。林，指林彪，当时任八路军第一一五师师长。聂，指聂荣臻，当时任八路军第一一五师政治委员。罗，指罗荣桓（一九〇二——一九六三），湖南衡山人，当时任八路军第一一五师政治部主任。贺关萧，指贺龙、关向应、萧克，当时分别任八路军第一二〇师师长、政治委员和副师长。刘徐张，指刘伯承、徐向前、张浩（林育英），当时分别任八路军第一二九师师长、副师长和政治委员。

〔**2**〕一九三七年十月二十三日，八路军第一二九师第三八六旅第七七一团在山西平定县七亘村地区遭日军一个联队和二百余骑兵的袭击，伤亡三十余人。

目前抗战形势与党的任务报告提纲

（一九三七年十月）

第一部　目前抗战的形势

一、中日战争的现状与估计

（一）卢沟桥事变后华北与长江一带的最近战况。

（二）日寇在侵略战争中得到了暂时的部分的胜利，这是因为：1.它是有强大的武装力量的帝国主义国家；2.它同中国为近邻；3.它是有计划有准备的进攻。

（三）但是这一次它同“九一八”不同，它所占领的每一寸土地都付了极大的代价，遭到了有力的抵抗。

（四）中国进行了坚决英勇的抗日民族自卫战，虽是遭受了暂时的部分的失利，但是这一民族自卫战：1.空前地发扬了中华民族的伟大与坚决勇敢的精神，打破了过去的“恐日病”，给了日寇相当的打击；2.空前地巩固了中国内部的团结与统一，表示了中华民国的新气象；3.使十年来对立的国共两党重返合作，使国民党有了决定的转变。

（五）这种暂时的与部分的失利，也是由于中国是半殖民地半封建关系的国家，所以：1. 军事技术落后；2. 政府与军队陈旧腐败，病态与弱点很多；3. 军事指挥十分落后；4. 政府惧怕开放民运。

（六）这种失利，在半殖民地国家与帝国主义国家开始作战时，一般是难于避免的。

二、目前时局的危机与困难

（一）正由于这种暂时的部分的失利，造成了目前军事上、政治上、财政上、经济上的许多困难。

（二）这种困难为民族失败主义者、汉奸、亲日派所利用，以证明中国之不能抗日，以便利于他们的投降妥协；他们活动的表面化，他们的危险性，他们的力量，也不能轻视。他们的弱点，是没有军队与人民的拥护。

（三）这种困难使抗日派内部一部分人发生动摇与失望，觉得抗战的无办法与无出路，同时他们又为亲日派分子的“不亡于日即亡于共”的谣言所威吓，这是目前最大的危险。但是抗战派内部的“决定的力量”蒋介石，直到今天仍然主张坚决抗战。

（四）目前是危机转变的关头。

三、我们的立场

（一）我们认定这时失利是暂时的与部分的失利，不是最后的与完全的失败。决胜负的战争尚在前面，最后胜负要在持久战中去解决。

（二）但我们认定，我们目前是处在危机的关头，我们当前紧急任务，是在团结抗日派内部，首先是国共两党进一步的合作，以一切力量打破亲日派的阴谋，克服当前的一切困难，继续抗战。

（三）我们要用最具体的事实在全国人民面前证明中国抗战能够胜利，提出具体的办法去解决目前的困难。

第二部　中国抗战能否胜利

一、决定中日战争胜负的三个因素

（一）中国的力量。

（二）日本的力量。

（三）国际的力量。

但决定的因素是中国自己的力量。

二、中国的力量正在抗战中坚强起来

（一）抗战扩大与巩固了抗日民族统一战线和中国内部的统一与巩固（国共两党的合作，政府与人民，地方与中央）。

（二）抗战使政府开始成为国防性质的政府，打下了建立

统一的国防政府的初步基础:坚决抗战的国防政策,确定国防会议的召集——释放政治犯——取消紧急治罪法——救亡运动的某些程度的合法化——同贪污作斗争——同汉奸作斗争。

(三)国民革命军开始成为统一的国防军队,打下了以后建立统一的国防军的初步基础:统一指挥大本营的建立——各个战区的划分——调动了各省军队上前线——红军改编为八路军新四军——开始建立新军队——比较进步的军队中开始建立政治工作。

(四)发动了广大的民众参加抗战,造成了民族抗战的高潮。

(五)抗战愈坚持则中国内部愈团结,愈有力量,愈能走上民主共和国,战胜日寇。

三、日寇的弱点及困难

(一)财政经济上的困难,特别是军事工业不发展。

(二)国内矛盾的尖锐化(政府与人民,军部,与资产阶级内部)。

(三)中国的地大物博,使日本军队不够分配,无法巩固占领地区。

(四)日本后方不巩固(朝鲜、台湾、东四省[1]等)。

(五)抗战愈坚持则日本的弱点愈增加,愈有利于我们争取抗战胜利。

四、国际形势

（一）中国的抗战引起全世界上无产阶级与人民的同情与援助——社会民主党的态度——英国工党、工会的态度——法国工会、社会民主党的同情——美国最反动的工会联合会主张反日抗货——阿姆斯特丹国际[2]苏联工会的加入。苏联。

（二）世界各国的态度——法国——英国——美国——内部态度的不一致。德国、意大利。

（三）一般说来，国际形势有利于中国，而日本比较孤立。

五、结论

（一）中国有力量战胜日本。国内外的形势对中国有利。

（二）今天的中心是在坚持抗战，进行持久战。

第三部 如何争取抗战的胜利

一、扩大与巩固以国共两党合作为基础的抗日民族统一战线

（一）首先必须向党内外人士说明，统一战线的基本条件是抗日，“抗日高于一切”，民主民生均在其次。

（二）统一战线的内容是：1. 各党各派的抗日合作；2. 统一的国防政府；3. 统一的国防军；4. 统一的民众团体。不是一党一派的政府、军队与民众团体的包办。

（三）统一战线内各党各派合作的目的是："互相帮助，互相发展"，不是谁领导谁。如我们对国民党及国民党各派的态度，是帮助他们的发展、巩固与团结，不是削弱它分化它（对国民党各派如CC、黄埔、复兴社、法西斯问题）。

（四）我们对同盟者工作方法：1. 切实的具体的帮助，多采取建议的方法；2. 依照他们觉悟的程度与迫切的需要，提出适当的要求与口号，不要太高太左；3. 善意的批评，也应该赞扬他们的好处；4. 利用群众的力量的推动，即自下而上的推动，但不是对立。

（五）向国民党人说明，共产党不但要在抗日问题上与国民党合作，而且要在实现三民主义建立新中国上同国民党合作。因此这是一个长期的几十年的合作，而不是一时期的合作或玩弄手腕。要为统一战线斗争到底。

（六）统一战线内部的矛盾与磨擦不可避免，只能减弱不能消灭，应在发展抗日运动与抗日高于一切的原则下解决与和缓内部矛盾与磨擦。

（七）统一战线中两条战线斗争，反对投降主义与关门主义。什么是"独立自主"？

（八）如何扩大统一战线：1. 各党各派的统一战线；2. 各群众团体加入统一战线；3. 组织无组织的加入统一战线；4. 分化亲日派与争取亲日派影响下的分子。

二、在国民政府的基础上建立统一的国防政府

（一）我们要以抗日的国民政府为基础，建立统一的国防政府，不是另外建立一个政府。推动现政府。

（二）我们要求各党各派有威信的分子，共产党也在内，加入政府，巩固中枢，坚持抗战的方针。

（三）逐渐淘汰政府中的亲日派分子与贪污腐化分子。

（四）帮助中央政府改进地方政府，反对封建割据的局面，帮助地方政府进步成为中央政府的有机的一部。消除中央与地方的对立。

（五）迅速解决特区问题。解决特区政府的原则：1. 保持党的领导；2. 使特区成为中华民国的一部分的地方政府；3. 保持特区为抗日的先进地区、全国民主化的推动机和新中国的雏形。

（六）应该严格区别特区及统一战线地区（如八路军驻扎地区）。

（七）共产党员在各级政府中应该成为坚决勇敢、刻苦耐劳、急公好义、礼义廉耻的模范，并受中央与地方党的严厉监督。

（八）我们的目的，是要实现议会制的民主共和国，这在国内外的形势均须如此。（西班牙的例子）

三、在现有军队的基础上扩大与建立统一的国防军

（一）在现有的基础上扩大与建立，不是不要现有军队。

（二）不能说现有抗战的军队还是军阀的军队，现在带兵的人还是军阀。军阀可以转变为民族英雄，良好的军人。

（三）应该如何帮助扩大与建立统一的国防军？1. 建立政治工作制度：(1)以加强部队的战斗力，(2)改善军民的关系，(3)改善官兵的关系；2. 统一指挥、纪律、武装、供给、作战计划等；3. 反对拥兵自卫的军阀主义，但也反对中央歧视地方；4. 帮助政府实行征兵制；5. 培养大批的军事政治人才，改善与扩大军政学校；6. 改善军事技术与军事指挥。

（四）扩大与巩固八路军，加强党的领导，加强政治工作，改善技术装备，使之成为国防军之一部，并在其中起模范作用。

（五）共产党员应该到军队中去，到军官学校中去，到保卫队、壮丁队、义勇军、游击队中去，成为政治觉悟、坚决勇敢、刻苦耐劳、遵守纪律的模范，并利用自己的地位以影响其他的将士，改变军队的质量。

（六）使游击战与正规战配合起来，仅靠游击战不能战胜日寇。

四、动员与武装人民，帮助政府与军队抗战，组织巩固的后方

（一）国民党在群众运动中的矛盾：一方面“要”，一方面又“怕”。“要”，不能不使运动相当合法，“怕”，不能不统制。

（二）我们的矛盾：我们要发动群众，而我们的同盟者却怕发动群众，要统制。关于“片面抗战”与“全面抗战”的区别。

（三）但群众运动在这种情形下仍然能够发动，问题是在经过何种方法、何种道路。

（四）群众运动中的基本原则应该是“合法”与“统一”。利用一切合法的形式，旧形式也好。一切为了统一，反对分裂。即共产党发起的运动与组织也要服从于这两个基本原则。

（五）关于开展救亡运动中两条战线斗争，深入到群众中去。

（六）关于政府、军队与民众的关系（如关于民主、民生问题上的磨擦），党应该起桥梁的与调解人的作用。要政府、军队让些步，但也要人民拥护政府抗日。挑动尖锐的对立是错误的。

（七）如何武装民众？1.主要夺取敌人的武器；2.向政府要求一部分；3.设法购买一部分；4.收集散枪等组织武装的自卫军、纠察队、锄奸团。

（八）同汉奸、敌探、托匪作斗争，巩固后方，特别是托匪：1.托匪的作用；2.托匪的危险性；3.坚决消灭托匪。

五、坚持华北抗战与游击战争

（一）由于我党在华北力量的增长，我们在华北特别在发展游击战争中担负了重要的责任。我们要在那里做出一个好的模范，影响全国。

（二）应该坚持民族统一战线的方针，同一切抗日党派合作，帮助组织，以发展力量，不取吞并政策。

（三）在旧政权存在的地方，去利用与经过旧政权以达到坚持抗战的目的；在没有旧政权的地方，应建立各党各派的统一战线的政府，保存旧形式，请求上级政府的指导、委任与援助。在旧指挥系统存在时，仍去利用与经过它以达到坚持抗战的目的；没有时则应建立统一指挥部，求得上级机关指导、委任与援助。

（四）帮助国民党在冀、察[3]两省建立国民党部，使之与国民党中央发生联系。

（五）对被占领区域的汉奸组织如维持会等，我们应进行分化，争取这些组织为我们所利用。

（六）应该大规模地武装民众，扩大抗日军与八路军，建立各种名义的自卫军、义勇军、游击队等。

（七）利用一切旧形式与合法的形式组织群众进行互相间的合作与统一，一切斗争应以抗日为第一。

（八）普遍地建立共产党组织，注意公开工作与秘密工作的联系，到处应该有秘密党的组织。

六、扩大与建立国防工业

（一）持久战中国防工业的重要，国民政府尚未注意此事。

（二）中央政府应设立国防工业部，统一计划与指导。

（三）募集国防公债，发展国防工业。

（四）国防工业应设置在安全地带。

（五）各省亦应有设置小规模国防工业的必要。

（六）特区亦应着手做这件事。

七、争取国际的援助，加强抗战的力量

（一）加强国际宣传（电影、画册、报章、共同宣言、代表团等），取得各国的同情援助，抵货，不卖军火给日本而卖给我们。

（二）同各和平阵线国家英、美、法等进一步地靠拢，利用国际间的矛盾。

（三）关于同苏联的关系。

（四）对内政策与对外政策的联系。

八、结　　论

这些任务是争取抗战胜利的必要条件，这不只是共产党的任务，而是全民族的任务。我们愿意同政府当局，各党、各派、各界、各军，为实现这些任务共同奋斗。

第四部　建立全中国的强固的共产党

一、中共在抗战中做了什么？

（一）我们的成绩：1.国共两党的合作，打开了抗战的局面；2.指出了争取抗战胜利的具体纲领，进行了广泛的宣传，并在某些地区实现了纲领的某些部分；3.八路军的抗战及其作用；4.华北的抗战与游击战争；5.全国党员的参战动员；6.共产党的组织半公开与公开地位的取得——这些成绩大大地提高了党的影响与威信。

（二）我们的弱点：1.统一战线不够，党员对统一战线的策略的了解也不深刻；2.动员群众的力量还薄弱，党员不能深入群众中去；3.组织力量的薄弱，落后于政治影响；4.有独立工作能力的干部缺乏。这些弱点使我们的工作还不能更大的发展。

（三）应该依靠已得的阵地，纠正自己的弱点，发展我们的工作，使党能在抗战中起决定的作用。

二、从苏区与红军的党走向建立全中国的党

（一）争取党在全国的公开地位，利用一切活动的可能"下

山”。

（二）发展党与巩固党，建立各地的领导机关。

（三）提高党内的警觉性，反对叛徒、奸细、投机分子、自首分子混入党内。

（四）建立在全国公开的党报及发行网。

（五）准备召集第七次代表大会。

三、干部政策

（一）目前干部的恐慌，加强对干部的教育、培养与提拔，“干部决定一切”。

（二）审查干部，与考察干部政治面目与工作能力。

（三）使我们的干部不但能治党，而且能治国，要懂得向全中国与全世界人民讲话，并为他们做事，要有远大的政治眼光与政治家的风度。

四、为党内的团结一致而斗争

（一）党内的团结一致是战胜日寇的先决条件。

（二）党的利益高于一切，一切为了党，破坏党即是破坏革命。

（三）加强党内的马列主义的教育，理论与实际的一致。

（四）正确地发展思想斗争与自我批评。

（五）严肃党的纪律，坚决遵守民主集中制的组织原则。

(六)为国际与中共的布尔什维克路线而斗争。

根据中央档案馆保存的抄件刊印。

注　释

〔1〕东四省,指辽宁、吉林、黑龙江、热河四省。热河省在一九五五年撤销,原辖地区分别并入河北、辽宁两省及内蒙古自治区。

〔2〕阿姆斯特丹国际,指阿姆斯特丹工会国际,正式名称是国际工会联合会,一九一九年七月由第二国际主持,在荷兰阿姆斯特丹成立,一九四五年十二月解散。

〔3〕察,指察哈尔,旧省名,一九五二年撤销,原辖地区分别并入河北、山西两省。

目前的时局和方针[1]

（一九三七年十一月一日）

同志们：

你们要求我讲时局问题，趁着你们开学的机会，我就来讲一讲这个问题。这个问题是与你们有密切联系的，因为学习的人、教育的人都是为着一个目的，这就是挽救民族与社会危机。

现在的形势是很紧张的。上海第二道防线失守。晋东敌人已经突破了娘子关，要与晋北之敌配合，向太原前进。目前有两个问题提出在我们面前，就是：（一）再打还是不再打？（二）怎么样打？

现在的战争形势，中国显然不顺利。这是由于过去只是片面的抗战，不是全面的抗战。现在外面有好多人说现在已是全面的抗战，这是不对的。因为在地域上说是全面，在成分上说只是一面，还有广大的群众并没有发动到抗战中来，只是军队和政府来干而已，所以遭受了许多失败。在这种情形下，有一种新的危险在增长着，汉奸与亲日派乘机抬头，"战必败"、"唯武器论"这一套，一定会跟着活动。他们的结论是：中国打不过，只有投降。民族投降主义是目前新的危险。

我们必须认识，过去的抗战是有着不可抹煞的成绩的，这些成绩是什么呢?(一)中国的抗战是百年来未有的，它的性质是革命的。(二)在抗战中中国国内即比较团结了。(三)在军事上虽然遭受许多失败，但给了日寇以相当严重的打击。(四)取得了国际间的同情。(五)这最重要的，就是在战争中取得了深刻的教训，片面的抗战是不能取得胜利的。

我们决不要因现在的局面而悲观，我们完全赞成蒋介石先生在十月九日的演说，坚决打到底，一直打到最后一个人一根枪还要再打，这就是共产党“为保卫祖国流最后一滴血”〔2〕的意思，是对目前时局的根本方针。

一定要再打，但怎么样打呢?在军事上要学第八路军的打法，就是要活打，不要死打。过去只是挨敌人的打，所以必须改变一个打法。我们去打敌人，最主要的是执行共产党所提出的抗日救国十大纲领〔3〕，动员四万万五千万中国人参加抗战，组织他们，武装他们。这是一个最伟大的力量，只有这个力量，中国才能打胜仗。全国一定要学习八路军的样子，真正地做到军民一致，官兵一致，用改造军队精神、加强军队中的政治工作去达到目的，只有这样，才能挽回目前严重的局势。这就是执行再打方针的正确办法。

有了以上的方针与办法这两个方面，我们就一定能战胜日本帝国主义。

我们要造就大批的民族革命干部，他们是有革命理论的，他们是富于牺牲精神的，他们是革命的先锋队。只有依靠成千成万的好干部，革命的方针与办法才能执行，全面的全民族的革命战争才能出现于中国，才能最后战胜敌人。

根据一九三七年十一月四日《新中华报》刊印。

注　释

〔1〕这是毛泽东在延安陕北公学开学典礼上的讲话。

〔2〕这句话原为“为保卫国土流最后一滴血!”,见中共中央一九三七年七月八日发出的《中国共产党为日军进攻卢沟桥通电》。

〔3〕抗日救国十大纲领,见本卷第30页注〔3〕。

关于华北形势和八路军调整部署的意见

（一九三七年十一月九日）

朱彭任[1]并告周[2]转胡杨彭[3]：

在华北正规战争业已结束、游击战争转入主要地位的形势之下，日寇不久即将移其主力向着内地各县之要点进攻。晋西北之神池、宁武、静乐，晋东北之五台、盂县、蔚县[4]、广灵、灵丘，晋东南之昔阳、和顺、辽县[5]、晋城，晋西南之离石、中阳、孝义、灵石、蒲县等处，敌军均将向之前进，因此我分任四大区工作之聂部、贺师、刘师、林师[6]（林师应即移至吕梁山脉），须重新部署。一般部署纲领，以控制一部为袭击队，大部尽量分散于各要地组织民众武装为第一义。大抵靠近铁路公路地带先布兵先工作，偏僻地方后布兵后工作；敌快要到之地区先工作，敌暂不到之地区后工作。各军大溃，阎[7]亦无主。红军应在统一战线基本原则下，放手发动人民，废除苛捐杂税，减轻租息，收编溃军，购买枪支，筹集军饷，实行自给，扩大部队，打击汉奸，谅纳左翼，进一步发挥独立自主精神。如此做去，期于一个月内收得显著成绩，以便准备充分力量对付敌向内地各县之进攻。

毛　泽　东

九日四时

根据中央档案馆保存的抄件刊印。

注　释

〔1〕朱，指朱德。彭，指彭德怀，当时任八路军副总司令。任，指任弼时，当时任八路军政治部主任。

〔2〕周，指周恩来。

〔3〕胡，指胡服，即刘少奇。杨，指杨尚昆，当时任中共中央北方局副书记。彭，指彭雪枫，当时任八路军总部参谋处处长兼驻山西办事处主任。

〔4〕蔚县，在河北省西部。

〔5〕辽县，今左权县。

〔6〕聂部，指由八路军第一一五师一部组建的、聂荣臻任司令员兼政治委员的晋察冀军区。贺师，指贺龙任师长的八路军第一二〇师。刘师，指刘伯承任师长的八路军第一二九师。林师，指林彪任师长的八路军第一一五师。

〔7〕阎，指阎锡山，当时任国民党军第二战区司令长官。

向全面抗战过渡期中八路军在山西的任务

（一九三七年十一月十三日）

朱彭任[1]及恩来、胡服、尚昆[2]并告林聂，贺萧关，刘徐张[3]诸同志：

甲、全国片面抗战已无力支持，全面抗战还没有到来，目前正处青黄不接危机严重的过渡期中。

乙、山西各军大溃，除刘湘、汤恩伯[4]外，暂时均不能作战。正规战争结束，剩下的只是红军为主的游击战争了，山西统治阶级及各军领袖已动摇无主了。

丙、红军任务在于发挥进一步的独立自主原则，坚持华北游击战争，同日寇力争山西全省的大多数乡村，使之化为游击根据地，发动民众，收编溃军，扩大自己，自给自足，不靠别人，多打小胜仗，兴奋士气，用以影响全国，促成改造国民党，改造政府，改造军队，克服危机，实现全面抗战之新局面。

丁、林师徐旅[5]速到吴城镇地区，准备与贺师之贺廖支队[6]配合作战，打几个小胜仗。总部、林师师部、陈光旅[7]速到汾西、隰县地区，准备打几个小胜仗。刘师应以师部及陈赓旅[8]位于太行山脉地区，多打几个小胜仗。刘师之另一团应交总部或林师指挥，位于介休、灵石以东汾河东岸，与西岸之陈旅配合，夹击沿汾河南下之敌，多打小胜仗。荣臻军区以杨团〔9〕为基础成立第一独立师是很对的，还应以总部特务营为基础准备成立第二独立师。以上均请朱、彭迅即处理。

戊、向南方及四川招兵计划暂时是不可能的。扩红方法主要经过扩大游击队，其次则向大地方招募，目前汾阳以东、介休以北虽已不可能，但汾阳以西以南、介休以南还是可能。请总部、林师注意及时抓一把，再迟亦将不可能了。过去一切计划应以太原、娘子关失守为基点，今后一切计划应以军渡、临汾、蒲县、晋城失守为基点，晋西北应以宁武、神池、五寨失守为基点，晋东北应以五台、蔚县、广灵、灵丘、阜平失守为基点。以上均请考虑及之。

毛 泽 东

十一月十三日

根据中央档案馆保存的抄件刊印。

注 释

〔1〕朱，指朱德。彭，指彭德怀，当时任八路军副总司令。任，指任弼时，当时任八路军政治部主任。

〔2〕恩来，即周恩来。胡服，即刘少奇。尚昆，即杨尚昆，当时任中共中央北方局副书记。

〔3〕林，指林彪，当时任八路军第一一五师师长。聂，指聂荣臻，当时任八路军第一一五师政治委员、晋察冀军区司令员兼政治委员。贺萧关，指贺龙、萧克、关向应，当时分别任八路军第一二〇师师长、副师长和政治委员。刘徐张，指刘伯承、徐

向前、张浩(林育英),当时分别任八路军第一二九师师长、副师长和政治委员。

〔4〕刘湘(一八八八——一九三八),四川大邑人,当时任国民党军第七战区司令长官。汤恩伯,当时任国民党军第二十军团军团长兼第十三军军长。

〔5〕徐旅,指徐海东任旅长的八路军第一一五师第三四四旅。

〔6〕贺廖支队,指贺炳炎任团长、廖汉生任政治委员的八路军第一二〇师第三五八旅第七一六团。

〔7〕陈光旅,指陈光任旅长的八路军第一一五师第三四三旅。

〔8〕陈赓旅,指陈赓任旅长的八路军第一二九师第三八六旅。

〔9〕杨团,指杨成武任团长的原八路军第一一五师独立团。

在统一战线中进一步执行独立自主原则

（一九三七年十一月十五日）

周〔1〕并告朱彭任〔2〕：

甲、周元亥电〔3〕悉。

乙、目前山西工作原则是“在统一战线中进一步执行独立自主”，因为国民党及阎、黄、卫〔4〕在日寇打击之下，已基本上丧失在山西继续支持的精神与能力。我们须自己作主，减少对于他们的希望与依靠，故“独立自主”之实行，须比较过去“进一步”，这是完全必要的。但仍然是在统一战线中的独立自主，不是绝对的独立自主。在大的方面仍应与国民党及阎、黄、卫商量，例如周电所述各条及朱、彭要求补充等是完全对的，仅仅不要希望与依靠他们，因为他们答应的东西很多不能兑现。我们计划要放在他们不答应不兑现不可靠时，我们还是能够干下去这样一个基点上。

丙、同意与朱彭任、阎黄卫见面后回延安，回时取道延长为宜，请朱、彭、任快点过汾河会商，以在隰县为宜。

毛　泽　东

十五日十二时

根据中央档案馆保存的抄件刊印。

注　释

〔1〕周，指周恩来。

〔2〕朱，指朱德。彭，指彭德怀，当时任八路军副总司令。任，指任弼时，当时任八路军政治部主任。

〔3〕指周恩来一九三七年十一月十三日先后给毛泽东等的两份电报。前一份电报中说，沪、宁的求和空气渐浓，晋局也危，建议：（一）以反对妥协求和、坚持华北抗战为一切动员的中心；（二）强调游击抗战，争取和影响友军同我们一致行动；（三）广泛发展游击战争，并训练干部，以坚持抗战；（四）扩大八路军，以增强主力的决定作用；（五）放手收容溃兵散枪及资财；（六）加强各军区工作；（七）实现地方政治民主化；（八）实行党的战区政策，并组织民众发动群众斗争；（九）加强反汉奸的斗争。后一份电报中说，华北随着由正规战转到游击战，八路军将取得领导地位。但目前我们仍以在取得南京当局和阎锡山的同意和接济的情况下布置华北游击战，较易于争取友军，扩大八路军，发展游击战争，电报还谈到同卫立煌、黄绍竑商谈的情况，建议在同阎锡山、彭德怀商谈后再返延安。

〔4〕阎、黄、卫，指阎锡山、黄绍竑、卫立煌，当时分别任国民党军第二战区司令长官、副司令长官和第十四集团军总司令。

给文运昌[1]的信

（一九三七年十一月二十七日）

运昌吾兄：

莫立本[2]到，接获手书，本日又接十一月十六日详示，快慰莫名。八舅父母仙逝，至深痛惜。诸表兄嫂幸都健在，又是快事。家境艰难，此非一家一人情况，全国大多数人皆然，惟有合群奋斗，驱除日本帝国主义，才有生路。吾兄想来工作甚好，惟我们这里仅有衣穿饭吃，上自总司令下至火夫，待遇相同，因为我们的党专为国家民族劳苦民众做事，牺牲个人私利，故人人平等，并无薪水。如兄家累甚重，宜在外面谋一大小差事俾资接济，故不宜来此。道路甚远，我亦不能寄旅费。在湘开办军校，计划甚善，亦暂难实行，私心虽想助兄，事实难于做到。前由公家寄了二十元旅费给周润芳，因她系泽覃[3]死难烈士（泽覃前年被杀于江西）之妻，故公家出此，亦非我私人的原故，敬祈谅之。我为全社会出一些力，是把我十分敬爱的外家及我家乡一切穷苦人包括在内的，我十分眷念我外家诸兄弟子侄，及一切穷苦同乡，但我只能用这种方法帮助你们，大概你们也是已经了解了的。

虽然如此，但我想和兄及诸表兄弟子侄们常通书信，我得你们片纸只字都是欢喜的。

不知你知道韶山情形否？有便请通知我乡下亲友，如他们愿意和我通信，我是很欢喜的。但请转知他们不要来此谋事，因为此处并无薪水。

刘霖生〔4〕先生还健在吗？请搭信慰问他老先生。

日本帝国主义正在大举进攻，我们的工作是很紧张的，但我们都很快乐健康，我的身体比前两年更好了些，请告慰唐家圫诸位兄嫂侄子儿女们。并告他们八路军的胜利就是他们大家的胜利，用以安慰大家的困苦与艰难。

谨祝兄及表嫂的健康！

毛 泽 东

十一月二十七日

根据人民出版社一九八三年出版的《毛泽东书信选集》刊印。

注 释

〔1〕文运昌（一八八四——一九六一），湖南湘乡人。毛泽东的表兄。

〔2〕莫立本，即方克，一九一八年生，湖南桃江人。当时是从湖南长沙去延安的一位青年。

〔3〕泽覃，即毛泽覃（一九〇五——一九三五），湖南湘潭人，毛泽东之弟。第二次国内革命战争期间曾任中共苏区中央局秘书长、中央苏区独立师师长。一九三五年牺牲。

〔4〕刘霖生（一八六五——一九四九），湖南湘乡人。毛泽东和文运昌的表兄。

论抗日游击战争的基本战术——袭击[1]

（一九三八年一月十一日）

一　袭击是游击战争的基本作战形式

游击战争不能一刻离开民众，这是最基本的原则。讲到战术，则游击战争的基本作战形式不是别的，乃是袭击。袭击是攻击的一种，游击战争不注重正规的阵地攻击这种形式，而注重突然袭击或名奇袭的这种形式，这是因为游击战争是战略上以少胜多以弱胜强的，非如此不能达到目的。

二　袭击战术的要领

游击战争袭击战术的要领，一般地可以举出如下十二条：

第一，袭击的基本原则，就是要有秘密而周详的计划，迅速而突然的动作。

第二，游击战争袭击的目的，总的方面，在于消灭小敌，削弱大敌，扰乱敌之侧翼与后方，配合游击部队之政治工作，破坏敌之政权，唤起民众起来抗敌，保持或恢复抗日政权，由此以创造抗日战争的游击根据地，配合正规军作战，因缴获武装使游击队逐渐发展成为抗日的正规军。至于袭击的具体目的，则在各个消灭敌之小部队，扰乱敌之大部队，消灭敌之民团，破坏敌之后方机关，破坏敌之交通路等等。

第三，袭击要选择有利于袭击的条件。无此条件或条件不足时则须注意造成之。这在许多时候是可能的，只须根据敌人部队的素质、指挥者的个性以及其战术的运用等，而采用如下的办法：(1)骄纵敌人。例如故意以战斗力不强之游击小队与敌周旋，使敌以为不要紧，而在敌人不防备时突然袭击之。(2)麻痹与迷惑敌人。例如声东击西，忽南忽北，使敌捉摸不定，因而袭击其一点。又如派遣游击小队或小组用大游击队署名的标语或布告活动于甲地，而大游击队则实行袭击乙地或丙地。(3)疲劳与恐吓敌人。例如动员民众坚壁清野，使进攻之敌饥疲不堪。又如将游击队分为数起，或派遣许多游击小组，不时进袭驻止之敌，使之一夕数惊，发生疲劳情绪，然后选择适当之时机袭击之。若敌人虽多，但素质不良，指挥者懦弱，则散播谣言，虚张声势，以增加其动摇，然后举行袭击。(4)派遣间谍打进敌人驻地，取得当地人民及敌人内部士兵同情于我者，以作我之内应，便利袭击之成功。(5)使用游击小组及人民自卫队四出活动，使他处敌人固守一地，钳制可能应援之敌，使我在另一地之袭击易于成功。以上这些，都是以自己的动作变化敌人的情况，便于游击队的成功，虽不是一定有效的，然而是往往有效的。

第四，袭击前之侦察，这是首先重要的。侦察的内容，应该注意下列各项，即：(1)敌人兵力多少，战斗力强弱，武器如何。

如准备袭击驻止之敌，则须知道敌军配置情形，警戒程度，及其换班秩序等。(2)附近有无其他敌军，兵力多少，可能增援的程度如何，运输速度，距离远近，电话电报联络情形，最低限度的增援时间，增援方向及道路状况，均须一一查明而考虑之。(3)附近居民的情形。(4)袭击部队到达准备袭击地点的大小道路及有无隐蔽接近地。侦察上列各项，须以秘密而巧妙的方法出之。侦察愈详明，则袭击计划愈能正确。可能时顶好预先绘出一简易地形图，并将敌人配备标记出来。

第五，袭击的时间问题。不外下列四种：(1)在夜间。这一般是对驻止之敌，因在其他时间袭击不利而采取的。一则利用夜暗最能隐蔽接近敌人；二则夜暗冲锋，可以减少自己的损伤，并可扩大自己的声势，增加敌人的恐慌；三则邻近敌人夜间增援不易。因此游击队须经常注意夜间动作的练习。(2)在拂晓。这一般也是对驻止之敌而实行的，即是利用夜暗行军接近敌人而于拂晓时实行攻击，这在游击队离敌较远或夜间攻击动作尚不熟习时，是袭击的最好时机。但冲锋开始，须在敌人起床以前为宜。(3)在黄昏。这一般也是对驻止之敌而说，在其他时间敌人均比较注意，同时接近敌人的道路又较隐蔽，白天行军不成问题或通过地区可以伪装时，采用此种时间袭击之。在此种时间，万一袭击不成功亦可利用夜暗安全撤退。(4)在白天。敌人运动多在白天，故袭击行动之敌大都选在白天。游击部队欲最有效果地袭击敌人，必须不丧失敌人正在行动中的机会，此种时机必须普遍采用。此种袭击多为伏击。如欲白天袭击驻止之敌，则须在下述情况下方可采用：1. 敌人素质甚差，不机警，无工事，疏忽已极；2. 敌人根本不知道游击队要来袭击;3.孤立无援之敌;4.大雨大雾最易隐蔽袭击动作时。在这些情况下,白天袭击驻止之敌,也是可能成功的。

第六,必须保持袭击计划的秘密。袭击敌人虽有好的计划,若此一计划被敌人知道了,则不但一钱不值,还有遭受损失的危险。所以袭击计划之严守秘密是最要紧的。除了第三项所述尽量利用抗日人民及游击小组四处活动以迷惑敌人外,还应该注意下列事项:(1)袭击计划不应全部告知部下,只告部下以应知之事或分段告知之(如在出发前、行军中及到达目的地以后)。(2)对驻地人民及所请向导,均不应使其知道游击队袭击的企图。(3)可能时,在出发时先向假方向走一段路然后折转向袭击目的地前进,这在敌人耳目众多之处可采用之。

第七,袭击部队的开进。下列各点是值得注意的:(1)如有必须通过的河川及障碍地段,应于出发前研究通过方法及携带必要的器具。(2)携带标语布告等。(3)约定各种记号,例如开始冲锋记号等,并规定袭击不成功及遇特种困难时的集合场。(4)行进中选择极隐蔽的小路甚至走没有路的地方。(5)行进中保持极端的肃静,禁止说话与笑声。除侦察警戒人员外,其余队员均不准装红子(只装暗子)。(6)在行军纵队先头,派出少数便衣武装的侦察人员担任直接的侦察与警戒。(7)行进尽可能地快。(8)行进中,要有遭遇敌人的战斗准备。

第八,到达袭击目的地以后的动作。这是全部袭击计划中的重要关节,应注意的有如下各点:(1)迅速在敌人警戒线外隐蔽集结,如果敌人还不知道,切记不要惊动他。此时部队首长应迅即召集各分队首长,指示具体的攻击方法。在白天,要引导各分队首长隐蔽观察敌人的配置，当面指示各分队的具体任务。如有可能，则以便衣侦察员不动声色地捕捉敌人的步哨，进一步察明情况。(2)兵力大(一营以上)则将全部分成两路(不可隔得太远)实行攻击，兵力小(一连以下)则一起投入冲锋就行了。(3)派遣少数人枪，在不易攻击的方面举行佯攻，钳制敌之一面，而以主力投入敌人薄弱较易冲击的一二点，但决不可平分兵力。(4)在兵力优裕时，可派遣一小部埋伏于敌人可能逃走的方向，截断敌人去路。(5)必须在敌人有增援部队的方向，派出少数人的警戒，并破坏其电话电报线及桥梁道路。(6)准备攻击的位置，不应过近也不应过远；准备攻击的时间，要尽量缩短；准备攻击的动作，要尽量地快。(7)夜间袭击，要有很好的识别标记，以免混杂不清。

第九，冲锋动作：(1)冲锋开始，应按照预定的时间、方向、道路而迅速地突然地实行之。如分几路冲锋，则以主要之一路到达冲锋地点所需要时间之多少来决定全部冲锋的开始时间。其他各路应向主要的一路取齐，以免敌人过早发觉。(2)冲锋开始时，不要作声，也不要打枪(就是敌人先打枪也不管)，也不要喊杀，而用刺刀、梭标、大刀，一下冲入敌人配置，实行格斗，迅速解决敌人。如果有手榴弹，应首先投掷手榴弹(注意——不要打倒自己人，只准在最先头的几个人打，后面的不准打。)，趁着手榴弹爆炸的瞬间，扑拢敌身而解决之。(3)只有在钳制方面，可以少数火器射击敌人而吸引其注意力，以便突击方向迅速取得胜利。(4)如敌人固守房屋顽强抵抗，可实行放火烧屋逼其投降(只准烧其固守之屋，不准乱烧)，或趁敌人混乱之际从其他房屋袭入之。(5)如袭击成功，敌人溃退，则担任埋伏截击之部队首先应努力堵截，此时突入部队应不顾武器、财物之缴获，除管理俘虏、警戒战场之必要部队外，其余均应跟踪追击，期于大量解决敌之有生力量，使敌无反攻之可能。但在有增援敌人之顾虑时，则不应远追。

第十，袭击后的动作：(1)袭击成功时，立即把部队集合，连同伤员、胜利品等，带到通来路有阵地的附近集结，并以一部占领阵地，防止敌人反攻。(2)如残敌远逃，已无反攻力量，又无增援敌人之顾虑时，则袭击部队可在当地留相当时间。此时以一部工作人员担任分发缴获敌人之财物于当地贫民，帮助人民反对著名的汉奸。而游击队主力则选择有阵地的地点，集结休息，绝对禁止自由行动。虽然如此，游击队主力一般仍不应在当地宿营，应移于离此若干里之优良地点宿营。(3)如情况紧张，则应缩短处理战后工作的时间，以便游击队能迅速地胜利地离开此地。(4)关于处置俘虏，在离自己根据地或抗日正规军不远时，则将俘虏全部押送后方或交给正规军去处理。不然，则问明情况，给以适当宣传后立即释放，严禁杀害俘虏，仅对民众痛恶的汉奸首领可以在民众要求之下处决之。就是有时俘虏不愿跟着游击队走，亦只应解除武装将他释放。须知杀害俘虏只足增强敌人战斗力，于抗日战争是完全不利的。但在释放俘虏时，要注意保守自己行动的秘密，为达此目的，应把俘虏事先放走，而把没有走的关在一个房子内，使其不能看到游击队退去的方向。(5)如袭击不成功，或袭击刚半而敌人增援已到，则应毫不迟疑地迅速撤退。如在敌人压迫下退出战斗，则应实行分散退却，同时以一部最精干的老游击队员担任掩护。退却后的集合场，多应是先一天的宿营地或是预先指定的。(6)游击队就是在无严重敌情下撤退时亦应伪装,例如先向假方向走若干里,再折到真正要走的道路,用以迷惑敌人,失去敌人可能跟追的踪迹。

第十一,袭击堡垒、寨子、土围子及城市。以游击队劣势的武器,去袭击堡垒、寨子、土围子或城市,只凭一般的战斗方法是不行的。这些东西是可以袭击的,但应注意下列的条件:(1)最好在要袭击的城寨堡垒中,要预伏间谍或有同情于游击队的人民、兵士为内应,这种政治工作游击队要经常有计划地做。(2)选择敌人警戒最疏忽之点,利用夜暗,乘其不备,悄然爬入。或在最危险之处,即是敌人最放心的地点,有时也是我们悄然爬入的最好场所,但这决不是经常的。(3)如袭击被敌发觉,则以小部在他方向佯攻,吸引其主力,而以游击队之主力从其松懈处薄弱点袭入之。(4)在白天实行远距离的袭击,在可能情况下,可伪装敌军,乘机袭入之。(5)在城堡附近的野战中击溃敌人,跟踪追击,乘势袭入,这是最有利的情况,不应放过此种机会。(6)在抗日根据地附近的城堡,有时也在敌人薄弱的远后方,如果民众条件好,而游击队力量优裕时,可以采取围困爆破的办法。但必须在敌人孤立无援的情况下,才能采取此种办法。

第十二,扰乱或钳制敌人。扰乱是游击战争袭击战术的附属部分,但也是必要部分,目的在于增加敌人不安,减杀敌人威势,以造成我们消灭敌人或逼退敌人的条件。其方法如次:(1)在夜间袭击不成功时,则改变其任务为扰乱。高喊口号,大声唱歌,四面打枪,都是方法。退去之前可散发标语传单于空地上。(2)在配合正规军作战,为了分散敌人兵力使其胶着一地不能增援其他方向时，亦可采用扰乱方法。此时可将游击队分为若干起，轮番于黄昏、夜半、拂晓等时间，潜至敌人驻地附近，突然地射击与呐喊，使其惊疑不定，无法增援或迟滞其增援时间。(3)还有一种办法，就是虚张声势。其法是在敌人驻地附近多插旗帜，多举烟火，即古人所谓设疑兵的办法。目的或在欺骗敌人，便于我方在他处之行动，或在恐吓敌人，增加其惊惶心理。此时我游击队只虚与周旋，决不要进入严重的战斗，避免不必要的损失。

三 袭击行动之敌

上述十二条虽然说到了一般袭击战术的原则，然而主要地是说的袭击驻止之敌。游击战争取得最大胜利的时机，还以袭击正在行动中的敌人为多，所以游击队不应放弃一切当着正在行动而又条件适合的敌人的袭击机会。这种袭击按其性质都是遭遇战，但分埋伏与急袭两种。埋伏是预期遭遇的性质，但采取埋伏的形式。急袭是不预期遭遇而发生的，采取急袭的形式。前者是游击队重要的战术，故说明较详。后者是偶然情况，故只略为述及之。

第一，埋伏即伏击，是游击队有计划地隐蔽配置于敌人必经道路的一旁或两旁，待敌通过时而突然袭击之。这种动作，就叫做伏击。根据情况及配置的不同，分为两种伏击方法：(1)是待伏。预先在敌人必经道路上埋伏好，待其通过而袭击之。(2)是诱伏。以主力埋伏好，而以一小部故意示弱，诱敌至埋伏圈内，然后袭击之。

第二，根据敌人战术、部队素质及地形等各种不同条件，埋伏可以采取一侧埋伏，两侧埋伏，多面埋伏或重层埋伏等几种方法。

第三，埋伏的目的在于：（1）消灭或打击敌之步兵、炮兵、骑兵、运输队、征发队、汽车、火车、船舶等。（2）捕捉敌军单个或多个通讯员、侦察员、电话员、采买员等，以搜集关于敌人的情况。（3）以埋伏截击败退之敌。

第四，埋伏，首先要求明了情况。若情况不明，则或致落空，或反受损失。故埋伏前的侦察，须周详仔细。侦察应注意事项如下：（1）侦察的方法：第一，利用居民中同情于游击队的，使用各种方法去接近敌人，从敌士兵、夫子口中，得出必要的情况。第二，使用便衣侦察员接近敌人，进行侦察。第三，窃听敌人电话。第四，捕捉敌之人员，从其口头或文件上，得出消息。（2）侦察的要求，主要的是敌人出发时间，兵力多少，将走道路，要到地点，行军力，有无特种武器及特别装备，有无辎重，行军中之通讯联络情形，行军时的特殊惯性等。（3）侦察的技术，以能隐蔽自己企图、得到敌人消息为原则。侦察所得之消息，除对必须告知之人外，均应保守秘密，以防泄露。必须记着，不论在敌人后方或抗日区域内，随时随地都有敌人侦探潜伏的可能。

第五，伏击地区的选择。选择伏击地区以利于发挥自己最大威力、不利于发挥敌人最大威力为原则。因之，选择伏击地区时应注意下列各点：（1）有良好的隐蔽，使游击队容易看见敌人，而敌人不易看见游击队。（2）有良好的地形，使游击队便于出击敌人，而敌人不便于攻击游击队。（3）埋伏地点附近之道路，须利于游击队退却，不利于敌人退却。(4)埋伏地点，须选在敌人一般行军警戒搜索正面以外。有时道旁虽有良好地形，如果过于接近敌走道路，则游击队埋伏时的隐蔽集结地，应选在更靠后的适当地点。(5)要有良好的观察地点。伏击最好是具备这些条件，但不是一定要这许多条件一一齐备，才能设伏。

第六，埋伏部队的开进：(1)时间不要过早，免得游击队久处于埋伏中，减弱其紧张性与慎重性，容易暴露企图，增大敌人发觉的危险；但也不要过迟，免得来不及布置埋伏。(2)行进路要隐蔽，宁肯走小路，甚至走没有路的山地谷底。(3)行进时，先头须派出伪装的便衣武装侦探，以任警戒。如必须通过住民地，顶好全体伪装，以保持行动的秘密。(4)到着埋伏地区时，即应封锁消息。

第七，伏击实施：(1)配置兵力，应按照游击队兵力大小，敌人兵力大小及地形情况而定。通常以一小部(在全兵力百分之三十以下)，占领险要地点，用火力杀伤和钳制敌人，而以主力埋伏于便于出击地点，实行突击。有时，应派出少数人枪在有敌人增援顾虑的方向或为便于撤退而必须占领的掩护阵地上，担任警戒。(2)在袭击敌人大部队时，应放过其先头及本队，而袭击其后尾。此时如能以游击小组于敌人先头部队之前方侧方实行扰击而抓住敌人，则更便于伏击部队之袭击。还可以预先设法将道路、桥梁实行某种程度的破坏(泛滥，淤塞，石头拦阻，将一般的桥变成不良的桥等)，加长敌人的行军纵列，使之不易首尾相顾。(3)如果是袭击敌人小部队，则可以堵塞其去路，截断其来路，而全部消灭之。(4)关于开始出击的信号，各分队的具体任务，出击道路，何部首先射击等，均须预先详细告知各分队首长。(5)出击以前，须极端保持隐蔽肃静，不准吸烟，不准说话，不准随便探望。(6)战场观察。顶好能设立两个观察所，第一个设在通敌人来路十里左右的附近，并带通讯员三四人，一律伪装，担任观察。将敌人行军长径，兵力多少，警戒搜索情形，不断报告游击队长，以便指挥者根据情况适时处置。这个观察所，须在敌人全部通过后，始得归回。第二个设在伏击地区附近，指挥者亲自观察，以便适时发出开始出击的信号。(7)开始出击的时间，要选择得最好，要能抓住敌人行进中一个最适合于自己出击的时机。同时，还须要全体队员绝对服从命令，不准自由行动，免致敌人事先发觉。(8)出击时的动作，要迅速猛烈，要能打敌人一个措手不及。很短促地将所有火器一齐快放，跟着立即冲锋，迅速解决战斗。任何迟疑与犹豫，都是不利的。

第八，战斗成功，立即集合部队，处置俘虏，收集战利品及伤员，以便迅速撤去。如只消灭敌人一部，则撤退更要快，以免遭受敌人的反攻。若有不能带走的笨重物品，一律毁坏之。

第九，伏击不可能或不成功时的处置：(1)如刚出击尚未进入战斗，忽然发现敌人兵力过大或被敌人预先发觉我之埋伏而早已占领阵地，出击毫无胜算，则应马上停止出击，断然撤退，以保存自己力量。这时候，需要指挥者之最高的机断与灵活的处置。(2)已经进入战斗，但遇敌人顽强抵抗，确无胜利把握时，亦应终止战斗，决心引退。

第十，扰乱。有时目的不在消灭敌人，或伏击不能解决战斗，均可实行扰乱任务。其方法是用小部队，分散数处，以火力杀伤敌人，扰乱其行军纵列；或于高山峭壁处，推巨石、倒古木以杀害其人马。

第十一，伏击敌人单个或少数的传令兵、采买、侦探等，则是游击小组或游击队所派出的便衣侦察员的任务。此种机会很多，不应放弃。

第十二，伏击骑兵：(1)敌骑的运动力和冲击力较大，所以埋伏时，应选择在森林或隘路(有时住民地也可以)，敌骑运动不便之处而实行之。(2)集中火力杀伤乘马，则人员自易捕获。(3)如伏击少数敌骑确有把握捕捉之时，可设置重层的多面的埋伏。(4)可以伪装居民，预伏某一村庄中，待敌骑进入村庄人马分离时，突然袭击之。

第十三，伏击汽车：埋伏地点，应选在山谷、谷底、沟底、转弯处、上下坡处，并预先设置障碍、陷井，或埋置地雷(束集手榴弹和迫击炮弹亦可)，使汽车到此不得不停止或被炸毁翻倒。而游击队则埋伏于附近隐蔽地点，待汽车停止或翻倒之际，以一小部拦住先头，另以一小部截断归路，主力则直扑汽车捕获其人物。如有护卫兵士，则须先解除其武装，再行烧毁汽车。但对被俘之驾驶人员及士兵，须注意争取，不要杀害。

第十四，伏击火车：(1)在转弯处、上下坡处、有高堤处、洼地、隧道口，都是埋伏的好地点。(2)方法：先卸松铁轨上的狗头钉或径拆散铁轨的一段，使列车到时，跌出轨外。或在铁轨上、隧道口上，用大石头大木头堆塞起来，以制止火车前进。而游击队则分为三部：一部占领阵地，预防列车上卫队抵抗。一部对车厢射击。另一部则准备进入车厢，收缴枪械，俘虏人物。最后放火烧毁车辆。(3)对装甲火车，则更应特别注意，因为它是移动的炮台。游击队一面不但预先卸松狗头钉，而主要是尽量用地雷炸毁之，待其倒坍后，再行出击。

第十五，伏击船舶：(1)游击队可以伏击的船舶，主要是敌人运输用的商船或较小的内河炮舰。(2)伏击的地点，要在河岸上便于隐蔽之处、湾曲处、靠近我岸处。(3)伏击时，游击队主要火器及兵力应准备迎击船头，而以一小部截击船尾，准备敌船回头时用火力拦阻之。待敌船一到，即猛力以步枪机关枪，顶好是炮兵(若无洋炮就是大土炮松树炮也可以)，一齐快放。(4)如是木船，则迫令其停止靠岸，搜查其军械及资财。私船放还，并给船工以财物，官船则烧毁之。

第十六，伏击敌人征发队：(1)在敌人征发队尚未接近村庄时而伏击之。游击队须预先埋伏于敌人必经的道路旁边，待敌一到，突然袭击而消灭之。(2)或在敌人征发队已进村庄分向各家征发时袭击之。此时敌人分散，不能集合，最易消灭，若预先在村庄内伪装埋伏一小部，而以大部从村外攻击之，则收效更易。但村内埋伏的，一定要等村外大部队先行动作，方免敌人惊逃。(3)或因时间来不及，未能实行上述两项办法时，即可待其征发完毕满载而归之时，在敌去路旁边伏击之。伏击成功后，所获财物，应交还原来被征发之民众，只有在民众自愿慰劳游击队情况下，才可分取一部分，帮助游击队的给养。(4)但对敌人征发队，无论何时伏击，均须以突然的动作，首先消灭其掩护部队，方能达到目的。

第十七，伏击敌人运输队：(1)应选择隘路或道路狭窄之处。(2)若敌掩护部队的兵力较大，则可分游击队为两部，以主力同敌掩护部队战斗吸引其向我，以小部夺取运输品或烧毁之。(3)若敌掩护部队较小,则首先消灭其掩护队,再夺取其运输品。(4)伏击敌人运输队一般原则,须先射击其先头,使运输纵列发生错乱,夫子乱跑,道路阻塞;其次猛力消灭或驱逐其掩护部队,再行夺取辎重。(5)若要防止运输队向后逃跑,须先以小部截断其退路。

第十八,急袭:这是处置不预期遭遇的方法。(1)在行动中的游击队,可能遭遇行动中的敌人讨伐队、征发队或运输队,所以,游击队在行动时应经常准备这一着。(2)游击队行进时,应经常派遣便衣侦探在部队先头三五里处行进,以便遭遇敌人时能迅得消息,定下处置方法。(3)如遇小部或兵力相等之敌,应即争取先机,将游击队迅速转入于敌人侧面,而突然向之开火,猛力冲锋,一鼓消灭之。此时若敌溃败,又无其他敌情顾虑时,则跟踪追击将其全部消灭,但追击不应过远。(4)如遇大部之敌或情况不明,则以毫不迟疑、迅速引退、脱离敌人为原则。如敌首先开枪,则我应以小部占领阵地抵抗,掩护主力先撤,掩护部队随后撤走,避免损失。(5)总之,突然遭遇敌人,要有最快的决心,或打或走,不可迟疑。迟疑不决,是危险的。

以上十八条都是袭击行动敌人的方法,抗日游击部队应该加以研究。

但一切战术都以适合情况为原则,文字条文仅能作为实战的参考,不能死板应用。抗日战争中一定有许多新的可贵的经验,胜过过去文字条文的东西,希望大家共勉,战胜日本帝国主义。

根据一九三八年一月十一日出版的
《解放》第二十八期刊印。

注　　释

〔1〕这篇文章，是八路军第一二〇师第三五九旅旅长陈伯钧在中共中央党校学习期间节录的毛泽东一九三四年所著《游击战争》一书中论游击战术的一部分，后经毛泽东修改校正，发表在《解放》第二十八期。

在延安反侵略大会上的演说

（一九三八年二月十一日）

同志们：

今天举行的反侵略大会，从它的意义来说，不仅是延安的，而且是全国性的，全国各地在这几天均举行同样的大会，都是为了一个目的，就是反对侵略战争。这个大会又不仅是中国的，而且是世界性的，在明天，伦敦将举行全世界的反侵略大会，几十国代表都参加，表示一个空前伟大的世界斗争的开始。现在，世界的侵略者结成一种侵略阵线，破坏世界的和平，反侵略者则团结世界上大多数人民保卫世界的和平，反对侵略战争，这样两个相反方向的阵线在全世界斗争着。过去历史上还没有过这样伟大的世界运动，还没有过像今天这样动员全世界地区的大运动，现在是全世界大多数好人向着世界上少数坏人算总账的时候。

因为中国今天是处在生死存亡的关头，所以全中国人有了一个空前伟大的团结，这也是过去中国历史上没有过的。我们的全国大团结，现在已经有了基础，正在向着前途扩大。尽管暂时打了一些败仗，失了一些土地，但这样伟大的团结，是力量无比的，加上世界与日本人民的援助，一定能战胜日本侵略者。现在有三个反侵略的统一战线：中国的统一战线，世界的统一战线，还有一个是日本的统一战线，在日本有广大人民群众不赞成他们政府侵略中国，正在组织反侵略的统一战线。这三个统一战线的目标是一样的，就是一致反对日本帝国主义的侵略战争。有人说，中国过去几十年的反侵略运动都失败了，今天的反侵略运动也会失败。这是不对的。今天的情况和过去不同，主要因为今天不但有了全国的反侵略统一战线，而且这个统一战线恰好和历史上空前的全世界反侵略统一战线相遇合；不但能和全世界的统一战线相遇合，而且恰好又和历史上空前的日本内部矛盾相遇合，即同日本人民的统一战线相遇合。这些历史特点是从前没有的，现在恰巧都有了。所以我们说中国的打败仗是暂时的，中国的抗战一定可以取得最后的胜利，其根据就在这里。这三种统一战线，正如日初升，向着日益巩固日益扩大的方向走去，最后的胜利必属于我们，悲观主义是没有根据的。

因此，今天延安城的大会，有它的全国性及世界性的意义。全中国不愿做亡国奴的人，不分党派，不分信仰，不分男女，不分老幼，统统向着同一的目标而团结起来。全世界一切爱好和平、厌恶战争的人，也统统向着同一的目标而团结起来。日本国内的广大人民，也统统向着同一的目标而团结起来。这个目标就是反侵略，这就是今天世界政治的总方向。这样的全中国人民、全世界人民和全日本人民的大团结，其力量是如何伟大，这种伟大的力量是无疑要把侵略者的力量逐渐削弱下去，最后把它打倒。因此我们坚定地说：只要我们努力，中国一定能够战胜侵略者，新中国的创立是必然的。

根据一九三八年二月二十日《新中华报》刊印。

给范长江[1]的信

（一九三八年二月十五日）

长江先生：

马先生来，获读手书，张同志回延，又接一月三日大示，久稽回答，幸原谅之。

先生提出的问题都是国家重大问题，要说个明白，非一封短信可了。但解决先生问题的主要一点，我认为即是真实地承认并执行一个共同纲领。现在共同说并共同做的东西已有了许多，从实行抗战到若干民主自由都是，但还没有全部东西，还没有从共同抗战到共同建国的全部东西，并使这个东西为国共两党及全国各界所实心承认并实心求其实现。如果有了这个东西，而且实心承认了它又实心求其实现，那先生所提问题的全部便都获得解决了。关于用实际行动帮助国民党健全，我们已在开始作，并望新闻界及全国各界大家都作。诚如先生所感，这是重要问题，但一面也需要国民党同志们欢迎这种帮助，至少不拒绝。我们已提出互相帮助的口号，如果有了一个共同纲领，事情就好办了。军队问题，先生所虑为两党互信障碍者，实由于没有一个包括从抗战到建国的纲领之故。有了的话，这种顾虑，在任何一党方面就都不会有了，因为在过去十年的教训之下，任何一党要背叛纲领而重起内战，必为全国人民所反对,要打也打不起来。否则不但两党之间可为互信障碍,一党内部,何莫不然,过去十年国民党同一主义同一政党内部的无数战争,不是明显的证据吗?我们诚恳希望中国永远不要内战,我在去年五月延安会议所作报告的结论[2]中(此文先生谅已看过),对于遥远的中国前途——民主革命到社会革命的转变,都曾指出共产党应该争取和平转变,而避免流血,何况只在战胜外敌与建立民主国的阶段之内?故问题实质不在共产党而在国民党的真实政治态度,即从抗战到建国的全部纲领之态度。以历史论,十年前的分裂,主动者属谁,被动者属谁,以及因何而破裂,已是人人皆知历史铁铸之事实。彼时谁撕毁那个共同纲领(国民党第一次全国大会宣言),因而掀起内战,先生当能言之。前事不忘,后事之师,故今后症结不但在于要有一个纲领,而且要保证永不许任何一方撕毁这个纲领,这是一件最中心的事。十年前并没有八路军,因为两党破裂才出来了一个八路军,以此推知即使今天把八路军解散,甚至把共产党解散,谁能担保中国境内不再出一个八路军,不再造一个共产党?要知这些东西不是凭空发生的,并非真如某些人们的见解是若干共产党领导分子从心所欲造出来的,或真是所谓"不合国情"的,而实实在在是国家政治经济现象的结果。至于先生的第二个问题——一方面当局感觉不安,一方面人民要求改革,我以为也即是上面同一性质的问题,症结同在国民党承认并实行一个共同纲领。

要达此目的,无疑需要各方面努力,两党党员及领袖以至全国各界一切关心民族前途的人,应为共同促进并实行这个纲领而奋斗。两党的事不是两党私事,而是国民公事,先生

于此关心至切，钦佩无已。远承下问，略述鄙见，尚希进而教之。手此奉复。敬致
民族解放之礼！

毛 泽 东
二月十五日

根据人民出版社一九八三年出版的《毛泽东书信选集》刊印。

注 释

〔1〕范长江(一九○九——一九七○)，四川内江人。一九三七年二月以《大公报》记者身份到西安和延安采访，毛泽东曾在延安会见过他。

〔2〕指毛泽东一九三七年五月八日在中国共产党全国代表会议上所作的结论，题为《为争取千百万群众进入抗日民族统一战线而斗争》。

关于战略计划和将来行动的意见

（一九三八年二月二十三日）

朱彭，林聂，贺萧关，刘徐邓，胡杨，陈周博叶[1]诸同志：

甲、敌情判断

（一）敌为夺取陇海、平汉两路直取西安、武汉，决胜点必在潼关、武胜关。

（二）敌取潼关，依地形，由洛阳西攻较难，由临汾南攻较易，因此，平汉、同蒲两路之敌，似力求由东北两方，分数路向晋南，其总目的在驱逐晋境我军，占领临汾、风陵渡，最后夺取潼关，保障进攻武胜关之右翼。其沿道清路[2]西进之敌，似有由孟津渡河先占洛阳迫令晋境我军南退之企图。

（三）敌攻武胜关之兵力，主要当从津浦路转来。平汉、同蒲两路之敌，主要当用于夺取潼关。

乙、战略计划第一部

（一）为保卫潼关及西安而战，不是将全部兵力处于平汉以西黄河以南之内线所能胜任的，如此必至不能保卫潼关与西安，正和过去将全部兵力处于雁门关、娘子关内线不能保卫太原相同。

(二)为保卫潼关,我们认为必须将兵力分为两部:第一部,刘峙、宋哲元、商震、胡宗南、樊崧甫[3]诸军,固守郑、洛、潼线,策应该线以北诸军之作战,反对敌人渡河。第二部,黄河以北诸军,包括阎、卫[4]及八路全部,坚持晋南晋西战局。在好的情况下,力图在临汾以北以东两地区歼灭敌人,顿挫敌之进攻,并出有力一部于道清路北,钳制企图渡河之敌。在坏的情况下,即设想万一临汾不守,洛阳被占,我晋境诸军亦万不可过河,而应转入外线,反过来攻敌之背,截断敌之来路,并图歼敌,根本破坏敌攻潼关计划。在敌进占晋城、霍县、隰县三点时,我军即应以不少于半数之兵力,转入三点之外翼(转入敌后),方能制敌。

(三)我们认为必须力求蒋、白[5]、阎、卫同意上述计划并鼓励各军执行,方能保卫潼关,亦即保卫了武胜关,保卫了武汉。否则潼关一失,武胜关即处危险中。

(四)假如阎、卫不愿或不能执行上述计划而溃退过河时,则这些军队不但不能参加保卫潼关,反有影响洛、潼诸军之虞。

丙、战略计划第二部

(一)为保卫武胜关及武汉而战,首先须潼关确保在我手中,其次则用正面之阵地战,配合两翼之运动战。

(二)两翼运动战,必须确定至少有二十万左右兵力,长期位于平汉以东,这与在山西配置重兵同等重要,非万不得已,不退豫鄂西,方能配合正面及西面诸军,有力地保卫武胜关及武汉,即使武汉不守,亦使敌处于我之包围中。

丁、八路军将来之行动

(一)假设在山西配合阎、卫作战有利,达到了歼灭及钳制敌军确保潼关、西安之目的,同时武胜关尚无危险,则全部继续在山西作战,并准备加派一部出河北建立华北坚强抗战堡垒,用以捍卫中原、西北及武汉。

(二)假设阎、卫能够执行前述计划,潼关、西安巩固,但武胜关、武汉危险,则应抽出一个师转入武胜关以东,配合友军作战。

(三)假设阎、卫不能执行前述计划,潼关、西安危险,但武胜关、武汉尚无危险,亦应抽出一个师转入潼、西线,配合友军作战。

(四)假设潼关、武胜关均危险,则应抽出两个师南下,一个位于平汉以东,一个位于平汉以西,配合友军作战。仍留一个师,活动于山西、河北,非至某种必要时期,不撤回来。

(五)边区留守部队,担负陕甘任务。

戊、我们认为必须告诉国民党,如果近百万军队均退至黄河以南平汉以西之内线,而陇海、平汉尽为敌占,则将形成极大困难。故总的方针,在敌深入进攻条件下,必须部署足够力量于外线,方能配合内线主力作战,增加敌人困难,减少自己困难,造成有利于持久战之军事政治形势。

己、以上是我们意见,你们意见如何,盼告。

毛泽东　任弼时〔6〕

二月二十三日二十四时

根据毛泽东手稿刊印。

注 释

〔1〕朱，指朱德。彭，指彭德怀，当时任八路军副总司令。林，指林彪，当时任八路军第一一五师师长。聂，指聂荣臻，当时任八路军晋察冀军区司令员兼政治委员。贺萧关，指贺龙、萧克、关向应，当时分别任八路军第一二〇师师长、副师长和政治委员。刘，指刘伯承，当时任八路军第一二九师师长。徐，指徐向前，当时任八路军第一二九师副师长。邓，指邓小平，一九〇四年生，四川广安人，当时任八路军第一二九师政治委员。胡，指胡服，即刘少奇。杨，指杨尚昆，当时任中共中央北方局副书记。陈，指陈绍禹，即王明（一九〇四——一九七四），安徽金寨人，当时任中共中央长江局书记。周，指周恩来。博，指博古，即秦邦宪，当时任中共中央长江局委员。叶，指叶剑英，当时任中共中央长江局委员、八路军参谋长。

〔2〕道清路，指从河南滑县道口镇至博爱县清化镇的一段铁路。

〔3〕刘峙（一八九二——一九七一），江西吉安人，原任国民党军第一战区第二集团军总司令，一九三七年九月三十日被免职，一九三八年三月九日被任命为第一战区副司令长官。宋哲元（一八八五——一九四〇），山东乐陵人，当时任国民党军第一战区副司令长官兼第一集团军总司令。商震（一八八七——一九七八），浙江绍兴人，当时任国民党军第二十集团军总司令兼第三十二军军长。胡宗南（一八九六——一九六二），浙江孝丰（今属安吉）人，当时任国民党军第十七军团军团长兼第一军军长。樊崧甫（一八九四——一九七九），浙江缙云人，当时任国民党军第四十六军军长。

〔4〕阎，指阎锡山，当时任国民党军第二战区司令长官。卫，指卫立煌，当时任国民党军第二战区副司令长官兼第十四集团军总司令。

〔5〕蒋，指蒋介石。白，指白崇禧（一八九三——一九六六），广西桂林人，当时任国民党政府军事委员会副参谋总长。

〔6〕任弼时，当时任八路军政治部主任。

同合众社记者王公达的谈话

（一九三八年二月）

王公达：现在有许多人对中国抗战的前途表示悲观，先生对此意见如何？

毛泽东：我对此完全是乐观的，因为中国抗战的过程必然是先败后胜、转弱为强，这已经成了确定的方向了。在中日战争初期，一般形势是日本强、中国弱，可是今后的形势必是日本的弱点渐渐暴露出来，中国的力量则渐渐加强起来。日本现在正借钱打仗，除过去半年已经用去二十二万万元以外，今年一年的需要据说是四十万万元，必定还不止此数，这已经消耗它大量的国力。日本的国际信用降低，公债跌落，它的“速战速决”计划已经失败，试问它哪有那许多钱无限长期地打下去？就军事方面讲，日本在中国的战线已经延长到自杭州以达包头的数千里的距离，它的兵力不够分配防守之用，所以它的兵力已随深入与扩大的程度渐渐薄弱。它占领了长距离的铁路，便需要军队去防守每一个车站。日本已动员三分之一的军队来侵略中国了，如果它再要占领汉口、广州等地，至少须再动员几十万军队，那时它的情况将十分困难。因为日本的敌人不止中国一个，加上日本国内国际的其他许多大矛盾，它终必走上完全崩溃之途。

王：先生说中国的力量能够渐渐加强起来吗？

毛：根据过去七个月作战的经验，在军事上我们若能运用运动战、阵地战、游击战三种方式互相配合，必能使敌军处于极困难地位。我的意见，在目前除应以二三十万精兵组成数个强有力的野战军，从运动战中给敌人前进部队以歼灭的打击之外，还应抽调八九万军队组成二三十个基干的游击兵团，每个兵团三四千人，派坚决而机动的指挥员领导，加强其政治工作，配置于从杭州到包头的敌人阵线前面，从这个长阵线的二三十个空隙中间，打到敌人后方去。如能运用得宜，结合民众，繁殖无数小游击队，必能在敌后方建立抗日根据地，发动千百万民众，有力地配合野战军的运动战，而使敌军疲于奔命。至于阵地战，由于我们技术不足，在目前不应看作主要方式。但我们必须建设国防工业，自制重武器与高武器，同时设法输入这些武器，以便能有力地进行防御的与攻击的阵地战，这是非常必要的。有人说，我们只主张游击战，这是乱说的，我们从来就主张运动战、阵地战、游击战三者的配合。在目前以运动战为主，以其他二者为辅，在将来要使阵地战能够有力地配合运动战。而游击战，在它对于战斗方式说来，则始终是辅助的，但游击战在半殖民地的民族战争中，特别在地域广大的国家，无疑在战略上占着重大的地位。在政治方面，我们已有国内的统一，更拥有全世界民主国家的同情和援助。但现在的成绩还不够，还应进一步加强起来。所有上述军事上政治上的加强，都是必须的。只要继续努力，也一定能够加强，这就显示着前途的光明。

王:第八路军在日军数面包围之中有被日军驱逐或歼灭的危险吗?

毛:第八路军现在共在四个区域中进行广大的游击战。第一个区域是平汉、平绥、正太、同蒲四铁路中间及其以东以北的地域。这地域拥有坚决反日的一千二百万民众,都与军队密切结合着,这是一个极大的抗战的堡垒。第八路军在这里已经立稳了脚跟,虽然敌人正在加紧进攻这个区域,但要驱逐他们是不可能的,歼灭更不可能。八路军的几个大的东进支队已迫近津浦线。第二个区域是平绥以南、同蒲北段以西和黄河以东的晋西北地带。第三个区域是平汉、正太、同蒲中间的晋东南、冀西南地带。第四个区域是晋西南。他们都与地方人民有密切的联系,都随时猛烈地破坏敌人的后方联络线,有了很多大小的胜利,使敌人大减其前进的力量。从这些区域看来,中国失去的不过是几条铁路及若干城市而已,其他并没有失掉。这一实例给全国以具体的证明:只要到处采用这种办法,敌人是无法灭亡中国的。这是将来举行反攻收复失地的有力基础之一。

王:先生觉得此次国共合作是具有永久性的吗?

毛:我以为是的。民国十六年国共的分裂,原是违反着共产党的志愿的。共产党一向不愿意和国民党分裂。过去十年来国共双方及全国人民都经历了艰苦的经验,这种经验能增强今后的团结。现在及将来合作的目的是共同抗日与共同建国,在这个原则之下,只要我们的友党能有和我们一样的诚意,加上全国人民的监督,这个合作必然是长久的。

王：是的，共产党对时局宣言说过，国共两党不但共同抗日，并且在抗日战争胜利之后还要共同建国。请问这代表着两个不同阶级的政党将来怎能合作建立新国家呢？

毛：因为中国是处在半殖民地地位，目前则更处在亡国灭种关头，连半殖民地地位都在危险中。党派与阶级虽不同，这个共同的地位则一，就此决定了两党不但能合作抗日，并且能合作建国。但合作是在一定纲领下的合作，是有原则的合作，是真正的合作，而不是苟合与貌合。如果离开纲领与原则，必变成苟合与貌合，这是任何有原则的政党所不许可的。有纲领有原则的合作，如同朋友之间的道义之交，只有这种道义之交，交情才能长久。

王：什么是共产党主张的“民主共和国”？

毛：我们所主张的民主共和国，便是全国所有不愿当亡国奴的人民，用无限制的普选方法选举代表组织代议机关这样一种制度的国家。这种国家就是民权主义的国家，大体上是孙中山先生早已主张了的，中国建国的方针应该向此方向前进。

王：共产党对于目前的中央政府满意吗？还须召开临时国民大会吗？

毛：我们拥护现在的中央政府，因为它坚持抗战的方针并领导抗战的行动。但我们希望加以充实和扩大，并在内政上进行必要的改革，以便更加有利于抗战。我们曾经提出了临时国民大会这种主张，这也是孙中山先生提倡过的，我们认为有益于团结全国加强抗战的力量。但究用何种方法更于抗战有利，我们并无成见，只要真正有利于抗战，什么方法都可以采用的。

王：东三省义勇军的抗日活动，有中国共产党前去领导吗？

毛：中国共产党和东三省抗日义勇军确有密切关系。例如有名的义军领袖杨靖宇、赵尚志、李红光等等，他们都是共产党员，他们的坚决抗日艰苦奋斗的战绩，是人所共知的。那里也是民族统一战线，除共产党员外，还有其他的派别及各种不同的军队与民众团体，他们已在共同的方针下团结起来了。

王：先生对于美国一般感想如何？

毛：美国民主党的赞助国际和平，罗斯福总统的谴责法西斯，霍华德系〔1〕报纸的同情中国抗日，尤其是美国广大人民群众对于中国抗日斗争的声援，这些都是我们所欢迎与感谢的。不过希望美国能更进一步，出面联合其他国家给暴日以实际的制裁。现在，是中美两国及其他一切反对侵略威胁的国家更进一步联合对敌的时候了。

根据一九三八年三月五日出版的《解放》第三十二期刊印。

注　　释

〔1〕指美国新闻记者、报刊出版商罗伊·威尔逊·霍华德在一九二五年同罗伯特·斯克里普斯一起创建的斯克里普斯—霍华德报系。

对陕北公学毕业同学的临别赠言[1]

（一九三八年三月三日）

同学们：

陕公是全中国的一个缩影。同学们来自不同的地方、不同的职业和不同的阶层，但有着同一个倾向，即建立新中国的倾向。你们是进步分子，是创造新中国的分子。因此，陕公代表着全中国的统一战线，是中国进步的一幅缩图。

从前有个黄埔[2]，那里表现着一种朝气，这种朝气也就代表着一种倾向。黄埔和陕公一样，同学是从各地方来的，又分布到各地方去。那时的黄埔是要打倒军阀和帝国主义，它是那时中国进步的缩影。我们陕公的方向是要打倒日本帝国主义，建立新中国，这个方向我们要坚持下去。谁违反这个方向，谁就是违反陕公的宗旨，我们同学们应当互相帮助，互相监督。

今天，敌人要进攻武汉、西安、长沙、南昌等地，中国将会受到免不了的困难，在这个困难面前，会有若干人动摇，这是很有可能的。同学们毕业出去，好像撒入河水里去一样，可能有若干人会被潮水卷去，不过大多数人能够战胜潮水，朝着总的方向，达到预定的目的。走这个方向便须有坚定的意志和在艰难困苦的奋斗中不怕牺牲一切的精神。

现在的情况与过去不同，世界上有三个统一战线——国际的、中国的以及日本国内的——可以打倒日本帝国主义，这三个统一战线互相配合起来，共同对着一个目标，我们相信一定会把情况变换，中国一定会往新的方向走。

武汉来的一个同志说："现在外面对于我们抗战有一个公式，就是'卢变[3]以来，中国一定会得到最后胜利的'。"这句话是对的，但是中间还差一段文章，这文章就是怎么样取得胜利的问题。这问题是非常要紧的，我们应该答复，应该写好这中间一段的文章。

事情是不断变化的，今天要把将来的事情统统描写出来，是不可能的，这样要求与空想社会主义差不多。凭空捏造的乌托邦，我们是不赞成的，科学地来看事情就不是如此。由旧中国到新中国，如何到法？具体的内容今天不能完全描写出来，但其大的方向是可以指出的。中国革命的长期性，这是历史变化过程所决定了的。根据半年来的经验，可以讲下面两句话："先败后胜，转弱为强。"这是我们长期抗战的前途。半年来我们中国有着许多进步，抗日，国共合作，联合苏联，开始有言论自由，军队里也开始有政治工作，这是过去所没有的，是敌人侵略我们所决定的要走的路程的内容。这个路程是在什么轨道上走呢？我们回答说："是在艰难困苦的轨道上。"武汉、西安这些地方如果失守了，则大块地方在日本手里，小块地方在我们手里，那末这样就完结了吗？不，决不会完结的。中国的地理条件与西班牙不同，西班牙国土太小，没有多少地方可走，三十五计用完，三十六计就无可用，所以他们采用坚守马德里的战略；中国则不同，我们可以走，地方很多，日本帝国主义要占领全中国是非常困难的。中国的国土有十七八个法国那样大，人口也有几个法国那样多，如果大部分中国土地被日本占领了（可能有此情况），我们还是有办法，因为我们有两个致敌人于死命的区域——内线与外线，这是两个作战的区域。内线便是云、贵、川、湘，大体上就是中央政府管辖的地方，外线便是日本所占领的大块土地的前方。我们一定要努力争取以国共两党合作为基础的抗日民族统一战线的前途，改良政治军事条件，创造新中国的军队，配合着飞机大炮，内外夹攻，这样才能把鬼子赶出全中国。要达到此目的，会有许多困难发生，如武汉失守，就会出现动摇妥协与怀疑应否继续抗战的问题，前方后方都可能发生这样的问题。那时，便须要有远大眼光的政党来判定时局的动向。

我们现在来考察一下国民党的历史。国民党历史上经过许多次的失败与成功，历史是艰难曲折的。辛亥革命失败，国民党经过改组才有大革命的新局面；北伐的结果，国共分家，利益被封建势力与帝国主义获得了。我们认为国民党走继续抗战的方向可能性要大些，因为投降是没有出路的。共产党方面无此问题，始终是坚决抗战的，人民的大多数也是反对投降的。现在许多人回想起北伐时候的情形，期望国民党、共产党、人民三方面都主张抗战到底。

武汉失守——这种趋向是可能的。你们都要跑下“山”去，都有可能碰到这种情况。武汉一失守，局势一定是很坏的，主和的人一定会出来的；然而克服这种困难是十分有把握的，除了我们国内坚持抗战外，还要加上国际有利的条件。虽然德国公开地帮助日本，承认了“满洲国”，不卖军火给中国，英国内阁的态度也发生了变化，但是这只是时局的一面；而代表世界总方向的全世界人民，特别是苏联，会来鼓励与援助中国的。苏联是一定会帮助中国的，总有一天苏联会是日本的直接对头。美国也会干。这些都使我们相信，日本一定吞不下中国的。哪一年的“天狗”把月亮吞下去了？此其一。其二，即使吞下去也是吞不久的，这个判断是建筑在对中国与国际条件的分析之上的。日本兵力不够，它自己也不能长久支持下去。由此断定，中国抗日的总的方向必然是胜利的。

现在我们总的方针是保卫武汉，保卫西安，方法是准备撤退，但必须消耗敌人，争取时间。为保卫武汉、保卫西安而战，即使失败，也不要紧。我们已经指明，从内线往外打，得到胜利也是可能的。这是一方面。另一方面，敌人占领的地方是大块的，我们就可以在附近的小块地方做起“文章”来，这就是要做出最后胜利结论前的中间一段文章，像华北全部，江浙皖一部，若武汉不守，有许多地方是可以做“文章”的。

有个青年从长沙写信来说：“中国必亡。设若武汉失掉，则大块地方都完了，还有什么办法？”我说，我们陕北公学同学出去一定有办法，办法就是画“豆腐块”，在大路附近画“豆腐块”。在“豆腐块”边上我们暂时没有办法，因为那是大路、大城市，被日本据有优势武器的兵种占领着，这就是说，“中国不是亡国，而是亡路”。日本得到了城市、大路的速决战，也就得到了乡村、小路的持久战。比方，陕北延安被占领了，我们就会在其他小块，无数乡村，无数小路打持久战。城市速决战日本可以取得胜利，乡村持久战是我们取得胜利。这次你们毕业后要分两部分去工作，一部分在后方发展民运工作，另一部分要到“豆腐块”里去。也许有人怕去画“豆腐块”，我们举出聂荣臻[4]的例子，就会不怕了。聂荣臻在五台山创造了一支二万五千人的大队伍（不脱离生产的还不算）。我们要把这个例子告诉全国被占领或将被占领的区域的人民，使他们看到抗日的办法与出路。我们坚决反对被占领区域没有办法的说法，在这方面我们还可以讲讲十年内战时期许许多多的经验。

陕公是有许多不能使人满意的地方，我们不在乎像其他学校那样照着书本一章一章地来上课，而在乎学习一种作风，一种方向。陕公的校长和教职员，他们都是从艰难困苦的斗争中出来的，所以你们在陕公里可以学习到一个方向——政治方向，同时又可以学习到一种作风——工作作风。

你们要到敌人占领的一切地方去工作。山西的“田”字形态势，从几条大路来讲，敌人包围了我们；反过来，我们占据了大路附近的许多“豆腐块”，我们就包围了敌人。从国际范围看，日本虽然包围了中国，但世界反法西斯国家又包围了日本。中日战争不会几天就完结的，国共两党现在力量还不大，日本力量比我们大，假使十年前统一战线不破裂，则今天的情况定不会如此的，这点也规定了中日战争的长期性与持久性。国际条件也是如此，世界人民反侵略求解放运动的时间已经接近了。中国不是孤立的，是与世界人民求解放的斗争相联结的。世界不可分割，革命不可分割，胜利也是不可分割的，这样发展下去，中国的胜利是毫无疑义的。斯大林同志说：社会主义建设在一国内可以完成，但世界资本主义存在着，包围着苏联，因此必须要有世界无产阶级与殖民地人民斗争的成功，才能获得社会主义的最后胜利。

中国的团结＋世界的援助＋日本国内的困难＝中国的胜利。这个公式是有意义的。当然，自力更生的口号是对的，但中国不能孤立也同样要注意到。

同学们毕业后，要更努力地工作。一方面不要偷懒，这个机会主义的倾向是要不得的，我们应该积极工作，艰苦奋斗。另一方面，我们也要反对急性病，那种一天就要胜利的心理也要铲除。

对今天的困难，我们要以根本的原则结合实际情况去解决问题。比如西安事变，若不和平解决而引起了内战，便是给反革命以机会。你们出去工作，就要根据这一个原则去解决问题。再比如出去组织游击队，省政府要缴游击队的枪械，那末我们的原则是不要打起来，以免给日本以可乘之机。解决得最好的例子，便是八路军。有人要共产党退出八路军，这是绝对主义，是不行的，统一战线是相对的，共产党在统一战线中要保持自己的相对独立性。

总之，我们的原则是革命的，但它是具体的，不是抽象的，必须结合着实际情况来解决问题。

今天的临别赠言，就是这些。你们在这里主要是学了方向、原则与作风。毕业出去以后，无论在前方后方，内线外线，都要努力去创造无数大大小小的抗日根据地，从建立山西的五台山，到建立全中国的五台山，争取最后的胜利。

根据中央档案馆保存的讲话记录稿刊印。

注　释

〔1〕这是毛泽东对延安陕北公学第六、七、八、九、十队毕业同学的讲话。

〔2〕黄埔，指黄埔陆军军官学校，是孙中山一九二四年在中国共产党和苏联的帮助下在广州黄埔建立的。中国共产党先后派周恩来、恽代英、萧楚女、熊雄、聂荣臻等在该校任职，学员中也有很多共产党员和共青团员。

〔3〕卢变，指卢沟桥事变，也称七七事变。一九三七年七月七日，日军在北平西南的卢沟桥向中国驻军进攻。在全国人民抗日热潮的推动和中国共产党抗日主张的影响下，中国驻军奋起抵抗。中国人民英勇的八年抗战，从此开始。

〔4〕聂荣臻，当时任八路军晋察冀军区司令员兼政治委员。

在纪念孙中山逝世十三周年及追悼抗敌阵亡将士大会上的讲话

（一九三八年三月十二日）

今天是孙中山先生逝世十三周年纪念的日子，我们开这样一个庄严的纪念大会。同时，抗日战争已经打了八个月，许多英勇将士牺牲了，我们开这样一个沉痛的追悼大会。这些都不是随便的与偶然的，有我们民族历史发展的必然的理由。

孙先生的伟大在什么地方呢？在于他的三民主义的纲领，统一战线的政策，艰苦奋斗的精神。当我在广东会见孙先生的时候，正开国民党第一次全国代表大会，孙先生手订的三民主义新纲领，已被通过于大会，那就是有名的《中国国民党第一次全国代表大会宣言》。这时还开始实行了以国共合作做基础的统一战线政策，这个统一战线，包括对内联合共产党与工人农民，对外联合以平等待我之民族，共同奋斗，有名的"三大政策"，即建立于此时。孙先生的三民主义纲领与统一战线政策，实为处在半殖民地国家的大革命家对于中华民族最伟大的贡献。不但如此，孙先生的伟大，还在他的艰苦奋斗、不屈不挠、再接再厉的革命毅力与革命精神，没有这种毅力，没有这种精神，他的主义与政策是不能实现的。如像刚才读过的《总理遗嘱》开头一句所说："余致力国民革命凡四十年"，在这四十年中间，经过了多少艰难曲折，然而孙先生总是愈挫愈奋，不屈不挠，再接再厉。当着多少追随者在困难与诱惑面前表现了灰心丧志乃至投降变节的时候，孙先生总是坚定的。孙先生是坚持其主义的。在他一生，他的三民主义只有发展而无弃置。孙先生从没有弃置其主义于不顾的时候，他始终坚持了三民主义，并且发展了三民主义，第一次代表大会宣言就表现了三民主义的发展。对统一战线也是一样，孙先生不但坚持了而且发展了统一战线，从为着推翻清朝而联合各个革命派别与会党，发展到为着推翻帝国主义与封建势力而采取联合苏俄、联合共产党与联合工农的新政策。所有这些，同他的不怕艰难挫折、不屈不挠、再接再厉的革命毅力或革命实践精神相结合，就表现了孙先生的伟大革命家模范。今天我们又是一个统一战线，这个统一战线较之过去是更加广大的，这个统一战线所要对付的敌人也是较之过去更加严重的。这个统一战线所应执行的纲领，在目前基本上仍然是那个第一次代表大会宣言所说的东西，但形式与内容有了某些发展，在将来一定还会有进一步的发展的。为了实行三民主义，扩大统一战线，战胜我们的敌人日本帝国主义，还一定要从革命实践中发扬艰苦奋斗、不动摇、不妥协的革命精神，才能达到。所以我们纪念孙先生，如果不是奉行故事的话，就一定要注意这样的三项：第一，为三民主义的彻底实现而奋斗；第二，为抗日民族统一战线的巩固与扩大而奋斗；第三，发扬艰苦奋斗、不屈不挠、再接再厉的革命精神。我以为这三项是孙先生留给我们的最中心最本质最伟大的遗产，一切国民党员，一切共产党员，一切爱国同胞，都应接受这个遗产而发扬光大之。判断一个人究竟是不是孙先生的忠实信徒，就看他对这三项宝贵遗产的态度如何而定。

现在说到追悼抗敌阵亡将士的意义。从卢沟桥事变以来，东方历史上未曾有过的大战已经打了八个月。敌人是倾全国的力量来打，目标是灭亡中国，战略是速战速决。我们呢？也是倾全国的力量来抵抗，目标是保卫祖国，战略是持久奋斗。八个月中，陆、空两面，都做了英勇的奋战，全国实现了伟大的团结，几百万军队与无数人民都加入了火线，其中几十万人就在执行他们的神圣任务当中光荣地壮烈地牺牲了。这些人中间，许多是国民党人，许多是共产党人，许多是其他党派及无党无派的人。我们真诚地追悼这些死者，表示永远纪念他们，从郝梦麟，佟麟阁，赵登禹，饶国华，刘家祺，姜玉贞，陈锦秀，李桂丹，黄梅兴，姚子香，潘占魁诸将领到每一个战士，无不给了全中国人以崇高伟大的模范。中华民族决不是一群绵羊，而是富于民族自尊心与人类正义心的伟大民族，为了民族自尊与人类正义，为了中国人一定要生活在自己的土地上，决不让日本法西斯不付重大代价而达到其无法无天的目的。我们的方法就是战争与牺牲，拿战争对抗战争，拿革命的正义战对抗野蛮的侵略战。这种精神，我们民族的数千年历史已经证明，现在再来一次伟大的证明，郝梦麟将军等数十万人就为着这个而牺牲了。判断日本法西斯是还要前进的，它还要进攻我们的西安、郑州、武汉、南昌、福州、长沙与广州，它想吞灭全中国。但是我要告诉那些发疯的敌人，你们的目的一定达不到。

不要以为占领了我们的地方就算达到了你们的目的，没有达到也不会达到。你们日本法西斯的胜利，历史判定只会是暂时的，不会是永久的，有充足的理由证明，最后胜利只会属于我们一方面。而且战争打到结局，你们也一定只能占领我们一部分地方，要占领全国是不可能的。即使你们得到了一个城市的速决战，同时也就要你们得到一个乡村的持久战，例如你们已经把山西的几条大路与若干城市占领了，但数倍于你们占领地的乡村将始终是中华民国的。我们要把这个道理告诉全国的同胞，日本差不多在任何一省都只能作部分的占领，日本的兵力不够分配，它的野蛮政策又激怒了每一个中国人，中国有广大的军队与人民，中国又实行着统一战线的良好政策，就此决定了持久战以及最后胜利之属于哪一方。将来的形势，双方血战的结果，即使日本占领了中国的大半，中国只剩下完整的小半作为继续抗战争取最后胜利的中枢根据地，但在那大半地方，实际上日本仍然只能占领其中的大城市、大道与某些平地，只要我们能够在每个省中组织大多数乡村中的人民一致武装起来打日本，建立许多的抗日根据地，如像现在已经建立起来了的五台山根据地一样，我们就包围了日本军。我们的这个外线的战争，配合着内线的战争，又从各方努力，把我们全国范围内的党政军民各项紧要工作办得大大进步起来，有朝一日，就可互相配合，内外夹击，打大反攻，那时还一定会配合着世界革命的援助，同日本国内人民革命的援助，最后胜利谁能说不是中国的？郝梦麟将军等的热血谁能说是白流的？日本强盗之被赶出中国谁能说不是必然的？孙中山先生的民族解放、民权自由、民生幸福的三大理想，谁能说不会实现于中国的?我们要使全中国人都有这种明确的认识与坚固的信念，都懂得最好的持久战方针，在中央政府与蒋委员长领导下，在这回大战中，齐心一致，一定要把亡国奴或亡国奴威胁的锁链摆脱掉。

在这个大会上，我们要向一切在前线奋斗的将士们致敬礼，因为他们都在为着争取最后胜利作英勇的战斗。我们要向一切抗日军人的家属尤其是死难烈士的家属致敬礼，因为他们家中出了这样为国奋斗不怕牺牲的抗日军人。我们也要向一切在后方各界辛苦焦劳克己奉公以从事于抗战工作的各级工作人员与各级领袖们致敬礼，因为他们的工作都直接间接指导了或帮助了抗战。

根据一九三八年三月十五日《新中华报》刊印。

在抗大应当学习什么？[1]

（一九三八年四月九日）

诸同学不避艰苦，从很远的地方，风尘跋涉，来此学习，这种精神，这种决心，是很好的。我们彼此都不认识，但也可以说又都认识，因为我们在政治上是站在一条战线上的，从政治上说，从精神上说，我们是彼此贯通的，是相识的。你们在这里学习的时间很短，只有几个月，学不到很多的东西，不像别的大学可以学几多年，但你们可以学一样东西，一样很重要的东西，就是学一个宗旨，这个宗旨也就是全国的全中华民族的宗旨——抗日救国。这是我们学校的总的方针，也是全国人民的要求。具体地说，你们在这里应当学到以下几样东西：

第一，首先是学一个政治方向。政治方向可以有许多不同的方向，你们要学一个正确的政治方向，这就是要打日本、怎样打日本、为什么日本帝国主义一定能打倒的正确的政治方向。其次要学一个达到及完成这种政治方向的工作作风——艰苦奋斗的工作作风。必得有这种作风才能达到及完成以上的政治方向。再次是要学点战略战术。抗大是军事学校，要学做一个军人，学点军事本领。军人是老百姓变来的，大家都不肯做军人，便不能打败日本帝国主义；要广大的老百姓都愿意变作军人，才能打败日本帝国主义。所以你们要学做一个军人，要学军事，要学战略战术——灵活的战略战术。我们这里的战略战术不是呆板的，而是灵活的，就是无论敌人用什么方法来进攻，我们都有一种办法对付，敌人用这一种方法打过来，我们用另一种方法打过去。运用灵活的战略战术，等到敌人技穷了，我们便可以打胜它。总之，你们在这里要学到坚定正确的政治方向，艰苦奋斗的工作作风，加上灵活的战略战术。有了这三样东西，我们便能够最后战败敌人。这是第一。

第二，你们在这里要学做干部。单是干部不能战胜敌人，没有干部也不能打败敌人。要干部去发动组织广大的人民，把成千成万的人民变为有组织的队伍；没有组织便没有力量，要战胜日本帝国主义，没有这广大的有组织的队伍是不可能的。你们不论在前方后方都要发动民众、组织民众，从政治上从军事上去组织他们。日本人口少，中国人口多，但它所以能够欺负我们，因为我们广大的人民没有很好的组织，至今也还组织得很不够。你们要把握紧正确的政治方向，经过你们传播这政治方向于广大的人民，教育他们，组织他们。因为事实上不可能使全国人民都到这里来学习，却可以靠你们将来在工作中间把这个政治方向告诉全国的人民，使他们都明了中国怎样而且一定能够打败敌人，使这个政治方向成为全国人民的政治方向。同时你们也要传播艰苦奋斗的工作作风，使广大民众都能坚定地不动摇地与任何困难奋斗。像你们在这里吃小米饭，爬清凉山，也可说是一种艰苦奋斗，是要你们改变不能艰苦奋斗的软弱作风，有点“劲”，譬如跑路跌了一跤，碰坏了牙齿，却依然站起来向前迈进。单是你们有这个作风还不够，要使全国的人民都有这个作风。在我们的征途上摆着一样东西，其名曰“困难”，我们告诉它，我们是从抗日军政大学锻炼出来的，不怕你！它说它有很大的本领，能使我们没衣服穿，我们不怕；能使我们没饭吃，我们不怕。它说它还有飞机、大炮、坦克，但我们都不怕。我们克服了一切的困难，再问它还有没有，它说没有了，便只好缴枪。我们便是这样去战胜日本帝国主义！你们要教育全国人民，使他们都不怕困难，而且能克服困难，这样一定能打倒日本帝国主义。你们更要以灵活的战略战术教育广大的民众，使他们都知道而且都会打日本。组织全国人民，训练全国人民，是要靠你们这些干部的。所以第二你们要学做干部。

第三，你们还要下一种决心。你们从很远的地方辛辛苦苦地来延安学习，我看是已经有了决心的。什么决心呢？延安没有升官发财的机会，你们来此一不为升官，二不为发财，那末远道来此，究竟为什么呢？无疑的是为了抗日救国，所以你们是有抗日救国的决心的。你们要学抗日救国，我们要帮助你们完成。但有些人是只有一个“大概的”决心，所谓“大概”，是说也许有点模糊，不十分坚决彻底。其中也难免有些人是由于看了别人来自己也跟了来的，没有彻底的认识与决心。这意思是说，他们的决心不是由坚定的政治方向出发的，是没有经过很好的考虑而来的。今天我们在这里爬山吃小米饭，还不是什么了不得的困难，在前方困难要多得多，要知飞机大炮是没有眼睛的。现在，日本侵略军虽在鲁南打了败仗，可是大概还要再来。他们抢了我们的上海、南京，还企图占领我们的潼关甚至武汉，现在在山西的敌军攻下了临汾，抵达风陵渡。如果说日本帝国主义是一头野牛，那末我们中国在山西的几万大军正在这牛的背后拖着牛尾巴，阻止它南下。如我们八路军，在敌人的后方，接济困难，上有飞机，下有大炮，但在这种困难环境之下还要拖牛尾巴，不断地打击敌人。你们从各地出发的时候，有的是想到了，恐怕也有的人没有想到延安的艰苦，在别的地方有鱼有肉有大米饭，这里却只有小米饭，还得爬清凉山。现在你们吃小米饭、爬清凉山的决心是有了，但你们将来还要去“拖牛尾巴”，抗日战争的征途上困难还很多，你们要下一个更大的决心——不怕任何艰苦向前迈进的决心！抗日战争是持久战，不是一年半载可以解决的，而且将来还要建设新的中国。我看你们都是没有胡须的，没有胡须的人名之曰青年，青年人是有勇气的，但你们要到长了胡须的时候（自然女同志是不会生胡须的），到老到死，都不动摇，不退缩。革命的过程，像在波涛汹涌的江河中行船，怯懦者常常会动摇起来，不知所措。在革命的大浪潮中遇到困难便动摇退缩的人在历史上是有的，希望你们中间没有这样的人，你们要为中华民族的解放，为建设新中国而永不退缩，勇往直前，要坚决地为全国四万万五千万同胞奋斗到底！不是为了自己，而是为了全国四万万五千万同胞，不是为了自己的家，而是为了四万万五千万同胞的家，牺牲一切。所以第一个决心是要牺牲升官，第二个决心是要牺牲发财，第三更要下一个牺牲自己生命的最后的决心！现在你们牺牲升官、发财及吃小米饭、爬清凉山的初步决心是有了，但没有最后的决心是不够的，你们更要有为四万万五千万同胞牺牲自己贡献生命的决心！

根据中央档案馆保存的讲话记录稿刊印。

注　释

〔**1**〕这是毛泽东在延安抗日军政大学第四期第三大队开学典礼上的讲话。

在鲁迅艺术学院的讲话

（一九三八年四月二十八日）

你们要我来讲几句话。可是我不熟悉艺术方面的问题，只能贡献一些粗浅的意见给你们参考。

一、我们对艺术应持什么观点？在这个问题上，过去中国有过很大的争论。大家可能知道，徐志摩先生曾说过这样一句话："诗要如银针之响于幽谷"〔1〕，银针在幽谷中怎样响法，我不知道。但我知道他是一个艺术至上主义者。那时像他这样主张的人很多，他是这方面的一个代表。另一方面是鲁迅先生所代表的马克思主义艺术论者。他们在艺术论上的争论，有长期的历史，现在不能去细说它。艺术至上主义是一种艺术上的唯心论，这种主张是不对的。但现在为了共同抗日在艺术界也需要统一战线，正如鲁迅先生所说的那样，不管他是写实主义派或是浪漫主义派，是共产主义派或是其他什么派，大家都应当团结抗日。当然对我们来说，艺术上的政治独立性仍是必要的，艺术上的政治立场是不能放弃的，我们这个艺术学院便是要有自己的政治立场的。我们在艺术论上是马克思主义者，不是艺术至上主义者。我们主张艺术上的现实主义，但这并不是那种一味模仿自然的记流水账式的"写实"主义者，因为艺术不能只是自然的简单再现。至于艺术上的浪漫主义，并不是完全没有道理的。它有各种不同的情况，有积极的、革命的浪漫主义，也有消极的、复古的浪漫主义。有些人每每望文生义，鄙视浪漫主义，以为浪漫主义就是风花雪月哥哥妹妹的东西。殊不知积极浪漫主义的主要精神是不满现状，用一种革命的热情憧憬将来，这种思潮在历史上曾发生过进步作用。一种艺术作品如果只是单纯地记述现状，而没有对将来的理想的追求，就不能鼓舞人们前进。在现状中看出缺点，同时看出将来的光明和希望，这才是革命的精神，马克思主义者必须有这样的精神。

中国文艺界还曾有所谓"第三种人"〔2〕，在今天我们也并不排斥他们。今天第一条是一切爱国者的抗日民族统一战线，第二条才是我们自己艺术上的政治立场。艺术上每一派都有自己的阶级立场，我们是站在无产阶级劳苦大众方面的，但在统一战线原则之下，我们并不用马克思主义来排斥别人。排斥别人，那是关门主义，不是统一战线。但在统一战线中，我们不能丧失自己的立场，这就是鲁迅先生的方向。你们鲁迅艺术学院要遵循鲁迅先生的方向。

二、艺术作品要有内容，要适合时代的要求，大众的要求。作品好比饭菜一样，要既有营养，又有好的味道。中国人是最会做饭菜吃的，做菜的时候适当地调配各种材料，加上油盐酱醋各种佐料，经过巧妙的烹调，便产生一种美味，并且保持了营养成分。大师傅做得一手好菜，要有一个长期实践的过程，不是学一天便做得好的。他们做菜，用的材料和别人一样，却能做出好的味道来，这就要研究各种材料的调配和时间火候的掌握。艺术至上主义者是只注重味道好不好吃，不管有没有营养，他们的艺术作品内容常常是空虚的或者有害的。艺术作品要注重营养，也就是要有好的内容，要适合时代的要求，大众的要求。比如现在唱京戏，在戏报上已经看不见《游园惊梦》之类的东西了，因为那样的戏在今天卖不了座。演旧戏也要注意增加表现抗敌或民族英雄的剧目，这便是今天时代的要求。艺术作品还要有动人的形象和情节，要贴近实际生活，否则人们也不爱看。把一些抽象的概念生硬地装在艺术作品中，是不会受欢迎的。

三、鲁迅艺术学院要造就有远大的理想、丰富的生活经验、良好的艺术技巧的一派艺术工作者。你们不应当是只能简单地记述社会生活的艺术工作者，而应当有为新中国奋斗的远大理想。这就是说，不但要抗日，还要在抗战过程中为建立新的民主共和国而努力，不但要为民主共和国，还要有实现社会主义以至共产主义的理想。没有这种伟大的理想，是不能成为伟大的艺术家的。但只有理想还不行，还要有丰富的生活经验与良好的艺术技巧。中国近年来所以没有产生伟大的作品，自然有其客观的社会原因，但从作家方面说，也是因为能完全具备这三个条件的太少了。我们的许多作家有远大的理想，却没有丰富的生活经验，不少人还缺少良好的艺术技巧。这三个条件，缺少任何一个便不能成为伟大的艺术家。

鲁迅先生在《毁灭》的后记中说到，《毁灭》的作者法捷耶夫是身经游击战争的，他描写调马之术写得很内行。像上马鞍子这类细微的动作，《毁灭》的作者都注意到了，鲁迅先生也注意到了。这告诉我们，大作家不是坐在屋子里凭想像写作的，那样写出来的东西是不行的。《红楼梦》这部书，现在许多人鄙视它，不愿意提到它，其实《红楼梦》是一部很好的小说，特别是它有极丰富的社会史料。比如它描写柳湘莲痛打薛蟠以后便“牵马认镫去了”，没有实际经验是写不出“认镫”二字的。事非经过不知难，每每一件小事却有丰富的内容，要从实际生活经验中才会知道。你们是青年艺术工作者，现在的大千世界都是属于你们的，都是你们活动的园地。你们的艺术作品要有充实的内容，便要到实际生活中去汲取养料。你们不能终身在这里学习，不久就要奔赴各地，到实际斗争中去，正如你们唱的《游击队员之歌》中所说的，“我们都是飞行军，哪怕那山高水又深”。你们不但要在口里唱，而且要实际地去那样做。没有丰富的实际生活经验，无从产生内容充实的艺术作品。要创造伟大的作品，首先要从实际斗争中去丰富自己的经验。艺术家固然要有伟大的理想，但像上马鞍子一类的小事情也要实际地研究。过去一个研究《红楼梦》的人说，他曾切实地把大观园考察过一番。现在你们的“大观园”是全中国，你们这些青年艺术工作者个个都是大观园中的贾宝玉或林黛玉，要切实地在这个大观园中生活一番，考察一番。你们的作品，“大纲”是全中国，“小纲”是五台山〔3〕。要把中国考察一番，单单采取新闻记者的方法是不行的，因为他们的工作带有“过路人”的特点。俗话说：“走马看花不如驻马看花，驻马看花不如下马看花。”我希望你们都要下马看花。

到群众中去，不但可以丰富自己的生活经验，而且可以提高自己的艺术技巧。夏天的晚上，农夫们乘凉，坐在长凳子上，手执大芭蕉扇，讲起故事来，他们也懂得胡适之先生的八不主义〔4〕，他们不用任何典故，讲的故事内容却是那么丰富，言辞又很美丽。这些农民不但是好的散文家，而且常是诗人。民歌中便有许多好诗。我们过去在学校工作的时候，曾让同学趁假期搜集各地的歌谣，其中有许多很好的东西。这里存在着一个极大的不协调，就是有丰富的生活经验与美丽言辞的人不能执笔写作，反之，许多能写作的人却只坐在都市的亭子间，缺乏丰富的生活经验，也不熟悉群众生动的语言。我们都知道高尔基〔5〕，他的生活经验丰富极了，他熟悉俄国下层群众的生活和语言，也熟悉俄国其他阶层的实际情形，所以才能写出那样多的伟大作品。

至于艺术技巧，这是每个艺术工作者都要学的。因为没有良好的技巧，便不能有力地表现丰富的内容。艺术技巧是多方面的，并不只限于语言。但是，对于艺术工作者来说，掌握语言的能力确是非常重要的。我看鲁迅先生便是研究过大众语言的。你们一定要下一番苦工夫去学习和掌握艺术技巧。

要做伟大的艺术家，必须具备以上所说的三个条件，缺一不可。现在，我们阵线上有些人所写的东西，缺乏丰富充实的内容，不合于客观的实际，艺术技巧也比较粗糙。这种缺点我们一定要努力克服。

根据中央档案馆保存的讲话记录稿刊印。

注　释

〔1〕徐志摩（一八九六——一九三一），浙江海宁人，新月派的代表人物之一。他的这句话，没有查到出处。

〔2〕一九三二年七月，苏汶（即杜衡）在《现代》杂志发表《关于“文新”与胡秋

原的文艺论辩》一文，自称“第三种人”，宣扬超阶级的文艺，受到鲁迅、瞿秋白的批评。

〔**3**〕五台山，指五台山地区，当时属晋察冀抗日根据地。

〔**4**〕胡适之，即胡适（一八九一——一九六二），安徽绩溪人。他在一九一七年和一九一八年先后发表《文学改良刍议》和《建设的文学革命论》，将自己对文学改良的主张归纳为“八不主义”：一、不做“言之无物”的文字。二、不做“无病呻吟”的文字。三、不用典。四、不用套语滥调。五、不重对偶：——文须废骈，诗须废律。六、不做不合文法的文字。七、不摹仿古人。八、不避俗话俗字。

〔**5**〕高尔基（一八六八——一九三六），苏联著名文学家、政治活动家。主要作品有诗歌《鹰之歌》、《海燕》和小说《母亲》等。

放手开展敌后游击战争

（一九三八年五月四日）

项英[1]同志：

在敌后进行游击战争虽有困难，但比在敌前同友军一道并受其指挥反会要好些，方便些，放手些。敌情方面虽较严重，但只要有广大群众，活动地区充分，注意指挥的机动灵活，也会能够克服这种困难。这是河北及山东方面的游击战争已经证明了的。在侦察部队出去若干天之后，主力就可准备跟行。在广德、苏州、镇江、南京、芜湖五区之间广大地区创造根据地，发动民众的抗日斗争，组织民众武装，发展新的游击队，是完全有希望的。在茅山根据地大体建立起来之后，还应准备分兵一部进入苏州、镇江、吴淞三角地区去，再分一部渡江进入江北地区。在一定条件下，平原也是能发展游击战争的，条件与内战时候很大不同。当然，无论何时应有谨慎的态度，具体的作战行动应在具体情况许可之下，这是不能忽视的。薛岳[2]等的不怀好意，值得严重注意。但现时方针不在与他争若干的时间与若干里的防地，而在服从他的命令开到他指定的地方去，到达那里以后就有自己的自由了。尔后不要对他事事请示与事事报告，只要报告大体上的行动经过及打捷报给他。此外，请始终保持与叶[3]同志的良好关系。以上请加以考虑。

毛　泽　东

五月四日

根据中央档案馆保存的抄件刊印。

注　　释

〔1〕项英（一八九八——一九四一），湖北武昌人。当时任中共中央军委新四军分会书记、新四军副军长。

〔2〕薛岳，一八九六年生，广东乐昌人。当时任国民党军第十九集团军总司令兼第五军军长。

〔3〕叶，指叶挺（一八九六——一九四六），广东惠阳人。当时任新四军军长。

同世界学联代表团的谈话[1]

（一九三八年七月二日）

第一个问题：目前陕甘宁边区在中国的意义与作用是什么？请你告诉我们，我们很需要明白这点。

答：明白了边区的性质，才能明白它在中国的意义与作用。边区是一个什么性质的地方呢？一句话说完，是一个民主的抗日根据地。

首先，在民众方面，都有他们自己的组织。边区人民，只要在抗日原则下，都有他们言论、出版、集会、结社之自由，不论是工人、农民、商人、学生、知识分子、妇女、儿童，以及宗教团体、自由职业者的团体，都有这种自由。共产党与边区政府从而积极地扶植他们，帮助他们，使他们更普遍地发展下去。这里仅仅限制汉奸的活动，对于汉奸，是不给任何自由的。

其次，边区已成了直接抗战的区域，这里留了八路军的一部分，还有地方武装部队。这些军队，其内部官长与士兵的关系，其对外与人民的关系，也都有一种民主的精神，能够官兵打成一片，军民打成一片，使在抗日战争中表现不能被战胜的力量。

其次，边区的教育同样是抗日的与民主的，你们从抗日军政大学与陕北公学就可以看出这种精神。

其次，经济方面也是这样，以有利抗战为主旨，而以民主精神经营之。例如这里颇为发达的合作社，得了土地后的农民之于农业，都是按照这种精神，使人民的生活得到改良，同时又有利于抗日事业。这里是有租税的，但没有苛捐杂税，实行一种统一的累进税，符合于上述的主旨。

还有，也是最重要的，就是边区各级政府都是由人民投票选举的。这里证明一点，就是有些人说"知识落后的工农不能实行选举制度"，这是不符合事实的。这里实行民选的结果并不坏，每个有眼睛的人都能看到。当人民选举他们所欢喜的人去办政府的事的时候，办得很不错，这比派官办事制度要好得多，对于动员人民力量参加抗日战争，特别积极而有效。与过去苏维埃不同的，是扩大了选举与被选举的范围，即不论工人、农民、妇女、知识分子、学生、商人、有产者，只要不反对抗日而年满十八岁者，都有选举与被选举之权。

以上所述的各方面，把抗日战争与民主制度结合起来，都能收得很大的效果。在这个制度之下，无论哪一种职业的人，无论从事什么活动，都能发挥他们的天才，有什么才干的人都可以表现出来。

这就是边区的性质，边区的特点。明白了这种性质与特点，就可以明白它在全国的意义与作用是什么了。全国也应采取这个制度，应把抗日战争与民主制度结合起来，以民主制度的普遍实行去争取抗日战争的胜利。如果全国人民都有言论、出版、集会、结社的充分自由，全国军队中官兵打成一片，军民又打成一片，全国教育也以民主精神实行之，全国经济建设发动了人民的力量并与改良人民生活相联结，全国各级政府都实行选举制度,并有各级人民的代议机关,而一切这些都是为了争取抗战的胜利,那战胜日本就指日可期了。民主制度在外国已是历史上形成的东西,中国则现在还未实行。边区的作用,就在做出一个榜样给全国人民看,使他们懂得这种制度是最于抗日救国有利的,是抗日救国唯一正确的道路,这就是边区在全国的意义与作用。这种制度要全国采用,是需经过全国人民切实了解,认为可行,然后才能实行的,所以我们欢迎各党各派与无党无派的人都来看一看。来看的人也不少,青年学生尤多,除了少数人说这种制度不好之外,大多数人都是说好的,这是可以引为庆幸的事。边区是中国之一部分,在中央政府领导之下,与中国其他部分是一样的,但有一点不同,这里是实行了民主制度的区域,这就是边区的特点。我们希望这个特点普及于中国。

现在有些人对于边区有两种不正确的观点:一种说边区什么都不好,有少数顽固分子这样说,这种说法显然不合事实。另一种说这里像个神圣的天堂,什么缺点都没有,这种说法也过分了。正确地说应是这样:这里的民主制度与抗日精神是很好的,值得供全国人民仿效与参考。但这里的工作还受某些条件的限制,例如物质困难即其一例,许多工作也还待继续努力,方能更好,并不是样样都好得了不得不须再求进步了。因此,欢迎外界的批评,加重了这里工作人员的努力,这也是要指出的。承诸位好意来延安参观,我就欢迎诸位的批评,指出这里的缺点,以便加以改正,使之更利于抗日救国的伟大事业。

第二个问题:目前中共在全中国的作用是什么?

答:这个问题很简单。坚持抗战,坚持统一战线,坚持持久战,这就是目前中共的基本主张,它在全国的工作与作用也就在这里。

什么叫做坚持抗战?妥协还是坚持抗战,这是存在着的问题。我们是主张抗战到底,反对任何妥协的。我们愿和国民党及其他党派与全国人民一道,坚持抗战,绝不动摇,直至收复失地打到鸭绿江为止。

什么叫做坚持统一战线?就是全国团结到底。只有坚持全国的团结,才能坚持抗战。现在虽然已有了全国的团结,但还要更加团结,不但团结几个党派就行了,还须团结全国的人民。只有全国各界人民都团结在一定的组织之中,都发动了抗战的积极性,才算巩固与扩大了统一战线。

什么叫做坚持持久战?中国现在有两种人,一种人说,"中国会亡,不能作持久战";另一种人说,"中国很快可以把日本帝国主义赶出去,也无需乎持久战"。我们认为这两种意见都是不对的。首先,中国决不会亡。理由是日本虽强,但它先天不足,国内外矛盾很多;中国虽弱,但是大国,又有许多国内外的优良条件。因此,中国虽在战争的一定时期损失了许多地方,但仍能坚持战争,取得最后的胜利。但要很快地打胜日本也困难,因为虽有争取胜利的可能条件,但不能很快地全部地实现,这不论中国的进步也好,日本的内溃也好,国际的援助也好,都非有相当长的时间不能达到目的。所以我们应准备长期战争,不能希望即刻胜利。

这样,现在的方针应该是:第一,坚持抗战;第二,坚持抗日统一战线;第三,坚持持久战。

中国共产党在全国干些什么事情呢?就是干的这些事情。中共愿与各党各派及全国人民紧密地团结起来,一定要把这个方针贯彻下去,这就是中共在全国的作用。

第三个问题:中国是否有什么条件可以缩短这一持久战的时间呢?

答:要缩短战争时间,必须加强三个条件。第一个条件,是中国的统一战线更加巩固与扩大,这是基本的。在统一战线的方针下,各项工作须大大地发展与进步,这些工作多发展与多进步一分,战争时间就能缩短一分。第二个条件,是日本国内人民的帮助。现在这种帮助已经开始,譬如他们的士兵不愿意战争,有自杀的,有投降的,有发反战传单的,日本人民反战思想也在发展之中。如果日本的士兵与人民更多地觉悟一分,战争时间也就可以缩短一分。还有一个条件,是世界各国的帮助。我们需要世界学生的帮助,需要世界人民的帮助,也需要各国政府的帮助。如这些帮助更多更快,那末我们的战争也就会缩短。这三个条件是互相关联的,如果中国加快进步,加快团结,就能使日本国内的助我力量加快发展,也能使世界各国的助我力量加快发展。如果日本及世界各国的助我力量加快发展,也能使我们国内的抗日力量加快地发展与进步。中国给日本帝国主义以更大的打击,也就是给了日本人民的帮助,将使日本人民的解放斗争发展更快。对世界也是一样,中国的抗战,同时也就是帮助世界人民反对共同的敌人。所以中国、日本、世界各种反法西斯的势力是互相影响的,互相帮助的。世界和平不能分割,世界是一个整体,这是现在世界政治的特点。这三个条件多具备一分,则战争时间就能缩短一分。这是中国共产党与各抗日党派及全体人民的任务，同时也是日本及世界各个先进政党与全体人民的任务。我们的战争是持久战，但我们应极力争取尽可能缩短时间的条件，如没有这些条件，则缩短时间只是空想。

第四个问题：抗战获得最后胜利之后，中共的主要任务将是什么？

答：抗战胜利后，共产党的主要任务，一句话，是建立一个自由平等的民主国家。在这个国家内，有一个独立的民主的政府，有一个代表人民的国会，有一个适合人民要求的宪法。在这个国家内的各个民族是平等的，在平等的原则下建立联合的关系。在这个国家内，经济是向上发展的，农业、工业、商业都大大地发展，并由国家与人民合作去经营，订定八小时工作制，农民应该有土地，实行统一的累进税，对外国和平通商，订立互利的协定。在这个国家内，人民有言论、出版、集会、结社、信仰的完全自由，各种优秀人物的天才都能发展，科学与一般文化都能提高，全国没有文盲。在这个国家内，军队不是与人民对立的而是与人民打成一片的。这样的国家，还不是社会主义的国家，这样的政府，也不是苏维埃政府，乃是实行彻底的民主制度与不破坏私有财产原则下的国家与政府。这就是中国的现代国家，中国很需要这样一个国家。有了这样一个国家，中国就离开了半殖民地与半封建的地位，变成了自由平等的国家，离开了旧中国，变成了新中国。共产党愿意联合全国的一切党派与人民，大家努力建立这样一个国家。这样一个国家，是全国人民几十年来所希望所力争的，也是孙中山先生所希望所力争的。进行建立这样一个国家，不是把日本赶到鸭绿江之后的第二天才开始的，抗战过程中的各种工作，就都与建立这样的国家有关联。不过许多重要工作是要在抗战胜利之后才能完成，例如基本的经济建设等等。在抗战中，是要准备建立这样一个国家的先决条件，主要的是把日本帝国主义赶出去。这样的任务，不但是共产党的，也应该是国民党与其他革命党派的，同时是全国人民的。这是中国的历史任务。

第五个问题：你以为现在中国的学生及青年在抗战中的主要任务是什么？世界学生与青年在援华运动中的主要任务是什么？

答：中国青年们的任务，可以分为一般的与特殊的。一般的任务，与前面所讲的相同，就是坚持抗战，坚持统一战线，坚持持久战，驱逐日本帝国主义，建立自由平等的民主共和国。这是中国任何年龄、任何职业的人民之共同的任务，没有什么分别的。有分别的，是其特殊的任务。中国青年们的特殊任务是什么？就是争取自身的特殊利益，例如改良教育与学习，在学习中有参加救亡运动的权利，有组织学生与青年团体及组织救亡团体的权利，十八岁以上的青年有选举与被选举权，贫苦学生有免费入学之权，青年应大批上前线等等。

说到世界青年们帮助中国抗战的主要任务，我想，首先是经过世界学联，使世界大多数青年与学生了解有共同反对日本、帮助中国的必要，并使他们了解，这种工作是与他们自身的利益有关系的，因为和平不可分割，法西斯的世界侵略，是世界和平的仇敌。其次，学生是联络人民的桥梁，经过学生，使各个民族的人民懂得反对日本、帮助中国的必要，以及这种工作与他们自身利益的关系。至于具体的帮助方法，例如用口头和文字作宣传，劝告人民与政府给我们以物质上的帮助，不买日本货与不卖货给日本，直至组织国际抗日义勇军，准备于适当时机来华参加战争等等。

诸位代表着广大的国际学生团体来华视察，给我们以广大的同情，全中国人都感谢你们，我代表中国共产党与中国人民向你们致敬！希望你们回去之后，把中国伟大抗日战争的真相带给世界学生与人民。我们与你们永远团结起来，为中国的自由平等而战，为世界的永久和平与永久幸福而战！

根据一九三八年七月十五日出版的《解放》第四十五期刊印。

注　　释

〔1〕这是毛泽东在延安同世界学联代表团柯乐满、雅德、傅路德、雷克难的谈话。

边区的货币政策

（一九三八年八月十七日）

聂彭[1]并告朱彭[2]：

边区货币政策应根据以下原则：

（一）边区应有比较稳定的货币，以备同日寇作持久的斗争。

（二）边区的纸币数目，不应超过边区市场上的需要数量。这里应该估计到边区之扩大和缩小之可能。

（三）边区的纸币应该有准备金：第一，货物，特别是工业品；第二，伪币；第三，法币。

（四）日寇占领城市及铁路线，我据有农村。边区工业品之来源是日寇占领地，边区农业产品之出卖地，亦在日寇占领区域。因此边区应该有适当的对外贸易政策，以作货币政策之后盾。

（五）边区军费浩大，财政货币政策应着眼于将来军费之来源。

（六）在抗战最后胜利之前，法币一定继续跌价，法币有逐渐在华北灭迹之可能。杂币更会跌落，伪币亦会有一定程度的跌落。边区纸币如数量过多，亦会跌落。问题中心在于边区纸币应维持不低于伪币之比价。

我们提议下列具体办法：

甲、发行一定数量的边区纸币(此数量由你们考虑决定电告我们)，收买法币，保留一部分法币，大部分购买工业品，用一部分法币兑换伪币。

乙、对于杂币应设各种方法使其流到边区以外去。

丙、有无可能送一部分杂币至总部及一二〇师，带一部分法币来延安，请考虑电复。

丁、扩大边区纸币的印刷，因将来印刷一定比现在更困难。

上述各项请考虑研究。待彭真来延时再详细讨论决定。

毛、洛、王、胡〔3〕

八月十七日

根据中央档案馆保存的抄件刊印。

注 释

〔1〕聂，指聂荣臻，当时任八路军晋察冀军区司令员兼政治委员。彭，指彭真，一九〇二年生，山西曲沃人，当时任中共中央北方局组织部部长，以北方局代表名义常驻晋察冀边区，协同聂荣臻指导晋察冀、平汉路东及平津党的工作。

〔2〕朱，指朱德。彭，指彭德怀，当时任八路军副总司令。

〔3〕洛，指洛甫，即张闻天，当时任中共中央书记处书记。王，指王稼祥(一九〇六——一九七四)，安徽泾县人，当时任中共中央军委副主席兼总政治部主任。胡，指胡服，即刘少奇。

《八路军军政杂志》发刊词

（一九三九年一月二日）

当抗日战争向着新阶段发展的时候，八路军同人出版这个《军政杂志》，其意义是明显的：为了提高八路军的抗战力量，同时也为了供给抗战友军与抗战人民关于八路军抗战经验的参考材料。

八路军在抗战一年半中，在蒋委员长与战区司令长官的领导之下，在朱、彭[1]总副司令及各部各级长官与共产党员的领导之下，协同各部友军，进行了英勇的抗战，执行了“基本的游击战，但不放松有利条件下的运动战”的正确的战略方针，坚持了与发展了华北的游击战争，创立了许多在敌人后方的抗日根据地，缩小了敌人的占领地，钳制了大量的敌军，配合了正面主力军的抗战，延缓了敌人进攻西北的行动，兴奋了全国的人心，打破了认为“在敌后坚持抗战不可能”的那些民族失败主义者与悲观主义者的错误观点，揭穿了中国托洛茨基反动派、汪精卫亲日派与国内某些守旧顽固分子的无耻造谣。此外，八路军的一部——后方留守部队，亦保卫了河防，现正准备配合西北友军，为反对敌人进攻西北而战。八路军的这些成绩，是有目共睹的，除了托洛茨基反动派、汪精卫亲日派与某些守旧顽固分子之外，是一致承认的。这在敌人方面，不但不敢轻视八路军，而且日益增长其畏惧八路军的心理的事实表现上，也得到充分的反证。八路军为保卫祖国而牺牲奋斗的忠诚与不可战胜的事实，是明显地摆在全国全世界的面前，除了反动派、亲日派与某些顽固分子之外，是无法否认的。中外新闻记者、观察家、旅行家的详尽的或粗略的记载，早已连篇累牍。一切无成见的人，都愿意研究八路军的经验，当然不是偶然的。以共产党员为骨干的八路军之存在及其发展，对于中华民族是有益的还是无益的？如果有人提出这类问题的话，那我们只有一句话答复：认为“无益”者，必是事实上不愿意抗战胜利者，只是直接帮助敌人的胡说。

八路军的这些成绩从何而来？由于上级领导的正确，由于指战员的英勇，由于人民的拥护，由于友军的协助，这四者是八路军所以获得成绩的原因。其中友军的协助是明显的，没有正面主力军的英勇抗战，便无从顺利地开展敌人后方的游击战争；没有同处于敌后的友军之配合，也不能得到这样大的成绩。八路军的将士应该感谢直接间接配合作战的友军，尤其应该感谢给予自己各种善意援助与忠忱鼓励的友军将士。中国军队在民族公敌面前，互相忘记了旧怨，而变为互相援助的亲密的朋友，这是中国决不会亡的基础。从前人说：读诸葛《出师表》〔2〕而不流泪者，其人必不忠；读李密《陈情表》〔3〕而不流泪者，其人必不孝。今天我们应该说：凡看见或听见中国军队不记旧怨而互相援助、亲密团结而不感动者，其人必不爱国。在这里，那些“发国难财，吃磨擦饭”的人物，应该引起一点反省吧！

八路军有无缺点呢？不但有，而且多。首先是技术装备不如敌人，也不如某些友军，这是八路军的基本缺点，也是中国军队的一般缺点。因此如何加强技术装备以便战胜敌人，成为八路军在抗战新阶段中的严重任务。第二，八路军以善于游击战与运动战出名，但一部分干部对于抗日的战略战术之了解与应用尚感不足，一般干部尤其是新提拔的干部，对于现代新式军队的管理与指挥，至今还缺少初步的研究。若干工农出身的干部，还没有解决提高文化水准至必要程度的问题。解决这些问题，成为八路军当前的第二个任务。第三，巩固与扩大民族统一战线，是达到抗战建国胜利的总方针，八路军干部在这方面有了很大的成绩，但若干干部尤其是新干部，对于统一战线的了解尚感不足，协同友党友军一道工作与调节社会各阶层的关系，使之利于抗战，在某些地方还做得差。因此加强统一战线教育成为重要的任务。第四，争取敌伪军的工作，久已成为八路军政治工作三个主要方向之一，也得到了许多成绩，但对战士与干部普遍施以日文日语的教授，并研究各种方法使之善于向敌军士兵与下级官长进行反侵略统一战线的宣传，还非常不足。争取蒙伪军的成绩较大，但还须更进一步。在这里，搜集与研究敌伪军的全部情况，是十分重要的，然而在这方面的成绩，还没有达到需要的程度。第五，长期抗战中最困难问题之一，将是财政经济问题，这是全国抗战的困难问题，也是八路军的困难，应该提到认识的高度。这个问题已经引起八路军某些部分的注意，但还没有引起普遍的注意。如何在各个抗日根据地上，不但注意执行正确的地方财政经济政策，如像过去已经实行了的，而且提出与实行在不妨碍作战条件下，由军队本身亲身参加生产的问题？在比较巩固的根据地上，战斗部队担任作战，后方机关人员担任生产。在战斗许可的情况下，战斗部队亦可利用时机，进行发动士兵群众做衣服，做鞋袜，打手套等等工作。在巩固的根据地上，种菜，喂猪，打柴，都可以发动非战斗部队做的，开办合作社更应该做。这样做去，一方面改善了军队的生活，补助了给养的不足；又一方面必然能够更加振奋军队的精神，增强军队的战斗力。

以上增加技术装备，深研战略战术，正确地运用统一战线政策，广泛地进行争取敌伪军工作，由军队自身参加生产运动，这是八路军在新阶段中应该加重注意的重要问题，其他工作中存在着的缺点，将从这些重要问题上的进步而克服之。

发扬成绩，纠正缺点，是八路军全体将士的任务，也是《军政杂志》的任务。抗战是长期的与残酷的，发扬八路军的成绩，纠正八路军的缺点，首先对于提高八路军的抗战力量是迫切需要的；同时对于以八路军经验贡献抗战人民与抗战友军，也属需要。《八路军军政杂志》应该为此目的而努力。

根据一九三九年一月十五日出版的《八路军军政杂志》创刊号刊印。

注　　释

〔1〕朱，指朱德。彭，指彭德怀，当时任八路军副总司令。

〔2〕见《古文观止》。

〔3〕见《古文观止》。

关于研究民族史问题给何干之[1]的信

（一九三九年一月十七日）

干之同志：

看了你的信，很高兴的。我们同志中有研究中国史的兴趣及决心的还不多，延安有陈伯达[2]同志在作这方面的研究，你又在想作民族史，这是很好的，盼望你切实地做去。我则有志未逮，我想搜集中国战争史的材料，亦至今没有着手。我的工具不够，今年还只能作工具的研究，即研究哲学，经济学，列宁主义，而以哲学为主，将来拟研究近代史，盼你多多指教。

你的研究民族史的三个态度，我以为是对的，尤其第二个态度。如能在你的书中证明民族抵抗与民族投降两条路线的谁对谁错，而把南北朝、南宋、明末、清末一班民族投降主义者痛斥一番，把那些民族抵抗主义者赞扬一番，对于当前抗日战争是有帮助的。只有一点，对于那些“兼弱攻昧”“好大喜功”的侵略政策（这在中国历史上是有过的）应采取不赞同态度，不使和积极抵抗政策混同起来。为抵抗而进攻，不在侵略范围之内，如东汉班超[3]的事业等。

你的两本新书[4]如出版时，盼各付我一本。

敬祝努力！

毛　泽　东
一月十七日

根据人民出版社一九八三年出版的《毛泽东书信选集》刊印。

注　　释

〔1〕何干之（一九〇五——一九六九），广东台山人。当时任陕北公学的教授和中国问题教研室主任。

〔2〕陈伯达（一九〇四——一九八九），福建惠安人。当时在中共中央宣传部工作。

〔3〕班超（三二——一〇二），扶风安陵（今属咸阳市）人，东汉名将。曾在西域征战三十一年，迫使匈奴西迁，解除了匈奴对汉朝的威胁。

〔4〕指何干之著的《中国社会经济结构》和《三民主义研究》。前一本书于一九三九年三月由中国文化出版社出版，后一本书于一九四〇年八月由新中出版社出版。

抗战与外援的关系

——《论持久战》英译本序言

（一九三九年一月二十日）

上海的朋友在将我的《论持久战》翻成英文本，我听了当然是高兴的，因为伟大的中国抗战，不但是中国的事，东方的事，也是世界的事。民主国家如英、美、法有广大民众，包括各个阶层的一切前进人们，都是同情中国抗战，反对日本帝国主义侵略中国的，除了一部分顽固党反对中国抗战。关于顽固党，有些是顽固性成，一向同情日本军阀的；有些则是不明白中国抗战的必然规律，经过艰难路程日本必败中国必胜这个必然规律，因而由悲观而失望而不愿意援助中国，这类人，我想也会有的。倘能因我的书给予这类人以明白事情真相的机会，当然是我的希望。至于大多数同情中国抗战的人们，也许至今还有若干人同样不明白中国抗战的真相，虽同情抗战也存在着苦闷，这类同情的苦闷，尤其是我们应该为之解释的。我的这本小书，是一九三八年五月间作的，因为它是论整个中日战争过程的东西，所以它的时间性是长的。至于书中论点是否正确，有过去全部抗战经验为之证实，今后经验也将为之证实。抗战在武汉、广州失守后正在向着一个新的阶段——有利于中国不利于日本的新的阶段发展，这个阶段就是敌我相持的阶段。敌因被迫结束其战略进攻转入战略保守，我因坚决抗战与力量增加而结束自己的战略退却（主力军，不是游击队）转入战略相持，这种局面快要到来了。新阶段中，我之全部任务在于准备反攻，这种准备时间也许是长的，但我们有全部勇气与精力来进行这种准备，一定要把也必然能把日本帝国主义赶出中国去。在伟大抗战中，基本的依靠中国自力胜敌，中国的力量也正在发动，不但将成为不可战胜的力量，且将压倒敌人而驱除之，这是没有疑义的。但同时，需要外援的配合，我们的敌人是世界性的敌人，中国的抗战是世界性的抗战，孤立战争的观点历史已指明其不正确了。在英、美诸民主国尚存在有孤立观点，不知道中国如果战败，英、美等国将不能安枕，这种错误观点十分不合时宜；援助中国就是援助他们自己，才是当前的具体真理。因此我希望此书能在英语各国间唤起若干的同情，为了中国利益，也为了世界利益。中国在困难之中进行战争，但世界各大国间的战争火焰已日益迫近，任何国家欲置身事外是不可能的。我们同意罗斯福〔1〕总统保卫民主的宣言，但坚决反对张伯伦〔2〕对于西方法西斯国家的退让政策，张伯伦对于日本也至今还保存着怯懦心理。我希望英、美民众积极起来，督责其政府采取反对侵略战争的新的政策，为了中国也为了英、美自身。

根据一九三九年二月十五日出版的
《八路军军政杂志》第二期刊印。

注　释

〔1〕罗斯福（一八八二——一九四五），当时任美国总统。

〔2〕张伯伦（一八六九——一九四〇），当时任英国首相。

关于目前战争局面和政治形势[1]

（一九三九年一月二十八日）

我来讲一讲目前的时局。因为同志们分散在各地，对整个情形不十分清楚，趁此机会，就和同志们谈谈。

我们根据六中全会的报告与决议来看问题。六中全会说："抗战能够坚持下去。"这是在去年十月上半月讲的，到现在已经有了三个月，事情怎样呢？去年十月三十日，蒋委员长发表了告国民书，十二月二十六日发表了驳近卫[2]的文章，驳得很好，又开除了汪精卫的党籍[3]，这些都说明了是要坚持抗战这一条，证明了亲日派力量不能动摇抗战。在过去，第一个问题是打与不打的问题，而在友党里曾有妥协倾向，酝酿着和平，这就很困难。固然我们共产党无论如何是要打的，不妥协的，然而大家都知道，共产党在全国算来还是少数，统一战线里是小股东，我们单独打日本，是困难更甚的。现在国民党有了这些行动，确定了坚持抗战的方针，在这个"打"的条件下，什么文章都容易做了，这是好事，是统一战线中进步的东西。

现在讲战争形势。

去年十月我们估计到，武汉、广州失守后我们将更加困难，同时更加进步。对于困难，同志们都知道的，由于主要大城市与交通线的丧失，国家政权与作战阵地就在地域上被敌人分割了，财政经济上的困难等等增加了；至于进步，主要的表现在坚持抗战，在两次参政会里克服了主和派。那末进步能不能克服困难呢？我们的回答是肯定的。而且只有我们更加进步，更加努力克服困难，才能使战争转到新阶段。六中全会提出的中心任务，也就是全中国人民的任务，是增加力量，克服困难，停止敌之进攻，准备我之反攻。现在已经证明它的正确，以后也将证实这一点。

我们讲敌人进攻还未停止，武汉、广州失守后这三月来，在正面敌人没有大举动，但在侧后敌人是打得很凶的。有人说我们估计不对，敌人进攻已经停止了。我们不这样说，也不这样想，因为敌人还会进攻西安、兰州、长沙、南昌、梧州、衡州等地的，我们一定要准备着。虽然到我讲话这时止，我的话还未证实，不过我们还是准备的好，没有准备就会损失更大。为什么敌人还会进攻呢？第一，他不进攻，法西斯军阀就会马上垮台，而它的野心很大，不但要进攻全中国，还要去打南洋，缅甸、安南〔4〕、印度也要去打。在中国，它反对蒋委员长，反对共产党，破坏抗日民族统一战线，这是它的计划，它是要想达到目的的，但是否可能达到，就要靠我们的努力程度来决定。

我们说敌人进攻会停止，但是否能够停止呢？我们说，一定要停止。日本要灭亡我们，我们要它停止，但究属如何是要根据敌我两方面的情形来说明的。由于敌人国小，人少，兵少，现在战线又是这么长，南至广州，北至包头，它本来就有兵力不足的弱点，再加上这个兵力分散，强兵也便变弱了。它这个兵力不足与兵力分散是个不治之症，它的力量不能允许更多出兵中国，因它另外要防强大的苏联，又有英、美、法与它为敌，还要防范国内人民与殖民地人民，至多能拿三分之一的力量用到中国。现在听说已来了一百万，将来至多再来一百万，而不能再多了。这样，我们天天在正面打，在敌后打，主力军打，游击队打，杀伤它的兵员，疲惫它，使它的兵力更减少，更分散，弹药给养消耗更多，力量削弱了，它就不得不停止进攻；另一方面，我们中国更强了，能打游击战，也能打运动战，加上其他各方面的进步，现在虽未能停止日本的进攻，但是一定能够使之停止的，我们要用一切方面的努力去停止它。

至于我们估计，在敌后能大大发展游击战争，并能建立根据地，现在已证明了，以后更将证明。同时，我们又指出，游击战争并不是一帆风顺的，要看到敌人是要回头进攻的，在那时，游击战争更会困难的，我们要准备着这个困难的到来，以战斗的姿势还击它。一定要准备到这一着，才可避免“措手不及”的遭遇。

抗日民族统一战线，我们说会发展的，但是有困难。国民党是在进步，但在这进步的河流中有一股逆流。三月来证明了什么呢？顽固分子的汪精卫已变成了汉奸的汪精卫，当然他此后还会掀风作浪的。国民党已永远开除了汪精卫的党籍，这是好的；现在各地前线将领，陈诚、李宗仁、白崇禧，我们的朱、彭总副司令等，都打电报要求国民政府下令通缉，但现在尚未颁布明令。我们认为这个通缉令是必要的，因为他已做了汉奸，和敌人搞在一块了，虽然说现在不一定能捉得到，但到日本帝国主义打败的时候，怕他逃到哪里去？有人说，他会到德国、意大利去，然而这些世界法西斯都入黄土垄中的时候，他还有何处可逃？总之，只要他在地球上，最后一定捉得到的。

我们说，整个进步中有部分的退步，因这退步，所以有磨擦，不仅有而且比前更厉害些。这退步的力量又可分为两派，一派是主张亲日反蒋反共，以汪精卫为头子的，现在已经走了一些，但还有党羽存在；另一派是顽固分子，主张所谓抗日拥蒋反共，这种人边区周围很多。他们说：现在，先反共后抗日；敌人来时，先抗日后反共。在前方，听说还有所谓抗日与反共两条并进的。这亲日反蒋反共的一派，下述几个大的具体事实是“贯彻”他们的“主张”的：在第二届国民参政会上曾提出有反蒋内容的提案；说长沙大火与蒋委员长有关系，借此以骂蒋委员长；他们又侮蔑游击战争为流寇，他骂共产党同时也骂了蒋委员长，因为蒋委员长与共产党同样主张在长期抗战中须要发展游击战争的；还有汪精卫的应声虫张君劢等，写文章说共产党怎样不好啊！八路军、新四军怎样要不得啊！陕甘宁边区又是如何如何！总之，他对共产党以及共产党所领导的军、政、人民施行其最卑鄙的侮蔑。至于亲日，在他未有开小差前，不明显地讲，在他的文章和讲话中，隐隐约约地总有些不愿抗日、与日言和的意思。另一派，在西安以及邻近边区等地，更甚于前地进行他们的为敌所欢的工作，这就是不顾大局靠磨擦吃饭的一批家伙。

这股逆流是退步，统一战线的阵营里有进步也有退步，但进步和退步两个人打架哪个人打得赢呢？我们的回答是进步的趋势能够压服退步。

我们要懂得，统一战线里是一定有磨擦的。这个统一战线的名词里已经包含着磨擦的意思，因为讲统一，起码是两个以上才有可能，如果只有一个，“孤掌难鸣”，就不会有磨擦，但一有两个，两个手掌就拍得响了，磨擦就难免的。统一战线有一万年，磨擦也有一万年，有统一战线就有磨擦存在。因为有不同，所以有磨擦，不过我们是尽一切力量使磨擦减少。

有人硬要磨擦一下，那末我们应该怎样呢？在六中全会里我们曾说过，对无理的磨擦我们是决不容忍姑息的，我们要抱定“人不犯我，我不犯人；人若犯我，我必犯人”的原则。这后一条原则是很重要的，比方我在这屋子站着，他把我挤一下，我若让他，退一下，这样一步一步会挤得我无容身之地，所以，他挤来，我们反挤一下，挤回他到原来地位，他要磨擦，我们就反磨擦。他们说，陕甘宁边区是伪政府，要取消晋察冀边区，还要取消共产党，要八路军、新四军到沙漠地带去，等等，如此这般花样多得很，对这一切，我们都是反对的。他在陕甘宁边区周围大搞其磨擦，占村子，他占一个村子，我们占他两个，他把一个还我们，我们也就原数奉还；他要捉人，他捉二个，我们捉他四个，他把我们关三天，我们就关他六天释放。为什么我们要加倍地对付他呢？就是因为他先犯了我，他理屈，要惩罚惩罚他，这就是反磨擦。要亲爱，要团结，但要站起来，否则就会有“亡党之痛”。现在磨擦增加了，以后统一战线会是怎样呢？我们是一定坚持抗日民族统一战线的，在抗日战争中也是可以坚持的，这在六中全会报告里已经指出了的。亲爱团结是统一战线的原则，然而更要反磨擦这一条，没有这一条就不行，只有坚持这一条原则，才能巩固与扩大抗日民族统一战线。

现在国民党正在开五中全会，我们估计它的结果不会坏的，但同样不应忽视磨擦还是可能有的。

上面讲的是中国方面的时局，现在讲日本方面的。

日本换了内阁总理，为的是现在要用新办法，就是全国总动员。这事证明了现在它的老办法不足用了，表示着它的困难的显著化；另一方面，又证明着它对中国将会更疯狂地进攻，并准备着进攻世界。它在“骑虎难下”的形势下，不得不来一个全国总动员。

日本的困难：在军事上，表现在它的兵力不足与兵力分散。经济上更形枯竭，现在出口货少了，因为军事工业增加；相反的，进口货比前更多了，因为要大批地制造军需品。过去日本货是最便宜的（因为它剥削工农大众是最凶的），可以去换些外国货，现在少了这一条件，向外国买原料就要用现金，而日本的存金不多，况且在一年多的侵华战争中又用去了将近九十万万的战费。在外交上，更表现着孤立，英、美、法曾向日本提出照会，问它为什么破坏九国公约〔5〕，这件事也是武汉、广州失守后发生的。现在英、美正在商量，要用经济制裁去惩治它一下。过去美国有中立法，这中立法对中国不利，反而对日本有利。现在日美关系搞得不好，因为日本要独吞，英、美在华利益被削弱了；同时，因为英、美与中国重洋相隔，加了很多运费，货价高于日本，就不能与之竞争；而且现在日本借口军事关系，不准英、美商船在长江等地航行，英、美在华的商务利益几被尽夺了。现在日本花言巧语地说退回租界，实际上要把英、法的租界变为自己的占领地；它还企图打南洋、安南、澳洲等地。日本帝国主义是“老鼠过街，人人喊打”的，它的朋友只有希特勒和墨索里尼，英、美、法等民主国家都不喜欢它，苏联就更不必说了。

我们去年十月说，日本现在尚未停止进攻，但是一定会停止的，并指出使之停止有三个条件，上述日本的困难就是其中之一。

至于国际上对我们怎样呢？在去年我们指出，欧洲问题与亚洲问题有某种程度上的不同，过去英、法在欧洲向希特勒步步退让，而对中国有些不同，现在已经证明了。英、美借钱给我们，这是好的，开了一道门，将来就更有路可走；但是否能大帮助我们？不会有的，帝国主义国家是有限制的，当然我们不是靠国际“吃饭”的，应该把主要点放在中国。

世界上有两类国家，一类是法西斯国家，另一类则是民主国家，这两类国家的矛盾一天天尖锐化起来。现在西班牙政府军更危险了，德国要求收回旧殖民地，意大利企图夺法国的突尼斯等地，更接近于大国间战争的危机了。现在已经开始了世界大战，过去的与现在正在进行的，是法西斯国家打弱国小国，将来会和大国打的，但是到底哪一天打，我们不得而知。然而我们希望早打呢，还是如何？现在打起来，固然在某些方面是好的，譬如打击了西方法西斯，就是削弱了日本帝国主义的力量，但这是间接的，所以能晚打那更好，英、美等民主国家能更多地直接帮助我们。苏联现在也不愿意打，如果再隔几年，完成了三个五年计划，更强大了，成为一个使法西斯闻之裂胆的国家，那末，这对中国，对世界是更有利的。世界一定会打更大规模的战争，但何日爆发，是无法占卜的。

关于目前的战争局面与政治形势就是如此。

根据中央档案馆保存的讲话记录稿刊印。

注　　释

〔1〕这是毛泽东在第十八集团军延安总兵站检查工作会议总结时讲话的一部分。

〔2〕近卫，即近卫文麿（一八九一——一九四五），一九三七年六月至一九三九年一月任日本内阁首相。

〔3〕汪精卫（一八八三——一九四四），浙江绍兴人。曾任国民党国防最高会议副主席、国民党副总裁。一九三八年十二月十九日，逃往越南河内，同月二十九日发表艳电，公开投降日本帝国主义。一九三九年一月一日，国民党中央常务委员会决定开除其党籍。

〔4〕安南，今越南。

〔5〕九国公约，是一九二二年二月美、英、法、日、意、比、荷、葡与中国北洋军阀政府在华盛顿会议上签订的。公约规定"中国门户开放"，列强在华利益"机会均等"等共同侵略中国的原则。一九三七年十一月九国公约缔约国在布鲁塞尔召开会议，日本拒绝参加。

关于《墨子哲学思想》[1]一文给陈伯达[2]的信

（一九三九年二月一日）

伯达同志：

《墨子哲学思想》看了，这是你的一大功劳，在中国找出赫拉克利特[3]来了。有几点个别的意见，写在另纸，用供参考，不过是望文生义的感想，没有研究的根据的。

敬礼！

毛　泽　东

二月一日夜

（一）题目

似改为"古代辩证唯物论大家——墨子的哲学思想"或"墨子的唯物哲学"较好。

（二）事物的实不止属性，还有其最根本的质，质与属性不可分，但有区别的，一物的某些属性可以除去，而其物不变，由于所以为其物的质尚存。"志气"，志似指事物之质，不变的东西（在一物范围内），气似指量及属性，变动的东西。

（三）"君子不能从行为中分出什么是仁什么是不仁"，这句话的意思应是:君子做起事来却只知做不仁的事,不知做仁的事,似更明白些。

(四)说因果性的一段,似乎可以说同时即是必然性与偶然性的关系。"物之所以然"是必然性,这必然性的表现形态则是偶然性。必然性的一切表现形态都是偶然性,都用偶然性表现。因此,"没有这部分的原因就一定不会有十月十日的武昌起义"是对的,但辛亥革命的必然性(大故)必定因另一偶然性(小故)而爆发,并经过无数偶然性(小故)而完成,也许成为十月十一日的汉阳起义,或某月某日的某地起义。"不是在那最恰当的时机爆发起来就不一定成为燎原之火"是对的,但也必定会在另一最恰当的时机爆发起来而成为燎原之火。

(五)中庸问题

墨家的"欲正权利,恶正权害"[4]、"两而无偏"[5]、"正而不可摇"[6],与儒家的"执两用中"[7]、"择乎中庸服膺勿失"[8]、"中立不倚"、"至死不变"[9]是一个意思,都是肯定质的安定性,为此质的安定性而作两条战线斗争,反对过与不及。这里有几点意见:(1)是在作两条战线斗争,用两条战线斗争的方法来规定相对的质。(2)儒、墨两家话说得不同,意思是一样,墨家没有特别发展的地方。(3)"正"是质的观念,与儒家之"中"(不偏之谓中)同。"权"不是质的观念,是规定此质区别异质的方法,与儒家"执两用中"之"执"同。"欲"之"正"是"利",使与害区别。"恶"之"正"是"害",使与利区别而不相混。"权者两而无偏",应解作规定事物一定的质不使向左右偏(不使向异质偏),但这句话并不及"过犹不及"之明白恰当,不必说它"是过犹不及之发展"。(4)至于说"两而无偏,恰是墨子看到一个质之含有不同的两方面，不向任何一方面偏向，这才是正，才真正合乎那个质”，则甚不妥，这把墨家说成折衷论了。一个质有两方面，但在一个过程中的质有一方面是主要的，是相对安定的，必须要有所偏，必须偏于这方面，所谓一定的质，或一个质，就是指的这方面，这就是质，否则否定了质。所以墨说“无偏”是不要向左与右的异质偏，不是不要向一个质的两方面之一方面偏（其实这不是偏，恰是正），如果墨家是唯物辩证论的话，便应作如此解。

（六）“半，端”问题

墨子这段，特别是胡适的解释，不能证明质的转变问题，这似是说有限与无限问题。

根据人民出版社一九八三年出版的
《毛泽东书信选集》刊印。

注　　释

〔1〕《墨子哲学思想》一文，是陈伯达写的，一九三九年、一九四〇年陆续发表在《解放》第八十二、第一〇二和第一〇四期。

〔2〕陈伯达，当时在中共中央宣传部工作。

〔3〕赫拉克利特（约公元前五四〇——前四七〇），古希腊唯物主义哲学家，爱非斯学派的创始人。他的哲学具有朴素的唯物主义和朴素的辩证法思想，列宁曾称他为“辩证法的奠基人之一”。

〔4〕见《墨子·经上》。原文为：“欲正权利，且恶正权害。”

〔5〕参见《墨子·经说上》。原文为：“仗者，两而勿偏。”孙诒让《墨子间诂》中说，“仗”当作“权”。

〔6〕参见《墨子·经下》。原文为：“正而不可担。”孙诒让《墨子间诂》中说，

“担”当作“摇”。

〔7〕参见《中庸》。原文为：“子曰：‘舜其大知也与，舜好问而好察迩言，隐恶而扬善，执其两端，用其中于民，其斯以为舜乎。’”

〔8〕参见《中庸》。原文为：“子曰：‘回之为人也，择乎中庸，得一善，则拳拳服膺，而弗失之矣。’”

〔9〕参见《中庸》。原文为：“君子和而不流，强哉矫；中立而不倚，强哉矫；国有道，不变塞焉，强哉矫；国无道，至死不变，强哉矫。”

关于《孔子的哲学思想》[1]一文给张闻天[2]的信

（一九三九年二月二十日、二十二日）

一

伯达[3]同志的《孔子哲学》我曾经看过一次（没有细看），觉得是好的，今因你的嘱咐再看一遍，仍觉大体上是好的，惟有几点可商榷之处开在下面，请加斟酌，并与伯达同志商量一番。我对孔子的东西毫无研究，下列意见是从伯达文章望文生义地说出来的，不敢自信为正确的意见。

（一）“名不正则言不顺，言不顺则事不成……”[4]，作为哲学的整个纲领来说是观念论，伯达的指出是对的；但如果作为哲学的部分，即作为实践论来说则是对的，这和“没有正确理论就没有正确实践”的意思差不多。如果孔子在“名不正”上面加了一句：“实不明则名不正”，而孔子又是真正承认实为根本的话，那孔子就不是观念论了，然而事实上不是如此，所以孔子的体系是观念论；但作为片面真理则是对的，一切观念论都有其片面真理，孔子也是一样。此点似宜在文中指出，以免读者误认“名不正言不顺”而“事”也可“成”。“正名”的工作，不但孔子，我们也在做，孔子是正封建秩序之名，我们是正革命秩序之名，孔子是名为主，我们则是实为主，分别就在这里。又观念论哲学有一个长处，就是强调主观能动性，孔子正是这样，所以能引起人的注意与拥护。机械唯物论不能克服观念论，重要原因之一就在于它忽视主观能动性。我们对孔子的这方面的长处应该说到。

（二）"家庭中父与子的关系，反映了社会中君与臣的关系"，不如倒过来说："社会中（说国家中似较妥当）君与臣的关系，反映了家庭中父与子的关系"。事实上奴隶社会与封建社会的国家发生以前，家庭是先发生的，原始共产社会末期氏族社会中的家长制，是后来国家形成的先驱，所以是"移孝作忠"而不是移忠作孝。一切国家（政治）都是经济之集中的表现，而在封建国家里家庭则正是当时小生产经济之基本单元，如伯达所说的"基本细胞"，封建国家为了适应它们的集中（封建主义的集中）而出现。

（三）中庸问题

伯达的解释是对的，但是不足的。"过犹不及"是两条战线斗争的方法，是重要思想方法之一。一切哲学，一切思想，一切日常生活，都要作两条战线斗争，去肯定事物与概念的相对安定的质。"一定的质含有一定的量"是对的，不如说"一定的质被包含于一定的量之中"，但重要的是从事物的量上去找出并确定那一定的质，为之设立界限，使之区别于其他异质，作两条战线斗争的目的在此。文中最好引《中庸》上面"舜其大知也与，舜好问而好察迩言……执其两端用其中于民"〔5〕，及"回之为人也，择乎中庸得一善则拳拳服膺而弗失之"〔6〕，更加明确地解释了中庸的意义。朱熹[7]在“舜其大知”一节注道：“两端谓众论不同之极致，盖凡物皆有两端，如大小厚薄之类。于善之中又执其两端而度量以取中，然后用之，则其择之审而行之至矣。然非在我之权度精切不差，何以与此？此知之所以无过不及而道之所以行也”[8]。这个注解大体是对的，但“两端”不应单训为“众论不同之极致”，而应说明即是指的“过”与“不及”。“过”的即是“左”的东西，“不及”的即是右的东西。依照现在我们的观点说来，过与不及乃指一定事物在时间与空间中运动，当其发展到一定状态时，应从量的关系上找出与确定其一定的质，这就是“中”或“中庸”，或“时中”。说这个事物已经不是这种状态而进到别种状态了，这就是别一种质，就是“过”或“左”倾了。说这个事物还停止在原来状态并无发展，这是老的事物，是概念停滞，是守旧顽固，是右倾，是“不及”。孔子的中庸观念没有这种发展的思想，乃是排斥异端树立己说的意思为多，然而是从量上去找出与确定质而反对“左”右倾则是无疑的。这个思想的确如伯达所说是孔子的一大发现，一大功绩，是哲学的重要范畴，值得很好地解释一番。

（四）说孔子“患得患失”时不必引孔子做鲁国宰相“有喜色”一例，因为不能指出当做了官的时候除了“有喜色”之外应取什么更正当的态度，问题在于那个官应不应做，不在有无喜色。

（五）关于孔子的道德论，应给以唯物论的观察，加以更多的批判，以便与国民党的道德观（国民党在这方面最喜引孔子）有原则的区别。例如“知仁勇”，孔子的知（理论）既是不根于客观事实的，是独断的，观念论的，则其见之仁勇（实践），也必是仁于统治者一阶级而不仁于大众的；勇于压迫人民，勇于守卫封建制度，而不勇于为人民服务的。知仁勇被称为“三达德”，是历来的糊涂观念，知是理论，是思想，是计划，方案，政策，仁勇是拿理论、政策等见之实践时候应取的一二种态度，仁像现在说的“亲爱团结”，勇像现在说的“克服困难”了（现在我们说的亲爱团结，克服困难，都是唯物论的，而孔子的知仁勇则一概是主观的），但还有别的更重要的态度如像“忠实”，如果做事不忠实，那“知”只是言而不信，仁只是假仁，勇只是白勇。还有仁义对举，“义者事之宜”〔9〕，可说是“知”的范畴内事，而“仁”不过是实践时的态度之一，却放在“义”之上，成为观念论的昏乱思想。“仁”这个东西在孔子以后几千年来，为观念论的昏乱思想家所利用，闹得一塌糊涂，真是害人不浅。我觉孔子的这类道德范畴，应给以历史的唯物论的批判，将其放在恰当的位置。伯达同志有了一些批判，但还觉得不大严肃。

（六）没有明白指出孔子在认识论上与社会论上的基本的形而上学之外，有它的辩证法的许多因素，例如孔子对名与事，文与质，言与行等等关系的说明。

（七）此外，文没有一个总的概念，使初学看了觉得缺乏系统性，如能在文前或文尾对于孔子哲学加以概括的说明，指出其根本性质则更好。我看过的伯达的几篇文章，似乎都有此缺点。

以上几点并未深想，只是随说一顿而已。

毛　泽　东

二月二十日夜

二

伯达同志的文章再看了，改处都好。但尚有下列意见，请转达伯达同志考虑。

（一）说孔子教育普及化的功绩时引了郭沫若的话，说孔子的功绩仅在教育普及一点，他则毫无，这不合事实，也与本文冲突，我觉可以不引。

（二）在最末一段前我加了一句，似更醒目。

（三）伯达此文及老墨哲学诸文〔10〕引了章，梁，胡，冯〔11〕诸人许多话，我不反对引他们的话，但应在适当地方有一批判的申明，说明他们在中国学术上有其功绩，但他们的思想和我们是有基本上区别的，梁基本上是观念论与形而上学，胡是庸俗唯物论与相对主义，也是形而上学，章，冯……（章，冯二家我无研究），等等。若无这一简单的申明，则有使读者根本相信他们的危险。老子等两篇已发表，可在孔子篇的末尾来一申明（此申明低二格写），说明此篇，前二篇，及尔后发表诸文，凡引他们的话，都是引他们在这些问题上说得对的，或大体上说得对的东西，对于他们整个思想系统上的错误的批判则属另一问题，须在另一时间去做。

是否有当，请兄及陈同志斟酌。

敬礼！

毛　泽　东

二月二十二日夜

根据人民出版社一九八三年出版的《毛泽东书信选集》刊印。

注　释

〔1〕《孔子的哲学思想》一文，毛泽东在信中将它称为《孔子哲学》，是陈伯达写的，一九三九年发表在延安《解放》第六十九期。

〔2〕张闻天，当时任中共中央书记处书记、中央宣传部部长。毛泽东写给张闻天的这两封信的手稿，抬头现已缺损。

〔3〕伯达，即陈伯达，当时在中共中央宣传部工作。

〔4〕见《论语·子路》。

〔5〕参见《中庸》。原文为："子曰：'舜其大知也与，舜好问而好察迩言，隐恶而扬善，执其两端，用其中于民，其斯以为舜乎。'"

〔6〕参见《中庸》。原文为："子曰：'回之为人也，择乎中庸，得一善，则拳拳服膺，而弗失之矣。'"

〔7〕朱熹（一一三〇——一二〇〇），徽州婺源（今属江西省）人。南宋哲学家，编注有《四书集注》等书。

〔8〕见《四书集注·中庸》朱熹注。

〔9〕参见朱熹《四书集注·孟子·梁惠王章句上》。原文为："仁者心之德爱之理。义者心之制事之宜也。"

〔10〕指陈伯达写的《老子的哲学思想》和《墨子哲学思想》。《老子的哲学思想》一九三九年发表在延安《解放》第六十三、第六十四期合刊。《墨子哲学思想》一九三九年、一九四〇年陆续发表在延安《解放》第八十二、第一〇二和第一〇四期。

〔11〕章，指章炳麟（一八六九——一九三六），浙江余杭人。梁，指梁启超（一八七三——一九二九），广东新会人。胡，指胡适。冯，指冯友兰（一八九五——一九九〇），河南唐河人。他们是近现代中国思想史上有重大影响的学者。

妇女们团结起来[1]

（一九三九年三月八日）

同志们：

今天开妇女大会，参加的人很多，有女同志，也有男同志，有老婆婆，也有小娃娃，大家都来纪念“三八”，纪念这个国际妇女节。

纪念“三八”这件事，全世界的妇女，除了那些荒淫无度的女吸血鬼们之外，只要有可能，都在举行，都在开会。我们中国的妇女同胞，除了那些女汉奸们之外，在全国各地，只要有可能，也都在举行纪念，开大会。

纪念“三八”，开大会，干什么呢？就是要结团体。

妇女同胞结团体，为的是什么？是为了争取妇女们的自由与平等。

现在，我们中华民族是不自由不平等的，受到帝国主义的束缚和压迫；中国人民是不自由不平等的，受到封建势力的束缚与压迫。因此，我们中华民族，中国人民，就要打碎帝国主义与封建势力的压迫，为争取民族和人民的自由与平等而奋斗。全世界各国，除了苏联以外，所有的老百姓也都是不自由不平等的，他们现在正在英勇的斗争，也是为了这个目的——自由与平等。

全世界被压迫的人们，男的女的，一共有十几万万，大家在跟压迫者进行着激烈的斗争。我们中国，男女同胞，就有四万万五千万，大家在跟日本帝国主义作残酷的斗争。在这些斗争中间，不论在中国，不论在全世界，男子固然有很大的力量，但是女子呢？女子有没有力量呢？有些人说，女子是没有力量的。也有人说，女子有一点力量，不过是很小。在女同胞中间，她们也有表示似乎自己的力量并不大的意思。这种说法，这种想法，是不对的。在一切斗争中，要是说男子的力量是很大，那末，女子的力量也是很大的。世界上的任何事情，要是没有女子参加，就做不成气。我们打日本，没有女子参加，就打不成；生产运动，没有女子参加，也不行。无论什么事情，没有女子，都绝不能成功。

女子有力量，还要加上一条结团体。没有团体，这种力量是散的、零碎的，人心是各管各的，这叫做心不齐，力不合。有了团体，心就齐了，力量就结合起来了，就能齐心合力干大事。“心一齐，山可移”，这就是讲结团体有力量的道理。现在我们看，全国妇女同胞们有没有结女子团体呢？有是有的，但是很少。在我们边区还算多些，而在全国其他地方则是很少了，有许多地方甚至是根本没有的。因此，全国二万万二千五百万的女同胞，在伟大的民族自卫战争中，没有表现出她们应有的力量。我们现在要开大会，做演讲，写文章，做宣传，号召全国妇女同胞，参加男女合起来的团体，组织妇女自己的团体，参加自卫军等等，并且号召一切愿意并坚决为共产主义而奋斗的妇女们，加入共产党，这样，就能产生巨大的力量。比方，边区二百万人民中间，一百万妇女都结成了团体，这个力量就大了;全国二万万二千五百万妇女同胞,都结成了团体,这个力量更大了;全世界十万万的妇女们,都结成了团体,大家都懂得了世界上的事情,都懂得了世界上的道理,齐了心,那末,就成了更雄伟的力量,谁敢欺侮,谁就在她们面前毁灭。总之,要结好团体,结好各种各样的团体,从小团体到大团体,以小团体结成大团体,齐整心意,集合力量,来进行伟大的斗争。这种斗争,是一定可以取得胜利的。

现在世界上有两种人,一种是好人,一种是坏人。那些帮助我们同情我们的,如苏联,各个殖民地半殖民地的被压迫民族,以及各资本主义国家内的工人农民被压迫者,是好人。那些欺侮我们侵略我们的,如日本帝国主义及其他帝国主义,是坏人。我们中国也有好人和坏人:工人农民,一切进步的抗日分子,都是好人,他们要抗日,要进步;那些汉奸是坏人,他们不要抗日,去降日;还有一些顽固分子,也是坏人,他们不要进步,要压迫进步势力。现在中国人民,不论男人女人,是在被世界的和中国的坏人欺侮着,是在重重的压迫中。首先,是外国帝国主义的压迫,特别是日本帝国主义的压迫;其次,是汉奸的压迫,顽固分子的压迫,贪官污吏、土豪劣绅的压迫。而我们的女同胞则有更多一重的压迫,就是受到男子的压迫,比如,男子打老婆的;看不起女子的;说女子没有能力,不让她们管国家事情的;雇佣女工,同男子做一样的工作,而少给工资的。自然,这种歧视,是社会的歧视,而不是两性间的问题;这种压迫,是社会的压迫,也不是两性间的问题。所以,我们中国人民,不论男的女的,都要起来反对外国帝国主义的压迫,反对汉奸、顽固分子、贪官污吏、土豪劣绅的压迫,而女同胞更应自已站起来，打破那种社会的歧视与社会的压迫。妇女要同男子一样，有自由，有平等。这样的话，在全世界已经讲了几百年了，但是实行的地方有多少呢？全世界除了苏联，还有哪一个国家真正实行了呢？在中国，要求男女平等的话，也讲了不少年代，但是全国除了边区，还有什么地方实行了呢？很明显的，妇女解放与社会解放是密切地联系着的，妇女解放运动应成为社会解放运动的一个组成部分存在着。离开了社会解放运动，妇女解放是得不到的；同时，没有妇女运动，社会解放也是不可能的。因此，要真正求得社会解放，就必须发动广大的妇女群众来参加；同样，要真正求得妇女自身的解放，妇女们就一定要参加社会解放的斗争。

近代中国的民族民主革命，一开始就是用枪杆子斗的，到现在已经斗了一百年了。但是一百年来，每次革命斗争，七斗八斗，最终都是失败了。那末，这一次是不是又要失败呢？跟日本打，是不是又要打败仗呢？全中国是不是又要遭受痛苦呢？是不是又要继续受到帝国主义的压迫，汉奸的压迫，顽固分子的压迫，贪官污吏土豪劣绅的压迫呢？我看，这次革命是不会失败的，打日本是不会失败的。这次的斗争，跟一百年来的斗争是不同的，从前都失败，而这一次一定要胜利。为什么呢？因为这一次，日本帝国主义打了进来，占领很多土地，我们中国要生存，就一定要把它打出去，就一定要坚持抗战，抗到底。全中国大多数人是赞成抗到底的，而少数动摇分子，他们过去不让广大人民来参加抗日统一战线，现在这些分子已逐渐滚出去了。因此，参加抗日统一战线的人也多了，有男女合起来的统一战线，有女子单独的统一战线，有娃娃的统一战线。总之，统一战线一天一天地多起来，团体一天一天地大起来，人心一天一天地齐起来，力量就一天一天地强起来。这样斗争下去，最后胜利是没有问题的。还有，因为现在世界是处在战争与革命的新时代，是社会主义革命势力向上高涨与资本主义反动势力向下衰落的时代，这是中国革命胜利的很好的条件。所以，这次革命斗争，决不会像太平天国一样，不会像辛亥革命一样，不会像五四运动一样，也不会像一九二五年至二七年的大革命一样，最后都遭受失败，而是相反，一定可以得到胜利。

在我们边区，不仅男子可以开大会，女子也可以单独开大会。我们共产党号召全中国的男女同胞，统统开会，统统结团体，而现在特别号召女子起来。今天开纪念"三八"的大会，就是一个号召，一个动员，要把全国女同胞的大团体结合起来，把全国男女同胞的大团体结合起来。大家来把中国问题解决，打倒日本帝国主义，打倒汉奸，打倒顽固派、贪官污吏、土豪劣绅，使中华民族与中国人民都有自由与平等；把妇女问题解决，打破轻视妇女侮辱妇女的社会歧视与社会压迫，使妇女能得到自由与平等。我们要使得男子没有痛苦，女子也没有痛苦，大家都没有痛苦，大家有饭吃，大家有衣穿，大家有工做，把中国革命搞到彻底的胜利。这是共产党中央的号召与主张，我们全国的共产党员，不论男女，都赞成这种主张，拥护这种主张，并为这种主张的实现而奋斗。希望全国男女同胞都要为实现这种主张而奋斗，我们共产党人是永远站在争自由与争平等的人们一起的。

我们边区，全国的老百姓都说是个好地方，这里有自由，有平等。那末，是不是没有缺点呢？缺点自然会有的，但是比起全国来，那要好得多了，比起外国来，除了苏联以外，也是没有任何一个国家可以比拟的。然而，我们并不以此自满，我们还要更求进步，要做一个样子出来，给全世界看，给全国看，给华北华中看，给西安看。在西安，那里是不准老百姓开会的，老百姓没有自由，也没有平等。这件事，我们共产党人是完全不赞成的。今天我们开会，拍电报到全国去，给那里的老百姓看：我们这里的老百姓是怎样在管事，妇女们是怎样在办事，老百姓是怎样在过生活。并且还要给那里的坏人看：老百姓结了团体，妇女们结了团体，就有怎样大的力量。坏人们应该苏醒，不要再执迷于"一人独吞"、"人莫予毒"的幻梦，不要再把老百姓看成"阿斗"了。人民是有能力的，他们的力量是最伟大的，他们结成了团体，就是所向披靡、天下无敌的常胜军。

同志们，什么叫做女子有自由、有平等？就是女子有办事之权，开会之权，讲话之权，没有这些权利，就谈不上自由平等。我们共产党是提倡这种权利的，希望同志们大家团结起来，结合在一块儿。陕甘宁边区的妇女先团结起来，先结合起来，再到全国去团结。女大〔2〕同学，将来到各地方去，就要照延安这样办，照共产党中央的好办法去办。这样办他十年八年，那时候，全中国人民都能得到解放，二万万二千五百万的男子得到了解放，二万万二千五百万女子也得到了解放。为达此目的，短时间是不可能的，要花上十年八年的工夫；少数人是不行的，应由全国人民大家起来干；不是容易能够达到的，应当加倍努力。边区人民的加倍努力，全国人民的努力，再加上应给予的时间，我们的目的一定能够达到。

自由与平等在我们面前，同志们，大家努力吧！

根据中央档案馆保存的讲话记录稿刊印。

注　释

〔1〕这是毛泽东在延安纪念“三八”妇女节大会上的讲话。

〔2〕女大，中国女子大学的简称，是中共中央在延安创办的培养妇女干部的学校。成立于一九三九年，一九四一年与陕北公学等学校合并为延安大学。

巩固着重于华北，发展着重于鲁苏皖豫鄂

（一九三九年三月十九日）

德怀〔1〕同志并告朱杨〔2〕：

电悉，复电如下：

甲、尽一切可能扩军是很对的，巩固着重于华北，你们的计划都看过，都对。发展则应着重鲁、苏、皖、豫、鄂五省，目前请特别注意鲁省。该省我们已有基础，但缺一个领导骨干，当敌人新进攻到来时，请考虑解决这个领导骨干问题。苏北亦应责成鲁南去发展。至于发展皖、豫、鄂三省，特别河南是我们全国长期抗战的枢纽地带，目前虽尚无大发展可能，但应极力准备之。

乙、延安干部今后一时期主要当供给华中，并准备一部为西北用，一部为南方用，一部为东北用，对华北则以供给教员与教材为主。

丙、兵工厂人才求助友人一事或者有可能，但要看交涉如何，恐不一定可靠，主要靠在国内找。

丁、边区正发展生产运动，以备最困难时能自足自给。曹菊如〔3〕现在中央财政经济部负责，不能动。李六如〔4〕可以腾

出给你处，惟他身体有病，养息一下才能来。同时正在物色他人，结果后告。

戊、前方注意银行、税收是很对的，但根本之计在生产。请考虑在某些较稳固区域，不但发动民众增加生产，而且发动机关、学校、部队（在不妨碍工作、学习及战斗下）亦自己动手从事生产。后方已有相当经验，当供给你们作参考。

己、在职干部的学习是重要的，应使之成为运动（在不妨碍工作与战斗下），应有管理学习的机关与办法，在比较安定的机关中应实行两小时学习制。中央已设立干部教育部，后方的经验亦可供给前方。

庚、回避与鹿钟麟〔5〕见面很对，对付此种人只有坚持立场，给以坚决的绝不姑息的反攻才能有效力。山东之沈鸿烈〔6〕亦应此法对付之，目前沈正厉行对我进攻，请注意坚决给以回击。

辛、中央政治局会议定四月底开，讨论许多重要问题。总部及北局已定派朱瑞〔7〕出席，现距开会还有一个多月，请你考虑届时能否来延一次。

毛 泽 东

三月十九日

根据中央档案馆保存的抄件刊印。

注　释

〔1〕德怀，即彭德怀，当时任八路军副总司令。

〔2〕朱，指朱德。杨，指杨尚昆，当时任中共中央北方局书记。

〔3〕曹菊如（一九〇一——一九八一），福建龙岩人。当时任中共中央财政经济部副部长。

〔4〕李六如（一八八七——一九七三），湖南平江人。当时任毛泽东办公室秘书长。

〔5〕鹿钟麟（一八八四——一九六六），河北定县（今定州市）人。当时任国民党军冀察战区总司令。

〔6〕沈鸿烈（一八八二——一九六九），湖北天门人。当时任国民党军鲁苏战区副总司令兼山东游击总司令、国民党山东省政府主席。

〔7〕朱瑞，当时任中共中央山东分局书记、山东军政委员会书记、八路军第一纵队政治委员。

在延安在职干部教育动员大会上的讲话

（一九三九年五月二十日）

同志们：

我们这个会筹备了很久，早就要开的，因为生产运动的关系，拖延到今天才开。现在各机关的同志，响应中央关于学习运动的号召，组织了学习小组，有的已经开始学习，而且有了相当的成绩，这是很好的。今天开这个会，把有关学习运动的几个问题来讲一下。

一、学习运动是必要的

我们党根据历来的经验以及目前的环境，在最近发起了两个运动，一个是生产运动，一个是学习运动，这两个运动都是有普遍的意义和永久的意义的。

大家知道，生产运动是为了搞饭吃，搞衣穿。穿衣吃饭，我们是十分需要的，因此，现在我们的生产运动是非常重要的。全国都要吃饭穿衣，所以它在全国也是重要的。推而广之，不但全国，全世界也是如此。所以生产运动是有它的普遍性的。吃饭穿衣不但我们需要，我们的儿子、孙子、子子孙孙，也是要吃饭穿衣的。因此生产运动不但过去要，现在要，将来还是要，这是生产运动的永久性的根据。

讲到学习运动。古人讲过："人不通古今，马牛而襟裾"[1]，就是说：人不知道古今，等于牛马穿了衣裳一样。什么叫"古"？"古"就是"历史"，过去的都叫"古"，自盘古开天地，一直到如今，这个中间过程就叫"古"。"今"就是现在。我们单通现在是不够的，还须通过去。延安的人要通古今，全国的人要通古今，全世界的人也要通古今，尤其是我们共产党员，要知道更多的古今。通古今就要学习，不但我们要学习，后人也要学习，所以学习运动也有它的普遍性和永久性。

我们的生产运动和学习运动，都有它的普遍意义和永久意义，这从一般地讲是如此。现在我来讲发起生产运动和学习运动的直接原因是什么。

我们发起生产运动的直接原因是没有饭吃、没有衣穿。现在虽然有一点，但是将来困难起来，就会不够吃、不够穿的，所以我们现在要预先准备。这样，穿衣吃饭问题就成了我们发起生产运动的直接原因。

那末，发起学习运动的直接原因是什么呢？是我们共产党要领导革命。共产党在全国的党员过去是几万个，现在有几十万，将来会有几百万，这几十万、几百万共产党员要领导几千万、几万万人的革命，假使没有学问，是不成的，共产党人就应该懂得各种各样的事情。因此，要领导革命就须要学习，这是我们发起学习运动的原因之一。

其次，是工作中的缺陷迫切需要克服。现在我们的队伍里面发生了这样一个矛盾，就是我们的干部不学习便不能够领导工作。有些老干部，他们从前在其他部队里搞过一个时期，一切工作都是靠下命令；但是在我们红军里，单靠发命令就不行了。人家不听你，就打人，结果，工作就领导不起来，战士逃跑的很多。在部队中发命令，这是威风，但光有威风而没有本领是无用的。我们的八路军、新四军和游击队，所有的干部，在有威风之外，还要有本领，这就要学习。现在我们的有些战士，他们识字比营长识得多，他们从前一个字也不认识，现在能认得五百、一千、二千、三千，能写短短的文章，登在墙报上。我们的营长、连长，在指导员上课的时候，不去听课，他们以为这课是战斗员听的，他们去听，未免要"失格"了！为了要维持"格"，结果，他们不但文章不会做，许多东西都不知道，战士反而比他们高明。因此，我们队伍里边有一种恐慌，不是经济恐慌，也不是政治恐慌，而是本领恐慌。过去学的本领只有一点点，今天用一些，明天用一些，渐渐告罄了。好像一个铺子，本来东西不多，一卖就完，空空如也，再开下去就不成了，再开就一定要进货。我们干部的"进货"，就是学习本领，这是我们许多干部所迫切需要的。我们的干部要使工作做得好，就要多懂一点，单靠过去懂的一点还不够，那只是一知半解，工作虽然可以做，但是要把工作做得比较好，那就不行，要工作做得好，一定要增加他们的知识。无论党、政、军、民、学的干部，都要增加知识，才能把工作做得更好。

现在看到我们的有些教员，他手里的一本政治常识，还是中央苏区时代出版的，他对这本书上的东西相当熟，因为大概他已教过七八十遍了，但是其他东西就不知道了，真是"两眼不看书外事，一心只管政治常"，他不知道结合新的形势把书上的东西加以进一步的发挥。在民众团体里，在军队中，在支部中，这种情形也有看到。我们现在要打破这种现状，改善我们的工作，就要加紧学习。

使学习成为迫切需要的第三点，是我们党的特点。过去我们党的队伍小，只有很少的党员，现在党员的数目也并不多，但现在担负着打倒日本帝国主义、建立新中国的任务，需要我们建设一个大党。过去是小的，现在要大，那末怎么办？现在正处于由小到大的过程中间，我们需要在全国发展党员。可是某些人说“你们何必要大”，他们不要我们大起来。但是我们觉得大一点好，而且依照老百姓的意见，也要我们大，因为他们到处找共产党找不到，我们的党大起来了才好找。这方面，我们要顽固一些，同某些人不同，我们要建设的一个大党，不是一个“乌合之众”的党，而是一个独立的、有战斗力的党，这样就要有大批的有学问的干部做骨干。这个任务摆在我们面前，我们要时刻注意，我们要率领几万万人革命，现在的力量显然是不够的。

我们要建设大党，我们的干部非学习不可。学习是我们注重的工作，特别是干部同志，学习的需要更加迫切，如果不学习，就不能领导工作，不能改善工作与建设大党。这领导工作、改善工作与建设大党，便是我们学习运动的直接原因，我们六中全会关于学习运动的决议，是非常重要的。

我们党历来号召全党同志学习。过去是有学习的，但组织得比较差，没有现在这样好。现在是更进一步了，有了组织，不像过去那样无政府状态了。

现在中央设了干部教育部，负责领导全党的学习。同志们不仅看看书就算了，而且要有组织地学习。全国各级党部，边区各级政府，各个民众团体，各类学校，都须设立这样的机关，建立这样的制度，来领导并进行学习。在军队里也是一样，要设立教育部，建立起学习制度。这样的学习制度，中央要在全国推广，只要共产党力所能及，就要把它推动起来，造成一个学习的热潮。

同志们：大家都要努力学习，不可落后，不可躲懒睡觉。从前孔子的学生宰予，他在白天睡觉，孔子骂他“朽木不可雕也”，对于我们队伍中躲懒的人，也可以这样讲一讲，但是对学习有成绩的，就要奖赏，有赏有罚，赏罚严明。不过我们主要的在于奖，假使有个把宰予，也没有什么关系。

二、学习运动是可能的

学习运动必要虽然必要，但是不是可能呢？我们的回答是完全可能的。但是问题又来了，并不多，只有两个，一个是大家忙得很，一个是看不懂。这两个问题完全是实情。这样忙的工作，外加生产运动，在前方的要作战，不能够学习，不但一般人如此说，甚至高级的干部也是这样说。“没有功夫”，这已成为不要学习的理论、躲懒的根据了。共产党员不学习理论是不对的，有问题就要想法子解决，这才是共产党员的真精神。在忙的中间，想一个法子，叫做“挤”，用“挤”来对付忙。好比开会的时候，人多得很，就要挤进去，才得有座位。又好比木匠师傅钉一个钉子到木头上，就可以挂衣裳了，这就是木匠向木头一“挤”，木头让了步，才成功的。自从木头让步以来，多少木头钉上钉子，把看不见的纤维细孔，“挤”出这样大的窟窿来，可见“挤”是一个好办法。我们现在工作忙得很，也可以叫它让让步，就用“挤”的法子，在每天工作、吃饭、休息中间，挤出两小时来学习，把工作向两方面挤一挤，一个往上一个往下，一定可以挤出两小时来学习的。陈云〔2〕同志有“挤”的经验，他有法子“挤”出时间来看书，来开会。

再一个问题是看不懂。这种情形的确存在，有的同志“宁可挑大粪，不愿学理论”。忙可以“挤”，这是个办法；看不懂也有一个办法，叫做“钻”，如木匠钻木头一样地“钻”进去。看不懂的东西我们不要怕，就用“钻”来对付。在中国，本来读书就叫攻书，读马克思主义就是攻马克思的道理，你要读通马克思的道理，就非攻不可，读不懂的东西要当仇人一样地攻它。现在有些人是不取攻势只取守势，那就不对，马克思主义决不会让步，所以不攻是得不到结果的。从前人称“校对”为“校仇”，校对确实很难，非以仇人对之是不胜所为的。对于难，我们要像仇人一样地进攻它，对于仇人我们是不讲感情的。所以马克思主义、列宁主义的理论，固然很难，如果我们以“仇人”的态度不讲感情地攻它，一定是无攻不破的，一定可以把它的堡垒攻下来。过去韩文公〔3〕《祭鳄鱼文》里，有一段是说限它三天走去，三天不走，五天，七天再不走，那就不客气，一刀杀掉。我们要像韩文公祭鳄鱼一样，十天不通，二十天，三十天，九十天……，非把这东西搞通不止，这样下去，一定可以把看不懂的东西变成看得懂的。

正面搞不通，可以从旁的方面着手，如打仗一样，顽强的敌人，正面攻不下，就用旁袭侧击，四面包围，把它孤立起来，这样就容易把它攻下。学习也是一样，正面的东西一时看不懂，就从旁的东西看起，先打下基础，就可以一点一点地搞通正面的东西。

工作忙就要“挤”，看不懂就要“钻”，用这两个法子来对付它，学习是一定可以获胜的。

三、学习运动是会有成绩的

学习运动现在已经看到了成绩，有许多学习小组已经组织起来。在延安已经组织的有哲学小组、读书小组等等，而且已经见了功效，从前不懂哲学的人现在懂了一点，不懂马克思主义的现在也懂了一点。在军队里也有这样的组织，而且多少也有些成效。在外边许多地方，有读书会的组织，同我们在职干部的教育差不多，这是可供我们参考的。我们共产党员对学习是热情的。有人告诉我，有许多同志，自从学习运动开始后，非常热情，很高兴，本来要求调动工作的，现在不愿意调动了。这也是学习运动的功效。

学习运动的基础，是我们同志们自觉的热情。我们的方法是采取个人活动与组织活动互相配合起来。有些学校最初没有注意个人活动，不给他们以自由看书的时间，平常都是紧张得很，在组织活动方面算是不错，但这是一个不好的毛病，个人积极性不能充分发挥。关于这点，现在正在想法改正。我们是提倡个人活动与组织活动配合起来的，对学习既有自觉的热情又有健全的领导，因此我们的学习运动一定会有成绩的。

在这里我要附带地讲一点，就是我们干部中间，有一些年纪比较大一点的，他们以为年纪大了学习没有希望，我以为这个想法是不对的。年纪大一点谁说不行呢？有句古话：“人到五十五，才是出山虎”。那末，你若是五十四岁的话，还是青年呢，哪有不可学的道理?！这是我附带说到的一点。

现在我们这个干部教育制度很好，是一个新发明，是一个新发明的大学制度。讲到大学，我们这里有马列学院，抗日军政大学，女子大学等等，这都是很好的。在外边有北京大学、复旦大学等等，在外国有牛津大学、巴黎大学等等，他们都是学习五年、六年便要毕业，叫做有期大学。而我们这个大学，可算是天下第一，叫做无期大学，年纪大一点也没有关系，只要你是活着，都可以进我们的大学。我们这样的大学，是延安独创，不过是任何人都可以进的，不论在什么地方，华北、华中、华南各地，不论什么人，共产党员也好，不是共产党员也好，都可以进这个长期大学的。

在长期大学念书成功的人，我还可以举一些例子来说说。从古以来真正有学问的人，不是从学堂里学来的。孔夫子的孔夫子主义，不是一下子从学堂里学到的。他的老师叫做项橐，这是有书为证的，“昔仲尼，师项橐”，在《三字经》里记载着。但是他的主义不是全部从项橐那儿学到的，他是在当先生的时候，在鲁国做官的时候，才有他的孔夫子主义的。

孙中山先生也是一样。当他在学校里的时候，并没有三民主义。大家知道他是学医学的，他的三民主义是出了学校之后才有的。而且孙中山先生的三民主义，也不是一下子就有的，开始只是一民主义，后来有了二民主义，最后他到欧洲去跑了一次，看见欧洲发生了社会问题，工人要打倒资本家等等情形，他又想了一个民生主义出来，这样才集合成为三民主义的。

至于外国，有马克思，他在学校里并没有学马克思主义，学的是唯心论。后来他在学校外面学到的马克思主义，是同他的老师不同的。至于学历短的人，我可以举高尔基为例，他是世界上最有名的文学“博士”，但他没有进过小学，也没有进过中学，大学更没有进过，他写的文章却是天下第一。

所以进学校是可以进，但是这只是进一个门而已，要求得更进一步的学问，一定要在学校外边学习，要长期地研究。现在你若还不认得字，也不要紧，有希望的，只要你努力学习。

四、学习应该学到底

学习一定要学到底，学习的最大敌人是不到“底”。自己懂了一点，就以为满足了，不要再学习了，这满足就是我们学习运动的最大顽敌，今天开会后要把它克服下去。

我们学的学问，如罗迈〔4〕同志所讲，有党的建设，联共党史，这些东西我们要长期地学下去，把学习的一切困难都克服下去，是一定可以把这些学问搞好的，但主要的是不要半途而废，如果不是这样，那会一无所成的。

除了这些学问之外，还有时事问题与党的政策。这两项，过去的计划中没有包括进去，但这是十分需要的，因为这是实际的学问，也就是“今”的学问。关于时事问题，中央已在把时事问题的材料摘出来，准备编个综合文摘，可以供给同志们研究与参考。至于党的政策，六中全会的决议，大概大家都已看过一遍，但一看就丢掉是不对的，应该把党的政策经常地研究。六中全会与七中全会之间，一切会议报告，包括政治局会议的，都要研究。不研究党的政策，单学习那些理论是不够的，会跟实际脱节的。

现在在职干部教育的学习运动，是包括党、政、军、民、学的，民众团体中的工作干部和学校里的工作干部都在内。我们的会开了之后，大家都要努力，互相帮助，把从前有书只管自己读不给人家读的作风改正过来，今后要互相帮助学习，互相做先生，互相做学生，做同学。中央的同志，也是一样，跟同志们一道研究。罗迈同志告诉我，底下已在催材料了，同志们已在研究了，这是很好的，充分地表现了同志们的热情。好吧！在座的同志，全党的同志，研究学问，大家都要学到底，都要进这个无期大学。要把全党变成一个大学校。学校的领导者，就是中央。各地方党部，八路军、新四军、游击队，都是这个大学的分校。全党同志以及非党的战士们，都须进这个学校。

我们相信，我们采取学到底的方针，一定可以克服自满的坏现象。

我们的学习运动是必要的。我们是能够学习的。学习已经看到了成绩，将来还会有更多的成绩。我们是采取学到底的方针。在干部教育部领导之下，干部学习运动的结果我相信一定很好。我们尝试的这种办法，要推广到全党去，特别是华北的党。

根据中央档案馆保存的讲话记录稿刊印。

注　　释

〔1〕见韩愈《符读书城南》诗。

〔2〕陈云，一九〇五年生，江苏青浦（今属上海市）人。当时任中共中央组织部部长。

〔3〕韩文公，即韩愈（七六八——八二四），河南河阳（今孟县）人，唐代文学

家、哲学家。

〔4〕罗迈，即李维汉（一八九六——一九八四），湖南长沙人。当时任中共中央干部教育部副部长。

抗大[1]三周年纪念

（一九三九年五月二十六日）

抗大为什么全国闻名、全世界闻名，就是因为它比较其他的军事学校最革命最进步，最能为民族解放与社会解放而斗争，到延安参观的人们，所以十分注意去看抗大，我想不外这个道理。

抗大的革命与进步，是因为它的职员教员与课程是革命的进步的，又因为它的学生是革命的进步的，没有这两方面的革命性进步性，抗大决不能成为全国与全世界称赞的抗大。

一部分人是反对抗大的，就是投降派与顽固派。这一点正是表明抗大是一个最革命最进步的抗大，如若不然，他们就不会反对了。投降派顽固派人们之起劲地反对抗大，证明抗大的革命性进步性，增加了抗大的光荣。抗大之所以是个光荣的军事学校，不但因为大多数人拥护它，称赞它，也还因为投降派顽固派人们在那里起劲地反对它，污蔑它。

抗大三年来有其贡献于国家、民族、社会的大成绩，这就是它教成了几万个年轻有为与进步革命的学生。抗大今后必能继续有所贡献于国家、民族与社会，因为它还要造就大批年轻有为与进步革命的学生。昔日之黄埔[2]，今日之抗大，是先后辉映，彼此竞美的。

抗大的教育方针是：坚定正确的政治方向，艰苦奋斗的工作作风，灵活机动的战略战术。这三者，是造成一个抗日的革命的军人所不可缺一的。抗大的职员、教员、学生，都是根据这三者去进行教育与从事学习的。

抗大在其逐年的改良进步中间，伴来了若干缺点，它发展了，但困难也来了，主要的是经费不足，教员不足，教材不足这几项。然而共产党领导的抗大，是不怕困难与一定能够克服困难的。在共产党面前无困难，就是因为它能克服困难。

抗大三周年后，改正其缺点使之更加进步，这是我的希望，也是全国全世界的希望。

抗大的教职员们学生们努力啊！

根据一九三九年五月三十日《新中华报》刊印。

注　　释

〔1〕抗大，抗日军政大学的简称，成立于一九三七年一月，前身是抗日红军大学。

〔2〕黄埔，指黄埔陆军军官学校。见本卷第110页注〔2〕。

永久奋斗[1]

（一九三九年五月三十日）

同志们：

今天开庆贺模范青年大会，我听了非常高兴，所以也来参加。

刚才冯文彬[2]同志已经讲了很多，而且讲得很好，其中有一句话，是讲“我们要永久奋斗”。我今天要讲的，就是这一点。

从前我读书的时候，没有你们现在这样好的条件。起初读的是孔子的书，就是“学而时习之，不亦说乎？”那一套。到后来进了洋学堂，受到一些资产阶级的教育。在学校里虽也听说过一点孙中山、马克思的话，但是真正的孙中山主义、马克思主义，是出了学校门才学到的。现在你们什么都能够听到，仅仅孔夫子的少一点。像孙中山的三民主义、总理遗嘱等等，还有马克思主义的书和抗日战争的战略战术等等，很多书都能够看到。这些书，我那时候一本也看不到。十九年前，《共产党宣言》在全国印得很少，哪里去找这样好的理论？哪有现在你们这样幸福？你们生长的时代很好，是幸福的时代，比起我当学生的时代来，是大不相同了。

你们模范青年是在纪念五四运动二十周年时选举出来

的，这个意义非常重大。二十年前，在北京参加五四运动的青年，是真正的模范青年，因为他们反对卖国政府，在五四运动中流了血，参加了那样的斗争。这些青年是革命的先锋队，为了中华民族的解放、独立、自由、幸福，进行了那样的斗争，英勇得很。到今天留下来的还不少，中华民族解放先锋队〔3〕、西北青年救国会〔4〕中的许多优秀分子，就是那时候留下来的。那时候的革命青年，后来有不少成为共产党员。中国的青年运动有很好的革命传统，这个传统就是“永久奋斗”。我们共产党是继承这个传统的，现在传下来了，以后更要继续传下去。但是，也有一些人，五四运动时在北平奋斗得很英勇，后来变了，内中的一个就是张国焘〔5〕，还有康白情、罗家伦〔6〕等一些人。他们在五四运动时代都是先锋队，现在呢？变成了逃跑队了。

汪精卫，“五四”以前曾慷慨激昂地去杀宣统皇帝的保护人——摄政王。他在那时候是非常英勇的。但是这几天消息不大好，他从河内溜到上海，从上海溜到日本的京城去见日本的天皇，同日本内阁的首相平沼商议事情，讨论“精卫平沼协定”。我们不讲他这个协定里的字有多少，条文有几条，总之，就是“灭亡中国”四个大字。

三十年前的汪精卫，二十年前的康白情、罗家伦、张国焘，他们都很英勇，但是都有一个缺点，就是奋斗比较差，没有“永久奋斗”的精神。

什么是模范青年？就是要有永久奋斗这一条。其他的当然也要有，如刚才冯文彬同志讲过的智育、德育、体育、美育、群育等等，但据我看来，“永久奋斗”才是最主要的一条，没有这一条，什么都是空的。奋斗到什么程度呢？要奋斗到五年，十年，四十年，五十年，甚至到六十年，七十年，总之一句话，要奋斗到死，没有死就还没有达到永久奋斗的目标。从前有一首诗说："周公恐惧流言日，王莽谦恭下士时，倘使当年身便死，一生真伪有谁知？"[7]这在我们的历史学家那里叫做"盖棺论定"，就是说，人到死的时候，才能断定他是好是坏。假使周公在那个谣言流传的时候就死了，人家一定会加他一个"奸臣"的头衔；又若王莽在那个谦让卑恭的时候死了，那后世人一定会赞扬他的。不过我们现在不是讲历史，那两个人究竟孰好孰坏，我们不论，然而它说明了人只有到死，才可以论定他的功罪是非。我们说：永久奋斗，就是要奋斗到死。这个永久奋斗是非常要紧的，如要讲道德就应该讲这一条道德。模范青年就要在这一条上做模范。其他方面要做模范的是非常多的，例如，在政治上要有一个正确的方向，但是光有这个正确的政治方向是不够的，过了三年五年，就把它丢了，那还不是枉然？所以，有了正确的政治方向后，还要坚定，就是说，要有"坚定正确的政治方向"。这个方向是不可动摇的，要有"富贵不能淫，贫贱不能移，威武不能屈"的骨气来坚持这个方向。这样的青年，才是真正的模范青年。这样的道德，才算是真正的政治道德。我们对道德是这样的看法。有一些人，他们嘴上道德、气节乱喊一阵，但在政治上是不坚定的，中途会变节的，这是无道无德。

我曾经讲过，中国青年运动历来有两股潮流：一股是革命的潮流；一股是反动的潮流。在五四运动时代，一股潮流是要求民族独立，实现民主政治，改良人民生活，跟工人农民站在一块，跟老百姓站在一块，他们的立场是光明的。另外一股潮流则是跟帝国主义妥协,他们也说打倒帝国主义,但只打三天,第四天就不打帝国主义了,跟帝国主义做朋友了。他们说要革命,要民主政治,但也只有三天,第四天就压迫老百姓了。“唤起民众”这是孙中山先生临死时讲的,古人说“人之将死,其言也善”,但有些人也只唤了三天,第四天就不干了。至于改良民生,那更是影踪全无。这是反动的潮流,我们名之曰“逆流”。

在大革命时代,广东有两个青年团体:一个是青年军人联合会〔8〕,另一个是孙文主义学会〔9〕,这两个团体就是那两股潮流的代表。前一个是革命的,他们是跟全国广大青年在一块的,跟工农劳苦群众在一块的。后一个是反人民的,是反共的。他们曾反了十年的共,其中有些人因反共而发了财,做了官。现在他们还是举起两只手,一只手打日本,一只手打共产党。他们又要抗日,又要反共,这事行不行呢?有些人对历史很少研究,不大知道这些事。从历史上看,汪精卫奋斗来奋斗去,结果奋斗到日本天皇那里吃饭去了,跟全民族作对。现在反共的人相当多,他们一方面说日本帝国主义可恶,要打倒;另一方面又说共产党也要打倒。你们到延安来,就有人不准,把你们捉起来,你们到这里来是很辛苦的,是“过五关斩六将”才来到延安的。他们说你们不好,我看蛮好,是呱呱叫的模范青年。他们不准你们到延安来,说延安不好。延安的确不好,树木很少,经费不足;但是延安有民主政治,有政治自由,这在他们看来,当然是不好的。现在他们的一只手抗日,一只手反共,将来有可能两只手搞在一块,统统来打共产党,结果只能是跟日本帝国主义讲亲爱,向敌人投降,变为不抗日的。

“反共就是灭华”，这是蒋委员长讲的。这话要昭告天下，使全国青年都知道，使全国老百姓都知道，共产党是反不得的。现在，我们共产党吃的是小米、黄米，而且还要自己搞饭吃，进行生产运动，而反共专家吃得又多又好，还尽干坏事。这里就有好的例子，延安县有两个县长，一个是月饷二块钱，一个是月饷一百八十块钱，拿二块钱的是共产党员，拿一百八十块钱的是反共专家。然而反共专家管的地方，只有窑洞一个，做的事情，就是反共，破坏，搞特务工作。他们这样反共下去，一定要变成帝国主义的走狗。天下没有不走之狗，也没有不降日本帝国主义的反共专家。模范青年同志们，大家要知道，坚持反共是会变成帝国主义的走狗的。

他们反共，目的是要消灭共产党。说共产党不好，是因为共产党提倡艰苦奋斗。共产党有艰苦奋斗的作风，能够忍饥挨饿去打日本帝国主义。从前红军长征过草地的时候，有五十天没有饭吃，吃树皮，这只有共产党能做到，别人是做不到的。我们共产党员“吃树皮”，土豪劣绅、贪官污吏则“刮地皮”。所以把共产党搞掉了，中国就不妙。大家要拥护共产党，全国老百姓也要拥护共产党。相反，那些反共的、发国难财的、吃磨擦饭的坏家伙，应该统统清除掉。

今天在座的模范青年，要跟这些反共分子作斗争，反对妥协投降，反对反共。你们的前途是光明的，你们要代表全国大多数的老百姓，代表一切爱国的人，抗日的人，求中国独立、自由、幸福的人，并且是要永远的代表他们。将来你们老了，教育你们的儿子也要代表他们，儿子再告诉儿子，孙子再告诉孙子，这样一代一代传下去，并且一传十，十传百，百传千，传遍全中国，不达目的不止。我们一定要这样努力去做，长期去做，一定要把革命干成功，干到底。模范青年们，你们要切记这一点——“永久奋斗”。

根据中央档案馆保存的讲话记录稿刊印。

注释

〔1〕这是毛泽东在延安庆贺模范青年大会上的讲话。

〔2〕冯文彬，一九一〇年生，浙江诸暨人。当时任中共中央青年工作委员会副书记。

〔3〕中华民族解放先锋队，简称“民先”或“民先队”，是一二九运动中的先进青年在中国共产党领导下所组织的革命青年团体，成立于一九三六年二月。抗日战争爆发后，许多民先队员参加了抗战和建立抗日根据地的工作。国民党统治地区的民先队组织，一九三八年被国民党政府强迫解散。在抗日根据地的民先队组织，后来并入更广泛的青年团体青年救国会。

〔4〕西北青年救国会，即西北青年救国联合会，成立于一九三七年四月，是抗日战争时期中国共产党领导的团结西北各界青年进行抗日活动的群众组织。

〔5〕张国焘（一八九七——一九七九），江西萍乡人。一九一九年五四运动时，任北京大学学生干事会成员、北京学生联合会讲演部长、总干事。一九二一年参加中国共产党第一次全国代表大会。曾在中共中央、中华苏维埃共和国临时中央政府、中国工农红军中担任过领导职务。长征途中进行分裂党和红军的活动，另立中央。到达陕北后任陕甘宁边区政府副主席、代主席。一九三八年四月，他乘祭黄帝陵之机逃离陕甘宁边区，经西安到武汉，投入国民党特务集团，成为中国革命的叛徒，随即被开除出党。

〔6〕康白情（一八九六——一九五八），四川安岳人。一九一八年与傅斯年、罗家伦等组织新文学团体新潮社，主张文学革命。同年参加少年中国学会。一九一九年三月与邓中夏等发起成立平民教育讲演团。一九二〇年赴美留学。回国后曾在

各杂牌军阀的军队和机构里兼任参军、参议等职。罗家伦(一八九七——一九六九),浙江绍兴人。一九一九年与傅斯年等出版《新潮》月刊,投身新文化运动。五月参加五四运动,曾作为北京学生界代表到南京、上海等地联络。一九二〇年出国留学,一九二六年回国,任国民革命军总司令部参议、编辑委员会委员长、战地政务委员会教育处处长等,支持蒋介石发动四一二反革命政变,后长期在国民党党政机关中任职。

〔7〕这是唐朝诗人白居易所作《放言》中的诗句。原诗为:"赠君一法决狐疑,不用钻龟与祝蓍;试玉要烧三日满,辨才须待七年期。周公恐惧流言日,王莽谦恭未篡时;向使当初身便死,一生真伪复谁知?"这里的周公,是指周武王之弟周公旦。武王之子周成王继位时,因年幼由叔父周公旦摄政。

〔8〕青年军人联合会是周恩来在黄埔军校时领导组织的革命军人团体。成立于一九二五年二月一日。以黄埔军校的共产党员和共青团员为骨干,联合粤军讲武学校、滇军干部学校、桂军军官学校等校的青年军人组成,主要成员有蒋先云、周逸群等。联合会积极宣传革命理论和共产党的统一战线政策,团结革命力量,打击国民党右派势力,同反动的孙文主义学会进行了针锋相对的斗争。一九二六年三月二十日中山舰事件后被解散。

〔9〕孙文主义学会,是国民党内一批右派分子为对抗革命团体青年军人联合会而建立的反动组织。主要头目有戴季陶、王柏龄、陈诚、贺衷寒、缪斌等。

反投降提纲

——在延安高级干部会议上的报告和结论的提纲

（一九三九年六月）

报　　告

（六月十日）

目前形势的特点

目前形势的特点在于：国民党投降的可能已经成为最大的危险，而其反共活动则是准备投降的步骤。国民党投降的可能是从抗战开始就存在的，不是今天突然发生的，但成为时局的最大危险，则是目前政局中的现象。国民党反共也是从统一战线建立时就存在的，不是今天突然发生的，但把反共作为直接准备投降的步骤，则是目前的实际。

目前的这种形势，是由于三方面因素造成的，即是：一、日本的诱降政策，二、国际的压力，三、中国地主资产阶级的动摇。今分述于后：

一、日本诱降政策的历史发展

(一)日本对华基本方针是灭亡中国,建立所谓“东亚新秩序”——这是坚定的、不变的,在日本侵略者看来也是变不得的。今年一月二日东京《国民新闻》(军部机关报)的社论说:“眼前现实的课题,已不容寸尺后退,瞬间踌躇。事变入于收拾期,万一国步的统制有疏漏,则不但将丧失战果,且会影响国家的命运。战争的后期是比初期困难好几倍,历史上有过教训,欧洲大战时代德国和俄国不幸的事例,为政者和国民须得深加洞察。”(《世界知识》二月一日出版的九卷一期)

做一句话来说,就是:基本的侵略方针非贯彻不可,否则有德、俄革命的危险。由此可知,以为日本可以根本上让步,可以不经长期战争而用英、美压力恢复卢沟桥以前状态(蒋介石,国民党许多人),只是梦想。

(二)它的“灭亡中国,建立东亚新秩序”的基本方针(总路线)是坚定的,不会自己动摇的,但是它执行此基本方针的方法(或策略)是软硬兼施的,有伸缩性的,并可作出某些暂时的、局部的、表面的让步,以求达其根本目的。

大体上:卢沟桥以前——政治诱降为主;卢沟桥至武汉——军事打击为主;武汉到现在——再以政治诱降为主。

(三)为了明白敌人根本方针的坚定不变与其施行策略的软硬兼施,只要看下列各种材料就可知道:

1. 卢沟桥以前——规定硬的方针,并实行占领东三省,对全中国则采取外交诱降办法。

(1)满洲事变前的田中奏折(一九二七年即昭和二年七月二十五日总理兼外务大臣田中义一函致宫内大臣一木喜法,

请代奏明天皇者）有云“欲征服世界，必先征服支那”，规定了灭亡中国的方针。

（2）一九三一年“九一八”占领满洲。

（3）一九三四年四月十七日的天羽〔1〕声明（天羽代表外务省发出声明）有云：“东方和平日本负责为之，反对中国与东方和平抵触之行为，反对他国任何妨碍东方和平之举动”。公开表示其灭华方针。

（4）一九三六年一月二十一日的广田三原则（广田在议会正式宣布三原则），即：第一、对日亲善，第二、承认满洲，第三、共同防共。

（5）一九三七年春，日本华北特务机关长松室孝良的秘密条呈，结论六条，均表示施行方法之软硬兼施。

2. 卢沟桥到武汉——为执行其硬的方针，采取坚决的军事进攻方法为主，辅之以政治诱降。

（6）一九三七年七七事变后的几天，外相广田宣布不扩大主义。我党八月决定〔2〕曾指出这是“掩护进攻的烟幕弹”，但同时含有“降则免打”之意。

（7）一九三七年七月二十七日陆相杉山在特别议会的战争演说，“断然决定膺惩，陆军当局已采取重要措置”。表示方法是硬的，打，为着降。

（8）开战以后日本提出的和平条件。据英国《标准晚报》称，日政府负责人曾以这些条件提交蒋介石，内容凡六条：A. 内蒙独立；B. 华北自治；C. 上海占领地作为日本租界；D. 山海关到安南〔3〕沿海的捕鱼权；E. 中国退出国联；F. 不得设空军。（一九三七年十一月十三日，《解放报》）表示所要的东西，至今大体上不出这个范围。

(9)一九三七年十二月十三日占领南京后，二十七日日本第三舰队司令长谷川凌发表谈话：“日本帝国决不满意于今日的成功，盖距总局之前途尚远，帝国军人基于帝国之总意，为东洋永久之和平，希望达到彻底进步的目的。”表示要继续军事进攻。

(10)广田的除夕(一九三七年)演说：“友邦中国若能了解日本力求东亚和平之重要观点，则能免今日之惨痛。日本政府深愿于一九三八年开始新的和平，解决一切问题。”表示方法是可以用软的，只要降。

(11)有名的一月十六日宣言。十二月十一日(南京占领前两日)阁议决定，十二日御前会议通过，十三日占领南京，十七日中国蒋委员长发表告国人书，到一月十六日政府就发表此宣言。其大意谓：今后不以国民政府为对手，期望新政府成立。尊重中国领土、主权与列国在华权益。表示方针是硬的，方法也是硬的。

(12)一九三八年一月二十日驻华大使川越茂对记者发表谈话，谓：“奉令返国，参赞日高留沪，但留沪目的，并非尚欲与中国政府交涉，而是与外国外交人员接洽可能发生之事件。与国民政府重开交涉之门户已经关闭，即使国民政府将来重新考虑其态度，亦仅能与中国新组织交涉，不能以日本为对手。”从一月十六日宣言后，以战为主，以和为辅，打倒蒋介石，建立新政府，此谈话最露骨。

(13)但战中仍有和。一月二十日路透电所传广田在七十三届议会中宣布德国调解的和平条件四条：A. 放弃联共抗日，承认“满洲”；B. 在若干地带成立非战区，在此区内设立管理机关；C. 中、日、满经济合作；D. 中国赔款。此为最低议和条件，即陶德曼[4]交蒋之条件。蒋曾拟考虑接受，汪精卫的《举一个例》即指此（蒋、二陈、何[5]，还有孙、于、白[6]都参加讨论接受问题）。最后蒋拒绝，广田乃在议会宣布。

（14）一月下旬在七十三届议会中：

近卫[7]的开幕演说——“战争之解决，尚须长久时日”，“现政府采取坚决之政策，嗣后不再与中国国民党政府发生关系”。

广田演说——宣布陶德曼提交之四条件（见前）。

民政党议员——要求政府保证，嗣后决不与国民党政府讨论媾和条件。

议员岛田俊雄——质问为什么不对华宣战？

日本政府宣布对华政策四要点：A. 绝对不与国民政府交涉；B. 为阻止军火运华，仍可对华宣战；C. 对华北新政权居监护人地位；D. 绝对不容第三者调停。

但至一月二十九日那天，近卫又在本届议会表示：“宣战之举仍在考虑中，视中国将来态度为断。”和平之门仍然是开的。

此乃反映日本政府中主和派与主战派之斗争，杉山为此曾于此时发表“必须准备长期战争”之文告，与主和派对抗。

（15）日本驻沪大使（维新政府[8]的）谷正之，三月九日发表谈话，谓：“蒋介石政权行将崩溃，但须继续加紧战争促蒋政权倒台，并使第三国放弃援蒋企图。战争以外之法如能使蒋氏议和，则耗费较少，效力更大。”一个人一次谈话中主战又主和。

(16)五月二日近卫演说准备长期战争:“为推翻蒋政权,铲除东亚祸根,虽费数年光阴亦所不惜。同时,全国国民应极力援助华北、华中两亲日防共政权。”

(17)五月九日广田在地方长官会议演说,主张慎重处理事变:“中国事变进到第二阶段,蒋介石政权宣传长期抗战,从事于国内之团结,但未能达到团结之目的。他方面,各国军需品之输入及苏联援助中国,这是事实。因此,帝国政府必须顾及此种事实,慎重处理此次事变。津浦线占领之时,临时[9]、维新两政府即刻实行合并,帝国政府对此极力加以支持,使能合并统一,并圆满健全发展。”敌以军部与外务省一个代表硬,一个代表软,但或硬中带软(军部之特务机关),或软中带硬(外务省),装红白脸。

(18)徐州陷后,敌声言打到昆明。五月十九日徐州失陷,二十二日敌前线指挥官发表谈话,谓:“徐州攻陷,战争并未停止,战争步骤有三:第一步即徐州大战,第二步进攻汉口,第三步进攻重庆或昆明。”不亦硬哉!

(19)六月十七日永井递信大臣发表谈话,谓必须打倒蒋政权:“目前政府之对华政策在于打倒蒋政权,援助新政府,建设新中国,奠定东亚永远之和平。其他政策亦须沿此路线进行。”

(20)张高峰事变[10]时,外传日本向中国提出和平五条件:“日苏边境纠纷日烈,有成为大规模战争可能时,中日和平空气今日(八月五日)又盛传于香港,上午《孖剌西报》首传日本向中国求和五条件,下午各晚报均刊载。五条件是:A. 日军退出占领区，但中国也不得驻军；B. 承认“满洲国”；C. 虹口、闸北、江湾，租给日本，定期九十九年；D. 赔偿此次战争损失；E. 共同防共。”(《星岛日报》二十七年八月五日，香港通讯)

(21)板垣[11]的强硬论。七月一日板垣发表谈话：“在蒋政权依然存在之时，中日间绝无和平可能，今日日本不能再与蒋介石携手开和平谈判”。七月七日，事变一周年纪念日，板垣发表谈话：“今后战争，无论延长多少年，帝国所走之路只有一条(按：指以武力征服中国)，除此以外，不能达到东洋百年之和平。”

(22)设立对华院，总揽对华统治大权——总裁副总裁即五相。不但占领区，而且非占领区，均归其管辖。

(23)九月二十九日军部赶走宇垣[12]。宇垣因对华政策与军部不合愤而辞职。

3. 武汉到现在——策略改变，由硬到软。

(24)十月十二日占领广州，二十五日占领武汉，看见三十日蒋介石发表主张长期抗战的告国民书，故日本政府择了十一月三日明治纪念日即所谓天长节这一天发表了一个重要宣言，明显地表示改变策略。其要点为：A. “国民政府已为一地方政府，如继续抗日，则该政府歼灭以前，决不停止军事行动。”B. “日本之目的，在于建设东亚长治久安之新秩序，即日、华、满三国提携，树立政治、经济、文化等项互助连环之关系。”C. “至于国民政府，倘能抛弃从来错误政策，另由其他人员从事更生之建树，秩序之维持，则帝国亦不予拒绝。”政策已变，宣布废止不以国民政府为对手及必须建立伪政权之政策，声明可以国民政府为对手，但须蒋下野。

(25)十二月二十二日近卫声明，即汪精卫通电拥护、蒋介石演说痛驳之声明。其要点：A.“中、日、满三国，应以建设东亚新秩序为共同目的，互相结合，互相亲善，并实行共同防共，以及经济提携”；B.“因此，中国必须与‘满洲国’树立完全之国交关系”；C.“缔结中日防共协定，在特定地点驻军防共，以内蒙作为特殊防共区域”；D.“中日经济提携：帝国臣民在中国内地有居住、营业之自由，在华北与内蒙予日本以开发与利用资源之便利”；E.“日本允许考虑交还租界，撤废治外法权”。重申十一月三日宣言的基本政策，加具体内容。只要降日，国民政府与蒋介石(允许蒋存在自此始)均可存在，华中、华南可以退出，华北是要的，但主权名义仍可不要。

(26)平沼〔13〕内阁继续此方针，至今不变。

(27)日本在中国策动广大的“和平运动”，设立所谓“和平息战会”，到处开大会、发传单。设立统一中央政府，很久不提了，虽偶一提及，无外吓蒋，除非蒋抗战到底，它是留以待蒋的。

(28)离间国共合作、利用三民主义的大阴谋。日人松本慎一做了一篇题为《争取支那民族大众问题》的文章，其中说：

“帝国行使武力之目的，第一在彻底打击抗日政权及军队，第二在要日支两民族提携、融合及东洋和平之确立，前者乃达成后者之手段。然此二者，证诸支那之现实，实为互相对立之矛盾。试观事变以来之经过，抗日政权之指导原理虽属误谬，但蒋政权已具有民族政权之本质，而有支那民族大多数之支持。现政权所以能得中国共产党、中国青年党和抗日联合各界以及旧军人之热烈拥护者，即缘于此。今吾人，一方欲击灭蒋政权，他方欲与支那民族相提携，事实上诚不啻缘木求鱼。盖欲倒蒋，愈使支那民族拥蒋。要倒蒋就不能抓住民众，要抓住民众即不能倒蒋，故我国根本困难即在于此。”

“临时、维新两政府，尚无民众基础，有民众基础则南北两政府自不难合流。而新政府之纲领，应以国民党三民主义为旗帜，新政府之任务应在民族主义、民权主义、民生主义之实现。或曰：敌人之旗帜与我相同，难免混淆不清。但吾人可告以彼等以‘一面抗战，一面实行三民主义’为号召，吾人则以‘一面与日提携，一面建设三民主义’相号召。”

“国共之合作，乃抗日联合阵线之基干，实有加以打击之必要。”

“武汉作战之目的，乃在分散国共合作，故武汉占领好似在国共间插入一个楔子，战略政略双方都在分散国共力量。”

（上文见《大公报》本年一月二十三日）

(29)上海《导报》还在二月十七日就指出了远东慕尼黑的危险：“一方面，它在实事求是，努力加强地方政权，组织所谓江汉政府之类。别方面，它在进行更大规模含有国际性的阴谋。这阴谋的主要企图是压迫和诱骗英、法两国来用国际会议的形式（公开的或秘密的）强迫中国与日本妥协，虽然日本曾声明不愿第三国参加解决中日冲突。”并且说：“认为汪精卫完事大吉，是不对的，他将来还可起极恶劣的作用。”

以上我举的二十九条材料，说明日本对华诱降政策的历史发展，充分证明下列三点：

第一，日本灭亡中国的总方针是非常坚定的，决不改变的，它一定要把中国变为它的殖民地，一定要建立所谓“东亚新秩序”。

第二，但它的实行方法是软硬兼施的，并且依时有所侧重，武汉以前以打为主，但亦战中有和；武汉以后，以和为主，但仍略打一打，压使投降。

第三，它还努力策动英、美、法召集远东和平会议，远东慕尼黑的危险就压在中国人的头上。

（四）上说三节，第一节指出它的基本方针坚定不变；第二节指出它的实行方法软硬兼施；第三节从二十九件材料说明其施行方法由硬到软的历史发展，证明投降是当前的最大危险。现在这个第四节从它的财政、经济、军事方面说明其主和的原因。日本已处于财政（三年一百二十亿元，第一年二十五亿五千万元，第二年四十八亿五千万元，第三年四十六亿五千万元）、经济（输入大增，输出大减，军事工业打倒和平工业，物价大涨，人民生活恶化，现金用尽，外汇不稳）、军事（兵力不足，兵力分散）大见困难的境地，它还要准备应付国际战争，故极力策动中国投降，分裂抗日阵线，利用汪精卫劝诱蒋介石，并准备利用三民主义与国民党，它的这个阴谋是十分恶毒的。敌人战不可怕，和则十分危险，《大公报》曾称为“缢鬼式之和平”，中国将无疾而终。

（五）为表示和之诚意给国民党看，给英、美看，日本用大力“扫荡”八路军（华北十五个师团），现又企图进攻陕北，作为促进国民党降日反共之一步骤。

以上是日本的诱降政策。

二、英、美、法的压力

中国投降危险成为当前最大危险的第二个因素，是英、美、法投降主义者加于中国政府的压力。

英、美、法等非侵略国对于侵略国所进行的侵略战争所取的放任政策，正如斯大林所指，不是由于他们力量不足，也不是单纯的由于他们畏惧革命，而是由于他们“坐山观虎斗”的阴谋计划。

他们开始即鼓励日本进行战争，说什么“三个月就可打败中国”。他们随即让出上海，使战争深入内地去打。他们宁可使香港受包围，让日本占领广州和海南岛。他们大量供给日本以军需品，使日本有可能进行消耗战争。

他们又声言援助中国，并且已实行有所援助，借点小款，供给点军需，使中国有可能与日本进行消耗战争。他们常鼓吹“中国必胜”，使中国在消耗战争中增加勇气。

一切这些，其中心目的，在于消耗战争双方，等到双方精疲力竭时，他们就以“健全的身体”出来喝令双方停战，使双方都听他们的话。

他们纵容德、意在西方的侵略行动，也是这个目的。

他们希望德国和苏联打，而他们从容观战，然后乘其疲惫而掠夺之。

他们始终不赞成苏联所提普遍安全计划者以此。

他们不愿意保障波罗的海三国〔14〕的安全者以此（开一缺口便于德国进攻苏联）。

战争的片面性（侵略战争是危害英、美、法利益的，但英、美、法却取旁观态度）的原因在此。

鹬蚌相持，渔人得利——这就是英、美、法帝国主义者的现时政策。

这些非侵略国与侵略国之间是有深刻矛盾的，但不到一定程度他们是不会放弃其“渔人”政策的。

莫洛托夫[15]谓“英、法有进步，但所谓进步是浮而不实的”，斯大林谓“不要被人利用”，即是说英、法的渔人政策并未放弃，不要上当。

英、法、苏协定有成立可能，但目前尚难乐观，成立了之后又有破裂可能。新慕尼黑危险并未消灭。

六中全会指出英、美、法政府不可靠，可靠的只有其人民。英、美、法人民反战反法西斯势力正在逐渐增长，只有这种势力才是最后可靠的。

苏联声明继续援助中国，但决不赞成中国投降。

英、美、法策动的远东慕尼黑，现在接近了一个紧要时节。他们似正在作这种想法：希望中国再打半年，双方都更疲惫一点，那时就到了远东慕尼黑开幕之时了。

中国投降危险的第二个因素，就在这样的国际情况上面。

三、中国地主资产阶级的动摇

（一）资产阶级叛变的必然性。

1．一九三七年五月苏区代表大会曾经指出：“在某种历史环境能够参加反对帝国主义和反对封建制度的中国资产阶级，由于它在经济上政治上的软弱性，在另一种历史环境就要动摇变节，这一规律，在中国历史上已经证明了。因此，中国反帝反封建的资产阶级民主革命的任务，历史已判定不能经过资产阶级的领导，而必须经过无产阶级的领导，才能够完成。”

2．一九三七年八月二十五日中央决定上说：“由于当前的抗战还存在着上述的严重弱点，所以在今后的抗战过程中，可能发生许多挫败、退却，内部的分化叛变，暂时与局部的妥协等不利的情况。平津的丧失就是东四省[16]丧失后最严重的教训。因此，应该看到这一抗战是艰苦的持久战。”

3．六中全会指出妥协危机的严重存在，把反对投降妥协放在第一条。指出国民党有光明前途，但同时指出其前途尚有障碍物，如不克服，则没有什么光明前途：“很明显的，所谓一切党派在坚持抗战坚持统一战线的大前提下都有光明前途，是包括了克服各党内部守旧倾向这种努力的。如果存在着不利抗战与统一战线的守旧倾向而任其发展下去，那就有断送其光明前途的危险。这不论是国民党也好，共产党也好，其他党派也好，都是一样”。国民党是以资产阶级为骨干的党，是在资产阶级指导之下的。

（二）五中全会以后的国民党。

1．五中全会还是以联共抗日为主要方向，但同时已包含反共降日的因素：（1）决定了依靠国际压力和平解决中日问题的方针；（2）决定了防共与反共的方针（但不是战争），设立了“防共委员会”。

2．主和空气笼罩一时：

禁止反对远东慕尼黑。最近到的一期重庆出版的《文摘》，把一篇题名《英国会在远东来一个慕尼黑吗？》的文章删去了。

许多刊物发表提倡依赖英、美制裁日本的文章，其意即开国际调和会议解决问题。

政府中党部中很多人是主和的，军队中也有这种人。

“国民党投降可能”这一点，历来就存在，但在今天已成了最大的危险，如不克服，中国抗战将受到极大挫折。

3. 国民党已在进行其投降的主要准备工作，即是反共，反共是投降准备工作的最重要的组成部分。

半年以来，华北、华中、南方、西北反共活动特别厉害。在华北：八路军从日本手里收复失地，国民党从共产党手里"收复失地"。在西北：共产党没有超越边区寸土，国民党则用武力侵入边区许多地方（镇宁、宁县、旬邑、靖边、瓦窑堡）。原因在于共产党是投降的最大障碍物，不反共则不能投降。

一切都是借口，进行投降准备工作则是实际。

制造了无数的假文件。

以上三个因素、三种原因，使目前时局处于投降派与抗战派的严重斗争中，投降可能成为当前的最大危险，而反共正是准备投降的一个必然步骤。

三种原因中，以中国地主资产阶级的动摇为主要原因，如不自己动摇，则敌人的诱降政策无所施，国际的劝降压力无所用。

这种情况是与六中全会时不同的。那时，抗战还在高潮，十月三十日蒋之宣言、十二月二十六日蒋之驳斥近卫演说就是证明。现在，是在敌人以诱降为主并已生效的时候，是在英、美加紧策动投降的时候，是在国民党五中全会决定依靠英、美并执行反共政策之后。所以，那时，虽以反投降为第一条，但实际没有现在严重。

八个月以来，时局变到反共、投降最为严重的时候了。所以，现在增加了新的具体的任务，这就是用全力反对投降。

准备投降的各种借口：

第一个借口——共产党捣乱，这是不对的。伪造文件。边区的被攻。八路军的无饷。全国执行良好的统一战线政策，拥蒋拥政府。全国无土地革命。八路军、新四军的英勇作战。

第二个借口——苏联阴谋，这是不对的。一九二七年帮助中国革命。两年来援助中国抗战最大。它没有阴谋侵害过任何一国。各国多与它通好结盟。

第三个借口——财政经济困难，这是不对的。只要采取六中全会的新政策就能克服任何困难。过去红军即现在八路军克服困难的经验是明证。

第四个借口——人心厌战，这是不对的。日本正作这种宣传，这样说不啻响应日本宣传。人民不满兵役法，是怨恨方法不对，不是怨恨抗战。又极端地压制民运。

第五个借口——军心厌战，这是不对的。污蔑抗日军。多数官兵的为民族解放而战。多数官兵的厌恶内战。

第六个借口——国际无援，这是不对的。抗战主要靠己不靠人。苏联的有力援助，各国人民的同情。英、美、法政府本不可靠的。

第七个借口——敌人太强，这是不对的。敌人已消耗了很大，三年要用一百二十万万元，兵力不足与分散。我之地形好，士气盛。

还有许多借口。

抗战的前途（大概估计，不能死看）

然而抗战是一定要坚持下去的，抗日民族统一战线与国共合作，是一定要使之巩固发展的，三民主义旗帜与三民主义共和国口号是一定要坚持的，这是党的基本任务。

国民党投降可能与继续抗战可能是两个可能。有投降者，有抗战者，又是两种状况。

“可能发生许多挫败、退却，内部的分化叛变，暂时与局部的妥协”——这是一方面。“但我们相信，已经发动的抗战，必将因为我党与全国人民的努力，冲破一切障碍物，而继续的前进与发展。”“只要真能组织千百万群众进入抗日民族统一战线，抗日战争的胜利是无疑义的。”——这又是一方面。（均见“八月决定”）

抗战可能有两个前途：第一前途——大部抗战，小部投降；第二前途——大部投降，小部抗战。

中国革命的长期性曲折性：第一前途，也是长期的曲折的；第二前途，则更是长期的曲折的。

我们从来也没有设想过抗战应该是速胜论、直线论（一字论），而历来主张长期论与曲线论（之字论）。从来也没有主张过不发动全国人民，不实行国家民主化，可以克服投降，取得胜利。克服投降，取得胜利是要人民的大多数来干的，是要各党各派的一切爱国进步分子来干的。

不能设想，国民党整整齐齐一人不剩地投降。

一九二七年大革命失败，国民党全党投降帝国主义，举行反共战争。但那时的情况是：(1)没有一个帝国主义打进中国来；(2)所有帝国主义都赞助蒋介石反共，各国在暂时稳定局面之下；(3)国民党没有吃过反共战争的苦，能够动员军队；(4)全国人民没有尝过反共战争的味道，没有受痛苦的教训，也没有被欺骗的经验；(5)共产党没有统一战线失败期间的经验，又没有武装力量（都失败了），主要的没有战争经验；(6)世界不是革命与战争时期，而是反动时期；(7)苏联没有今天强大。

然而还有宋、何、邓演达[17]等坚持革命，没有叛变。

“九一八”以后，有冯玉祥[18]，有蔡廷锴[19]，有赵博生、董振堂、季振同[20]，有吉鸿昌、任应岐[21]，有张学良、杨虎城[22]，有陈济棠[23]、孙科。

况在今天，有两年抗战历史。

假如有米亚哈[24]，有哈恰[25]——中国也不是西班牙、捷克。

一、有投降者（这是必然的，已有汪精卫，还会有张精卫、李精卫），也会有反对投降者。

二、有坚决投降，一往不返者，也会有一时投降准备再战者。

三、有先降后战者（有些人要当一回汉奸才能变好），也会有先降后战再降者。

四、人民与军官可能初受蒙蔽，后来觉悟反抗。如像“共产党捣乱”、“八路军叛变”、“国际情况不佳”、“财政异常困难”、“苏联要赤化中国”、“暂时屈服徐图反抗”等欺骗，是必然会到来的。

五、敌人必不让有一个全国统一不受干涉的投降集团存在，它必然采取四分五裂政策。那时，可能有许多傀儡政权同时存在，以便利其统治。各种武装投降者之间可能发生内战——中国是内战最可能（地大，经济分散）与最有经验的国家。

六、敌人可能先让一步，然后干涉。当其让步时——可能投降；当其干涉时——又可能决裂。

七、佛朗哥[26]并没有收容米亚哈，希特勒也没有收容哈恰。日本最后只会收容汪精卫一类。

八、满洲人民与军队的经验，大家知道了。中国军队不能消灭，这是肯定的；缴枪必打，这也是肯定的。

总之，那时必是一个混乱局面，不是一个统一局面。那时，共产党将成为全国人民的救星，全国人民望共如望岁。那时，中国人民对苏联希望必增加。那时，国际必是一个战争与革命局面。那时，日本与英、美、法的冲突是可能的。如果这种情况出现，正是中国革命长期性、曲折性的实际。

不能设想，不民主的政府如现政府能够抗战到底。不能设想，这种政府能够争取最后胜利。我们一次也未希望过，也未说过。

只有愿意动员全国人民的政府，包括共产党在内的政府，才是能够领导抗日胜利的政府。

旧东西的改造，经过叛变与克服过程。

那时，可能出现抗日民族统一战线政府（包括共产党在内的）。

那时，中国可能有三种性质的政府——日本的傀儡政府，半傀儡政府，抗日政府。这几种政府间的斗争，将组成所谓相持阶段的局面。所谓相持阶段，可能正是这样情况的阶段。

不能速胜也因这种情况。

不会亡国也因这种情况。

将来抗战局面不外二途，如前所说：一、大部抗战，小部投降；二、大部投降，小部抗战。如果是第二种前途，则其可能情况如上所述。但第一种前途，目前并未绝望。原因在于：

在国内——一、许多军人拥护抗战；二、国民党中的抗战派；三、共产党的反对投降；四、人民的反对投降。

在国际——一、苏联的援助；二、西班牙、捷克的教训；三、欧美人民的舆论。

在日本——财政、经济、军事的困难。

但是要巩固扩大统一战线才能办到。

如果出现第二种前途，那就不但是政府的分裂，而且是三民主义与国民党的分裂：

日本人的三民主义与国民党——现已在做，经过汪精卫，这是假三民主义与假国民党。

中间性的三民主义与国民党——现已萌芽，正在奔跑，这是半真半假的三民主义与国民党。

中国人民的三民主义与国民党——现已发生，正在发展，这是真三民主义与真国民党。

三民主义与国民党是否可以避免上述那样分裂（分裂是必然的），要看国民党、共产党与全国人民的努力如何。

因此，相持阶段的可能情况便有几种：

一、大部抗战，小部投降的相持阶段——即克服投降可能，取得大部抗战，打下去，除开破坏日本的政治阴谋之外，还停止它的军事进攻。这是第一种情况的相持阶段，这是最理想最希望的。

二、大部投降，小部抗战的相持阶段（共产党与一切不愿投降的人是要继续抗战的，即使是小部）——即使大部投降了，剩下小部抗战，但只要能巩固小部，巩固抗战根据地，亦能与敌相持，如同过去小部红军在根据地上与敌相持一样。不同的，过去是内战，今后是对日本与对汉奸，而不是内战。

在站住了脚，不是继续后退了这一点上说来，在它是全国唯一的抗日军这一点上说来，这也是一种相持局面。

这是第二种相持局面。

三、由小部再到大部的相持阶段——这是第三种相持阶段。

由于小部坚持抗战，坚持统一战线，坚持持久战，坚持国共合作，坚持三民主义，将投降派所把持的阵地分化过来，再争取大部抗战。那时，如果还不能对敌人反攻，则还是一个相持阶段。

我们力争第一种相持局面。不得已再是第二种，且其前途还有第三种。

危险是存在的。但总的前途是光明的。

在危险环境中表示绝望的人，在黑暗中看不见光明的人，只是懦夫与机会主义者。

还在一九三七年苏区代表大会就指出了资产阶级叛变的必然性。

还在一九三七年八月中央又指出“抗战是艰苦的持久战”，“可能发生许多挫败、退却，内部的分化叛变”。

十一月又指出民族投降主义与阶级投降主义的危险等。

这些，我们都预料到了的，它的发生并不是突然的。

抗战前途，不外好坏二途。我们力争好的前途，同时准备即使很坏，我们也有办法。

总的前途是光明的，但必然经过长期的斗争与曲折的斗争。短期的与直线的胜利是没有的。我们历来反对速胜论与亡国论，今天仍一样。

以为地主资产阶级叛变就等于亡国，这是没有看到：一、共产党、八路军、新四军的存在；二、抗日友军中的抗日情绪；三、国民党中的抗战派；四、资产阶级中目前不愿投降者；五、沦陷区仍然受压迫的资产阶级；六、广大的小资产阶级与农民；七、苏联的援助。不看见这些正在生长的力量，只看见地主资产阶级投降了，就认为整个世界都黑暗了，于是发生惊慌失措、动摇逃跑等现象，这是完全不对的。

六中全会说，相持阶段必是"更加困难，同时更加进步"的阶段。更加困难，就是敌人之外，还加上投降叛变。更加进步，就是经过各种形式的斗争（包括战争），抗日的国民党继续同共产党合作，国民党便能更加进步。一部叛变，大部抗日——这种情况是我们希望的，过去这样希望，现仍如此，要力争之。大部叛变（甚至一时表现为全体），一部抗日——这种情况不是我们希望的，但是可能的。如果出现，我们就要把它颠倒过来，这也是可能的，也要力争。

当前的任务

估计到上述好坏两种可能情况，特别是可能的坏的情况，党的任务是什么呢？

第一，全党努力从思想上组织上准备自己，并准备舆论，准备群众，随时可以对付事变——各种意料之外的袭击，各种大小事变。

第二，全党努力，同一切爱国进步分子，一切爱国进步的国民党人员（上层的、中层的、下层的群众）亲密联合在一块，并和他们一道（如果在国民党统治区域，必须和他们一道，不是我们单独）去动员群众，开展反投降斗争，公开揭穿反共即准备投降的实质，以孤立投降派与反共分子，以便继续抗日。

在这里要加强统一战线的工作与人员。

第三，不论何种情况，党的基本任务是巩固、扩大抗日民族统一战线，坚持国共合作与三民主义。必须坚持这种方针，不能有任何的动摇。

党的一般任务就是这样。

基于上述的任务，党应注意对下述各问题了解、解释并进行必要的工作：

一、六中全会的方针与现在的方针之间是否一致问题

六中全会的方针是正确的，六中全会在全国有很大的影响。我们的积极团结全国争取抗战胜利的方针，因为六中全会文件的发布，更加深入人心了。我们的统一战线工作与党的组织工作，因为六中全会的指示在全国更加发展了。

现在，投降危险与反共阴谋成为当前主要危险，故须指出这种新的情况（过去还不是事实，只能一般指出，现在已有成为事实之可能，故须具体指出），才能克服投降危险，并准备如果投降由可能变为事实时及时采取必要的对付政策，但基本方针仍然是六中全会的，并且只要指导适当，可能使抗战的实际内容发展到一个更高的阶段。

二、为什么此时要在思想上组织上准备自己，并准备舆

论，准备群众问题

这里要了解一九二七年大革命失败的经验。

那时，精神上没有准备，是失败的主要原因；现在，必须要有准备。

那时，不能再是民族战线，但我们也有太绝对的地方；现在，必须坚持长期的民族战线。

那时，是革命的整个失败，党的路线是退却然后进攻；现在，没有路线上的退却问题，现在是继续进攻中发生局部的暂时的战术上的保守或隐蔽随即准备进攻的问题（如果投降变为事实的话）。

那时，因为反动时期到来，党又没有准备，没有经验，以致队伍混乱，步骤错误（如盲动主义）；现在，则在沦陷区，并准备在投降者占领地，应该作有秩序的退守（有的暂时的，有的长久的）或反攻，而在其他区域则继续进攻方针。

那时，新党员大批脱党或叛变；现在则在某种情况下也有可能发生这类事情，故须先有准备。历史经验——革命转变关头（哪怕是暂时的局部的转变）垃圾的跌落是不可避免的，也不是坏事；但须注意好好带领新党员，尤其是大批青年学生，他们将来是有用的。

那时，国内国际的情况是黑暗的，现在基本上是光明的。

那时，中央是被机会主义统治着，改造后的中央亦无经验；现在没有这种情形。

那时，尚没有造成大批干部骨干；现在已经造成了。

以上，我作了八条比较。虽然如此，仍须在思想上、组织上准备自己，并准备舆论，准备群众，以便胜利地克服困难，发展抗日战争与中国革命到一个更高阶段，而避免可能的失败。

三、为什么假如投降成为事实时还要坚持民族战线、国共合作与三民主义问题

主要理由已在说明抗战前途时说过了。这里只说：

（一）在全部抗日过程中必须都是民族统一战线，虽然由于叛变，许多地主资产阶级都走开了，并变成敌人，但地主资产阶级的叛变是逐渐的，不是同时的，留下的成分必须与之合作。忽视这一点，势将铸成大错。故全部抗日过程中，统一战线依然应该是各党派、各阶级、各民族、各集团、各军队的统一战线。

（二）国共合作也是一样，若干国民党员离开了并成为敌人，但留下的若干仍应是合作的。我们要用真国民党反对假国民党，争取中间性的国民党。国共两党平等联盟的前途还是存在的。国共合作是统一战线的组织基础，忽视这一点，也将铸成大错。

（三）三民主义也是一样，它是统一战线的政治基础，是抗日过程中能够适用的原则、方针。我们要用真三民主义反对假三民主义，争取中间性的三民主义，这是在几种三民主义存在的情况下应采取的政策。三民主义与共产主义就在抗日过程中也是有区别的，但在抗日过程中二者有其一致点，即在把三民主义照着国民党第一次全国大会那样解释时，二者在资产阶级民主革命阶段的政纲上基本上是不相冲突的。因此，党内党外许多人轻视三民主义，认为它是根本反动的骗人的与空洞的思想或教条，是不对的。这种想法是由于没有把真三民主义与假三民主义加以区别而来。

（四）在思想斗争问题上，两年来，尤其是半年来，代表国民党写文章的人包括托派叶青等在内，发表了许多不但反对共产主义而且也是反对真三民主义的“纷歧错杂的思想”，亦即假三民主义或中间三民主义的思想，应该加以严正的批驳。其中以所谓“国情”论与“统一”论之武断的叫唤为最嚣张。其实，他们所谓只有三民主义与国民党为适合国情，乃是最不适合国情的假三民主义与假国民党，而共产主义与共产党乃是完全适合国情的。所谓边区与八路军的不统一，而欲将其取消以完成其所谓统一，其实乃是反民族、反民主、反民生的完全违背抗战利益的假统一，完全违反统一中的差别或统一中的斗争这个社会历史事实的武断空话。在旧式半封建政权没有改变为真正革命民主政权以前，边区与八路军是必须存在的，只有在革命民主政权成立之时，反共危险消失之时，二者才可放弃现在这样的特殊性，否则只是反革命的要求而已。

四、拥蒋问题

拥护蒋委员长的口号，过去是对的，现在是对的，只要蒋领导抗战一天我们还是拥护的（当然以抗战为条件），不应对蒋有不尊重的表示。

但蒋对抗战在某种情况下不能坚持的可能是存在的。即在那时，我们如何表示，还要慎重考虑。当然，那时不能不有表示，但须是适当的表示，应以有利团结多数抗战、有利国共继续合作为原则，而不能随便地轻率地恢复“反蒋”口号。

蒋对于共产党存在着敌意，这是他自己表示的事实，我们必须严防他及其部下破坏我党，这是毫无疑义的。

积极帮助蒋与督促蒋向好的一边走，仍然是我们的方针。

对外不说“国民党投降”，应说“地主资产阶级投降派”。

五、反汪问题

“认为汪已完了是不对的，汪还能起大的作用”，这是完全对的。汪之汉奸系统较之其他汉奸更大地危害中国，没有疑义。汪在政府中、党部中与一部分军队中有其群众与同情者。

反投降必须联系于反汪，是更便利与更实际的。

六、抗日除奸问题

在假如严重叛变事件发生之时，党应极力注意对付的适当，以不脱离国民党多数为原则。

那时，抗日除奸的口号是必须的，抗日除奸的战争（同时抗日又除奸）也是无可避免的，但决不可离开国民党多数而轻举妄动。只有在为多数人所了解与要求时才能（也必须）发动除奸战争。例如现在的反汪，是合乎这个原则的。

七、民主民生问题

没有革命民主政府，要领导抗日胜利是不可能的，全国广大人民之渴望一个抗日的、给人民以自由的、民主集中制的与廉洁的政府有如望岁，故“争取民主”应在今后“反对投降继续抗战”的运动中与之联结起来。

“改良民生”的与之联结也是一样。不过，只有抗日才有实行民主可能，只有抗日与民主才有改良民生可能，这是今日政治形势中的实际，应该明白。

八、磨擦问题

国民党五中全会后，在河北、山东，特别在边区所举行的破坏性与准备投降性的磨擦及武装斗争，是必须给以坚决抵抗的。这种抵抗是有用的，但必须严格站在自卫立场上，决不能过此限度，给挑衅者以破裂统一战线之口实。这种自卫的防御的反磨擦斗争之目的，在于巩固国共合作。为此目的，一定条件下缓和、退让也是必要的。

统一不忘斗争，斗争不忘统一，二者不可偏废，但以统一为主，“磨而不裂”。

严防挑衅，不要上当。

九、友军中不发展党的组织及从某些军队中撤退党的组织问题

半年来经验，在抗日的与我合作的军队中不去发展党，这个六中全会的决定，根本上是对的。在中国军队中发展共产党，一般应限于汉奸与准备变为汉奸的军队，目的是在破坏之，其他则不应发展。任何军队，只要变了汉奸军队，或直接准备变为汉奸军队，都应采取坚决的破坏方针。某些抗日军队中已因党的组织问题发生了有碍合作的问题时，应公开表示撤退，以求合作之继续。

十、援助友党问题

（一）极力援助那些进步分子，但也依进步程度而定援助程度之不同。

（二）拒绝援助那些退步分子、无希望分子，以免其扩充力量之后反噬我们。过去在这方面有了许多教训。一句话，不作无条件的援助。

（三）极力加强对于一切爱国进步分子的工作，推动他们反对投降，必须要很多有能力的干部去做，一刻不能放松。对中间分子也要加紧工作。

十一、六中全会后中央各部的工作

三年来,特别六中全会以来,逐渐恢复与建立了各个中央工作部门,除军委会、组织部、宣传部、敌区工作部、青委建设较久外,统战部、妇委、工委、财政经济部、干部教育部、总政治部、党报委员会、华北华中委员会、西北委员会、南方委员会都是新建立的,秘书处亦改进了组织,共十六个机关。这些中央工作部门的恢复与建立,是在长征大破坏后的一大成绩,一大令人高兴的事。

十二、中央组织问题

(一)政治局会议以后每周一次。

(二)书记处处理日常事件。

(三)通知,大事用中央名义,小事用书记处。

(四)人员分配,以保证中央领导健全、同时加强地方领导为原则。

(五)中央各部既紧缩又加强。

十三、干部教育

两年来,在中央直接指导下建立了抗大、陕公、党校、马列学院、鲁艺、青训班、女大、工人学校、卫生学校、通讯学校、组织部训练班、行政人员训练班、边区党校、鲁迅师范、边区中学、鲁迅小学、儿童保育院等十七所学校,学生多的万余人,少的几百人几十人,几千个干部从事教育工作,教育出来的及尚未出来的学生三万以上。这是一个很大的成绩,十八年来未有过的现象。这些学生现在还不能看出他们大的工作成绩,但数年以后就可以看见了。

今后仍应继续这个方针。为物质与敌情原因,分在边区、华北两地办。去华北的,指挥管理仍属中央,但委托北方局监督之。

十四、学习运动

(一)六中全会以后中央发起的全党干部学习运动,对提高全党干部的理论文化水平,有头等重要的意义。

(二)党、政、军、民、学各种机关的在职干部,均应一面工作,一面学习。

(三)按其程度,文化与理论或并重或偏重。

(四)是一种长期大学校。

(五)每日二小时学习制。

(六)一面工作,一面生产,一面学习。

(七)自动与强制并重,理论与实际一致。

(八)勤学者奖,怠惰者罚。

(九)各级机关、学校、部队均设干部教育领导机关与人员。

十五、生产运动

一切可能地方,一切可能时机,一切可能种类,必须发展人民的与机关部队学校的农业、工业、合作社运动,用自己动手的方法解决吃饭、穿衣、住屋、用品问题之全部或一部,克服经济困难,以利抗日战争。

边区今年的生产运动是认真进行了的。须继续总结经验,达到解决困难之目的。

十六、青年运动

六中全会以来,有成绩。青委与青年联合办事处集中指导青运是对的。

青运方针:坚持青年统一战线,继续采取五四致三青团书的态度，用以争取青年的多数在继续抗战与民主共和国的旗帜之下。

十七、妇女运动

中央发布了妇女运动的方针，开始建立了妇委的工作。地方妇女工作指导机关亦正逐渐建立中。我们历来最缺少的干部是妇女干部，妇女运动经验亦没有总结，这个缺点必须补救。没有一批能干而专职的妇女工作干部，要开展妇女运动是不可能的。

十八、工人运动

发布工运工作方针，开始建立了工委，开办了一个工人学校。工人运动在群众运动中是比较薄弱的，党的成分中工人亦太少，今后应该在这两方面有进步。

十九、锄奸工作

新环境下敌人破坏我党我军与边区政府的阴谋，已逐渐显得严重，今后必更严重，大大增加了我们锄奸斗争的重大性。因此全党必须增加这一方面的注意力，必须派出与训练有必要数量的有能力的干部到这一部门中去。

凡国民党员因特务工作或武装向我进攻而被逮捕或俘获时，一般以不杀不降为原则(不降，谓不强迫其写自首书，不强迫其声明放弃自己信仰)，以争取国民党的大多数。

二十、党的组织问题

(一)精干。现在不是普遍发展的时候了，一般应停止发展，以精干为原则。

(二)严密。

(三)消除破坏分子，保卫党。

（四）阶级教育，马列主义。

（五）严格执行秘密训令。

二十一、自力更生

党，军队，一切。

准备对付最恶劣环境。

二十二、华北问题

华北局面有变到极严重的可能，敌人主力有进攻华北的可能，因此八路军与华北党必须严重注意这种情况的可能到来，而从军事、政治、财政、党的组织、统一战线各方面进行准备，以适合坚持游击战争应付最大困难为原则。

华北的党有责任供给中央必要的经费，这种经费的政治意义是极大的。

二十三、华中问题

必须大大发展华中的党、游击战争与民众运动的工作，从复杂的环境建立自己的根据地，以为全国长期抗战的枢纽地带。必须有更好的统一战线工作，并与新四军工作的发展与进步联系起来。边区的干部以主要输送华中为原则。

二十四、保卫边区

（一）边区是基本根据地，中央所在地，全国有威信的地方，必须坚决保卫之；

（二）敌人进攻边区是促进中国投降的一步骤；

（三）敌人有进攻延安之可能；

（四）即使延安失守，仍然坚持边区，大家准备过游击战争生活，最艰苦但是最生动的生活；

（五）吃饭是第一个问题，自力更生克服困难；

(六)学生与工作人员大批上前线;

(七)好好保护与教育青年学生、新干部、新党员;

(八)保存一个领导集团,一个教育集团,一个军事集团,依靠很好地形,很好民众,一定有办法。

二十五、动员大批学生及工作人员上前线

(一)加强教育,加强前线工作;

(二)毕业后依然上前线,早上前线为强;

(三)因为敌情;

(四)因为经费;

(五)决定去一万人;

(六)政治上、组织上好好动员;

(七)后方便于领导教育与打游击战争,但人员还是不少;

(八)干部须作适当的分配;

(九)学生必须酌量多留一些于后方;

(十)学校名义必须保存,前后方同。

二十六、七次大会[27]

(一)八月一日前选举完毕;

(二)十月开会;

(三)为团结全党反对投降而斗争;

(四)能够来与能够开的。

二十七、两条战线斗争

(一)反对右的:

看不见投降反共危险;

屈服于国民党的压力;

对时局无出路(失却前途);

没有阶级立场；

在艰苦斗争面前恐惧消沉。

（二）反对“左”的：

黑暗的中国，黑暗的世界，黑暗的边区，黑暗的自己；

准备破坏统一战线，否认国共合作，不要三民主义，把自己孤立起来盲干。

（三）老干部应做基干，带领广大新党员新干部向抗战的更高阶段前进，向困难阵地攻击。

二十八、团结战胜一切

（一）必须更加团结：

只要中央与高级干部是团结的，全党必能团结。

只要共产党团结，必然无坚不破。全国人民的救星是共产党。

（二）必须更加集中。

个人服从组织，少数服从多数，下级服从上级，全党服从中央。

（三）全国团结一致，集中指挥，战胜一切。

结　　论

（六月十三日）

一、时局问题

（一）投降因素中，中国地主资产阶级的动摇是主要的，这是很对的。

（二）要克服两种可能的投降——1．克服小部投降。2．克服大部投降。前者是目前的可能，在大部抗战情况之下的；后者是将来的可能，在假如大部投降了的情况之下的。但做了目前工作即是便利于做将来工作，二者统一不可分。

（三）按照六中全会的定义，敌我力量在某些条件下的平衡才是相持阶段，那末，不但现在不能说相持阶段，如出现李精卫，则是敌人已组成了（它正在努力组织）它的新的战略同盟军，并使用之于作战——迂回我抗战阵地之后方（民族反革命是帝国主义战略同盟军，这是无疑的），这种时候，更不是什么敌我相持，而是我又打了一个大败仗。那时特点，打我的是日本帝国主义加上李精卫（中国佛朗哥），故较过去的战略退却更加严重，而不是什么相持阶段。

（四）日本帝国主义正在组织两支新的战略同盟军，一支是国际投降主义者，一支是中国投降主义者，前者用以包围中国外部，后者用以迂回中国内部。我们的努力方向，就是要动员国际的国内的反投降势力，打退这两支敌人的同盟军。在没有打退以前，没有什么相持阶段。

（五）正面的敌人（日本帝国主义的主力）还可能进行军事攻击，说已经没有这种可能了，是不对的。它在财政、经济、人力、军力各方面虽困难，但依实力说，依时间说，都还有军事进攻的可能。所以，不但一方面须要打败从侧面进攻的新的敌人，一方面还要准备继续打败从正面进攻的旧的敌人，才能取得敌我平衡，取得相持阶段的到来。

（六）但这不是说，要把这些正面的侧面的敌人在实力上打到各方面都与我抗日军相等了，才能出现相持阶段。不是实力相等，而是：我之实力＋敌人弱点＋国际牵制＝相持阶段。

（七）于是，相持阶段能在三种情况下出现：

1. 地域大，人数多，阵线巩固，造成敌我相持。例如，俄国内战的中期，欧战的中期。抗战到现在的中国，地域大，人数多，但阵线不固（政治腐败，投降者捣乱），故还没有相持阶段。如能努力克服投降危险，并在克服过程中改造政治，阵线巩固了，相持阶段就来了。这是第一种。

2. 地域小（谓直接根据地小，但国度大），人数少，但阵线巩固，也能相持。例如，十年红军战争，某种程度上说来一个时期内的东北义勇军。将来假定有大部叛变之事，留下的小部亦可造成相持，只要能不断打破"围剿"，这种相持形势就有了。目前的华北局势，可以说是暂时的、小部的相持，把华北局势延长下去，就变成长期小部相持了。

3. 由上述小部相持再变到大部相持，经过统一战线的扩大与反"围剿"斗争的胜利而达到。如果那时还不能举行战略反攻（还是战役反攻期间），仍然是相持阶段。

（八）假如大部叛变之事不可免地要在抗战行程中出现的话，那末抗战的过程也许就要以下述的公式组织成整个相持阶段：武汉以后的暂时大部相持（目前局势在某种意义上可以说是相持，但因阵线不固，故此时还只能说是暂时的）——某时以后的小部相持——某时以后再来一个大部相持。

这种变化的主要特点，就是由阵线不巩固到阵线巩固。要长期相持，就要阵线巩固，有此条件，虽小亦能相持，无之虽大也不能。所以应力争数量之大（人多、地大），但主要的还在质量之强。所谓阵线巩固，就是抗日根据地之巩固加统一战线之巩固。

（九）华北确有相持形势，但这还是暂时的，我们提出“坚持华北游击战争”，是想把暂时变为长期。如果别处都黑暗了，剩下华北（同样，新四军，陕甘宁边区），那它虽在地域上人数上是局部的，但因已没有别的抗日军了，它成了唯一的抗日军，也就取得了战略相持的意义。这是困难局面，但我们也应准备。大半边天都黑了，剩下共产党抗日，我们也要干下去，也能干下去的。这样干个三年五年，唤醒人民，吸引友军，又逐渐形成新而大的抗日阵线，那时，我们就成了抗日救国的核心与领导力量。

所以，不论如何说，我们的前途是光明的，虽然道路是艰难的。

（十）目前，正是敌我关系（敌我力量）重新改组的时候，看谁争取多数，更看谁的质量较好，以决胜负之谁属。谁胜谁败，这问题目前未决，双方正重新准备条件。

阵线是必然会改组，也必然要改组的。我之同盟军的一部（地主资产阶级一部）可能改变为敌人的同盟军，但我决不让其全调去，我必须争取其另一部，也可能争取其另一部。我还有广大同盟军没有动员，中国农民，日本工农兵，国际无产阶级，苏联的力量，动员起来，便能制敌死命。

敌是反革命的，我是革命的，这个质的不同，决定最后胜利之属谁。但指挥战争的策略，尤其决定胜负之谁属。没有后者，单靠本质优良，胜利仍然没有的。

二、转变问题

（一）我们说准备自己，应付新的可能情况，应付可能的米亚哈，是在六中全会总路线之下的。在六中全会总路线下，准备对付可能的米亚哈（或哈恰），与准备在可能的米亚哈占领地区采取暂时的退却政策。到此为止，不能设想对六中全会来一个一百八十度的转变。即是说，如果有转变的话，不是路线的转变，而是战术或策略之局部的暂时的转变，以防意外的袭击，这一点要首先弄清楚。我们要坚持过去的总路线。

（二）目前要极力争取的，用党的全力去争取的，是克服投降可能，争取多数抗日，拥护并帮助并监督并批评国民党与蒋，使之能够从反汪斗争中、从今后发展中克服投降倾向，这是目前的中心任务。

（三）因此应强调团结，强调统一，强调国共长期合作，而不是强调其他东西。也只有强调这些才能克服投降危机，也只有强调这些才能更好地准备自己，应付可能的事变。一切为了孤立投降派而不是使自己孤立。

三、几个策略问题

（一）巩固党问题（组织上的紧缩政策）。去年三月会议〔28〕决定大大发展党之后，党已在全国有了大数量的发展。现在的任务是巩固它，故须暂时地一般地停止发展。当然不是一个也不准入党，有些地方还是应发展。停止发展为的是便于清理、除奸和教育，将来还是要再发展的。

（二）党应好好保护新党员新干部，主要责任在老党员老干部身上。新老党员新老干部之间，一定要弄好，如弄不好，老党员老干部负其主责。有完全的理由给新党员新干部以原谅，而对老党员老干部则没有这种理由。此问题过去存在着某些不正确观点。这事，与主力部队和地方游击部队的关系大略相同。

要从新党员中提拔大批的干部。

(三)要加紧党内教育。阶级教育与民族教育的统一。但目前应着重阶级教育,同时不忽略统一战线教育。

要编制中级课本,哲学问题上要着重唯物史观。

(四)要提拔地方干部。没有地方干部——中级的,高级的,不能建立巩固的根据地。

反对"钦差大臣"的倾向,反对轻视"土包子",取消"土包子"这个称呼。

(五)要保护革命知识分子,不蹈过去的覆辙。没有革命知识分子革命不能胜利。国民党和我们力争青年,军队一定要收容大批革命知识分子。要说服工农干部,吃得下,不怕他们。工农没有革命知识分子帮忙,不会提高自己。工作没有知识分子,不能治国、治党、治军。政府中,党部中,民众运动中,也要吸收革命知识分子。

(六)友党友军中停止发展党并撤退党问题。从大局看,停止与撤退是有益的,否则将因此一事妨碍大局,破裂统一战线。不争取中国军队,革命不能胜利,而争取目前主要的是从政治上,若组织党则妨碍政治争取。

靠嘴巴不靠组织,靠上层不靠下层(暂时情况下)。

一面撤退党,一面加强联络,同意统一战线工作的某种独立性。

一般只在真投降者的军队中、政府中、政党中,取组织上的破坏政策,其余,一般只取政治上的争取政策。某些特殊部门不执行撤退办法。

(七)不杀国民党员,有重要意义。不是不杀汉奸,不是不杀某些叛徒,也不是不杀紧急时机的革命危害者。

(八)不应过分强调民主民生。不适当的。目前应强调反投降(强调抗战),不能同时有几个强调。是联系不是强调。

民主民生在国民党区域是宣传口号,不是行动口号。

征兵、捐税、生产等问题,取赞成而又批评的态度,不能取根本反对态度。

(九)地方策略。要有明确的适合当地情形与各种情形的地方策略。中央以后要注意指导。

(十)要加强群众运动。所谓准备群众即指此。不是降低阶级斗争就能够克服投降,只有正确地开展阶级斗争,以与统一战线相配合,才能克服投降。单有统一而无斗争是非常危险的。群众是我们的最后依靠,也是抗战的最后依靠。

(十一)回民问题。

(十二)开办党内刊物。立即就开始办,地方上也要办。

(十三)其他。

总的结论就是这样:团结战胜一切。

报告部分根据中央档案馆保存的抄件刊印,结论部分根据中央档案馆保存的毛泽东修改件刊印,并据《两条路线》校改。

注　　释

〔1〕天羽,即天羽英二(一八八七——一九六八),当时任日本外务省情报部部长。

〔2〕指中共中央政治局扩大会议一九三七年八月二十五日通过的《中央关于目前形势与党的任务的决定》。

〔3〕安南，今越南。

〔4〕陶德曼（一八七七——一九五〇），当时任德国驻中国大使。

〔5〕蒋，指蒋介石。二陈，指陈果夫（一八九二——一九五一）、陈立夫（一九〇〇年生），浙江吴兴（今属湖州市）人，当时均任国民党中央常务委员。何，指何应钦（一八九〇——一九八七），贵州兴义人，当时任国民党政府军事委员会参谋总长兼军政部部长。

〔6〕孙，指孙科（一八九一——一九七三），广东香山（今中山）人，当时任国民党政府立法院院长。于，指于右任（一八七九——一九六四），陕西三原人，当时任国民党中央常务委员、国民党政府监察院院长。白，指白崇禧，当时任国民党政府军事委员会副参谋总长。

〔7〕近卫，即近卫文麿，当时任日本内阁首相。

〔8〕指一九三八年三月在南京成立的日本傀儡政府——“中华民国维新政府”。它在名义上管辖江苏、浙江、安徽三省的日本占领区和南京、上海两个特别市。一九四〇年三月并入汪精卫伪政府。

〔9〕指一九三七年十二月在北平成立的日本傀儡政府——“中华民国临时政府”。它在名义上管辖河北、山西、山东、河南等省的日本占领区和北平、天津两市。一九四〇年三月并入汪精卫伪政府，改称“华北政务委员会”。

〔10〕张高峰，即张鼓峰。一九三八年七月底八月初，日军在中国、苏联交界处的张鼓峰地区，向苏军挑衅。在苏军的有力回击下，日军战败求和，在莫斯科订立张鼓峰停战协议。

〔11〕板垣，即板垣征四郎（一八八五——一九四八），当时任日本内阁陆军大臣。

〔12〕宇垣，即宇垣一成（一八六八——一九五六），一九三八年五月出任日本内阁外务大臣，同年九月辞职。

〔13〕平沼，即平沼骐一郎（一八六七——一九五二），当时任日本内阁首相。

〔14〕指立陶宛、爱沙尼亚和拉脱维亚。

〔15〕莫洛托夫（一八九〇——一九八六），当时任苏联人民委员会主席兼外交人民委员。

〔16〕东四省，指辽宁、吉林、黑龙江、热河四省。热河省，一九五五年撤销，原辖地区分别并入河北、辽宁两省及内蒙古自治区。

〔17〕宋，指宋庆龄。何，指何香凝（一八七八——一九七二），广东南海人。邓演达（一八九五——一九三一），广东惠阳人。他们都是国民党左派领袖。

〔18〕冯玉祥（一八八二——一九四八），安徽巢县（今属巢湖市）人。一九三三年五月与共产党合作，在张家口组织察哈尔民众抗日同盟军，任总司令。

〔19〕蔡廷锴（一八九二——一九六八），广东罗定人。一九三二年指挥十九路军参加淞沪抗战。一九三三年参加组织抗日反蒋的福建人民革命政府。

〔20〕赵博生（一八九七——一九三三），河北黄骅人，曾任国民党军第二十六路军参谋长。董振堂（一八九五——一九三七），河北新河人，曾任国民党军第二十六路军第七十四旅旅长。季振同（一九〇一——一九三四），河北沧县人，曾任国民党军第二十六路军第七十三旅旅长。一九三一年春，二十六路军被蒋介石派到江西进攻红军。同年十二月，该军一万余人在他们的领导下，响应中国共产党的抗日号召，于江西宁都起义加入红军，编为红军第五军团。

〔21〕吉鸿昌（一八九五——一九三四），河南扶沟人，一九三三年五月，与冯玉祥、方振武等在张家口组织察哈尔民众抗日同盟军，任前敌总指挥兼第二军军长。任应岐（一八九二——一九三四），河南鲁山人，一九三四年五月与吉鸿昌等共同组织中国人民反法西斯大同盟，进行反蒋抗日活动。一九三四年十一月二十四日，吉鸿昌、任应岐同在北平遇害。

〔22〕张学良，一九〇一年生，辽宁海城人。杨虎城（一八九三——一九四九），陕西蒲城人。一九三六年十二月十二日，他们共同发动西安事变，要求蒋介石停止内战，一致抗日。

〔23〕陈济棠（一八九〇——一九五四），广东防城（今属广西壮族自治区）人。一九三六年五月二十八日，和李宗仁联合其他两广将领发表通电，表示反对日本增兵华北，要求对日宣战。

〔24〕米亚哈，即何塞·米亚哈，西班牙内战期间任马德里城防司令。一九三九年三月五日，与卡萨多、贝斯泰罗发动反共和国的军事政变。二十八日，向德意法西斯支持的佛朗哥所领导的叛军投降。

〔25〕哈恰，即埃米尔·哈恰，捷克斯洛伐克总统。一九三八年十月，在国际帝国主义的压力下，接受慕尼黑协定，将捷克斯洛伐克逐步置于希特勒德国的控制

之下。一九三九年三月，又被迫将捷克地区改为“波希米亚和摩拉维亚保护区”，划入德国版图。

〔**26**〕佛朗哥（一八九二——一九七五），曾任西班牙陆军参谋长。一九三六年七月在德意法西斯支持下发动武装叛乱。一九三九年四月夺取政权，建立法西斯统治。

〔**27**〕指中国共产党第七次全国代表大会。一九三七年，中共中央成立了由二十五人组成的“七大”准备委员会。同年十二月十三日，中共中央政治局作出了《关于召集七次全国代表大会的决议》，准备“在最近时期内召集党的第七次全国代表大会”。一九三八年九月至十一月召开的中共六届六中全会，讨论了“七大”的主要议事日程，并正式通过了《关于召集第七次全国代表大会的决议》，要求“加紧完成准备召集七次全国代表大会的一切必要工作”。由于战争和交通等原因，大会迟迟未能召开，直到抗日战争胜利前夕，才于一九四五年四月二十三日至六月十一日召开。

〔**28**〕指一九三八年二月二十七日至三月一日在延安召开的中共中央政治局会议。

同美国记者斯诺的谈话[1]

（一九三九年九月二十四日）

斯诺：国共两党关于抗战政治基础的解释，似乎存在着一些差别。共产党一再着重指出，统一战线是抗战的政治基础（参看毛泽东《论持久战》、《论新阶段》等），但是，这种说法在国民党的文献上和言论中却没有什么地位。国民党以为抗战的政治基础，就是共产党和其他政治集团对于国民党独裁的屈服。

我在重庆曾访问过张群[2]将军，询问他对这一点的意见。他说：现在没有什么统一战线的问题，中国只有一个合法的党——国民党，一个合法的政府——国民政府。“边区政府”都是完全非法的，终久必被取消。蒋鼎文[3]将军在西安告诉我同样的话。他说，中国除国民党外，再没有其他合法的党了，共产党在与蒋委员长表示一致之后已不复存在，因此，现在是没有什么统一战线的问题的，虽然从前的共产党员作为国民党军队一部时也可以负责官职或军职。去年陈立夫[4]也说了实际上同样的一套。

蒋委员长自己最近告诉一位德国记者说：“现在中国已经没有一个共产党员剩下来了”，这显然是否认共产党的合法地位，因此，也否认了统一战线的观念。

你对于这些言论有什么意见？统一战线的法律基础究竟在哪里？共产党的法律地位究竟有没有？当着一个党否认另外一个党的存在时，能不能有一个两党之间的名义上的统一战线？

毛泽东：中国早已有实际上的统一战线，在大多数人民的心中、口中、文字中、行动中，也已有了名义上的统一战线，这就是说，在大多数人的心中、口中、文字中、行动中，已有了名义上与实际上的统一战线。但是，在一小部分人中间，他们也许实际上承认了统一战线，而在名义上却是不愿承认的，在他们的口头上与文字上是没有什么统一战线的。我们从前对于这些人的这样一种态度，称之为阿Q主义，因为在鲁迅先生小说中所描写的那个阿Q，就是天天说自己对、自己胜利，而人家则总是不对、总是失败的。在阿Q主义者看来，似乎是没有什么统一战线的。你不信，可以去看看鲁迅先生的《阿Q正传》。

中国有一小部分人，历来很愿意学习希特勒。大家知道，希特勒曾经有一个时期说过这样的话，他说："苏联只是一个名称，世界上实际没有这个国家。"可是，希特勒也有因为受了教育而发生某种觉悟的时候，就是当着今年八月二十三日的那一天，他忽然发现不但名义上有了苏联，而且实际上有了苏联了。中国的若干阿Q主义者中间，我想很有一些可能进步的人，如果说，他们现在还不承认有所谓统一战线甚至于有所谓共产党存在的话，那末，谁也不能排除，于将来的某年某月某日，他们也能在名义上、实际上都承认共产党与统一战线的存在。中国从前有一个圣人，叫做孟子，他曾说："明足以察秋毫之末，而不见舆薪”〔5〕。这句话，形容现在的阿Q主义者，是颇为适当的。

说到对于国民党一党专政的屈服，也许某些人确实在那里这样想与这样讲，但我认为这是他们的自由。他们既然吃了饭，睡了觉，而且口舌是他们固有的，又具有高等动物所特具的所谓脑筋，他们既然具备了这许多条件，因而也就有这种自由，这种胡说八道的自由。我是拥护孙中山先生的民权主义原则的，我决不去干涉他们这种自由，我也颇为忙碌，没有工夫去干涉他们。所谓屈服，别的政治集团怎么讲，我不知道，说到共产党，那末，从它诞生的一天起，它就是一个独立的政党，从来也没有一天、半天、一小时或者一分钟放弃过它的独立性，从来也没有向什么个人或什么集团或什么党派屈服过。要共产党屈服，这大概是比上天还要困难些吧？

所有你说的那些，我相信大多数有良心有诚意的国民党员都不会那样说的，因为他们都是懂得抗战第一、团结第一的人。

至于蒋介石先生说了什么共产党不存在的话，我以为这是不确实的。因为：第一，蒋先生是一个政治家，他不但有政治常识，而且懂得更多的东西。第二，蒋先生是抗战领袖，他不应该说这样的话。第三，他如果说这样的话，岂不是与他从前的话相矛盾吗？因为他在一九三七年九月二十三日发表过谈话，承认了共产党的合法存在。所以，我相信，这种毫无常识的话，这种不利于团结抗战的话，这种与蒋先生过去所说互相冲突的话，他应该是不会说的。而如果果然说了的话，那我们就有权利请他更正。古人说“君子之过也，如日月之食焉：过也，人皆见之；更也，人皆仰之。”[6]蒋先生如果真的说了这样的话，那实在是他的过错，是一个全体共产党员皆不能忍受的过错，我们一定要请他更正。

说到共产党的法律地位，的确是没有的。现在中国政府，并没有执行蒋先生在一九三七年九月二十三日的谈话，给共产党以合法地位。对共产党以外的其他党派，同样也没有给予合法地位。这就是中国还不是一个宪政国家，也还不是一个有法律的国家的明证。现在全国人民都要求结束训政，实行宪政，就是为了这个原故。

说到陕甘宁边区，这还是在一九三六年西安事变时，以及一九三七年的春天和夏天，蒋先生几次当着共产党代表周恩来同志的面亲口承认了的。在一九三七年的冬天，又经国民政府行政院会议正式通过了。至于到现在还没有发表，还没有委任边区的官吏，这只是证明行政院办事未免太迟缓，中国政府的官僚主义作风实在太严重，无怪乎全国人民要求行政机构的彻底改革了。要改变一下才好。

斯：中国的外交政策强调说，中国的斗争是站在民主的一方面，而反对法西斯主义的，中国是属于诸民主大国之列。说中国是一个民主国家，什么是它的根据？自战争开始以来，中国向民主方面有什么进步吗？民众获得任何政治力量吗？（这里我指的不是边区或游击区的情形，指的是那些在中央政府直接统治下的未被敌人占领的区域。）

毛：根据是有一个，就是我们国家的名称，你看，各国人不是叫我们中华民国吗？我想，这就是它唯一的根据。至于说实际根据，那是没有的。现在的中国，是一个不民主的国家。孙中山先生的民主原则，虽然已经讲了有几十年了，可是，到现在还没有兑现，现在全国几万万人都要求兑现，大概有可能兑现的吧！到那时，那末就多了一个根据。我希望添上这个根据，因为这不但便利于在外交上说话，而主要地还是便利于抗战。

斯：自抗战开始以来，中央政府在性质上有任何变化吗？它是否仍然主要是国民党独裁的政府？

毛：在某些政策上有变化，它不打内战，而打日本了，这就是一个政策上的变化。而其他政策上，如民主民生这一方面，还是没有什么变化。所以现在全国热烈要求实行民权主义与民生主义。至于政府的组织上，那是没有什么变化的，依旧是国民党一党专政。这种独裁，引起了全国的不满，非得变更一下不可。这一次，重庆开参政会，蒋先生在开幕词中讲，要集中各方人才，参政会通过了决议，要求结束训政，实现宪政。这是一个好消息。现在全中国人都很着急，中国不改革政治，不实现民主，不但不能打胜日本，而且一定要亡国的。

斯：政府的阶级基础，是否由于战争的缘故，而发生了什么变化？

毛：据我看，是部分地发生了变化。沿海沿江一带的大阔老，大多做了汉奸或准汉奸，这就是汪精卫代表的那一群，这些阶层，政府已不能靠了。抗战的政府，它的基础主要地应该放在，也将不能不放在中产阶级与广大的农民阶级之上，因为只有这些阶级，才是支持抗战的伟大力量。

斯：政府的阶级基础变化了，你说政府应该依靠于中产阶级及农民阶级身上，这是不是说，这两个阶级的代表现在已经在政府里增加了，而资本家的代表减少了？

毛：我是说应该放在这两个阶级上面，而并不是说已经放在这些阶级上面，我是说政府的前途，而不是说现状。

斯：是不是政府所代表的阶级有了变化？

毛：还没有。

斯：现在的政府是代表地主资本家吗？

毛：是的。现在的政府，主要地还是地主与资本家的代表，可是，这些阶级的代表，很多都已逃跑出去了。

斯：那末，现在还代表什么？

毛：在抗日政策上讲，主要地已放在中产阶级及广大的农民阶级基础之上，已代表了这些阶级，但在民主民生政策方面，到现在还没有。

斯：因为共产党放弃了强调阶级矛盾冲突的宣传，取消了苏维埃，服从于国民党和国民党政府的领导，采行了三民主义，停止没收地主的土地，以及停止在国民党区域的组织活动和宣传工作，许多人在说，中国共产党人已不是社会革命者，而仅仅是改良主义者——目的和方法都是资产阶级的了。你对这种攻击如何答复？你是否还主张中国革命仍然是反帝反封建的，在一定阶段上，有转变为社会主义革命的可能，而共产党的责任就是领导这个社会主义革命？

毛：我们永远是社会革命论者，永远不是改良主义者。中国革命，有两篇文章，上篇和下篇。无产阶级同资产阶级一道，进行民族民主革命，这是文章的上篇，我们现在正在做这一篇文章，并且一定要做好这一篇文章。但是，文章还有一篇，就是它的下篇，就是无产阶级领导农民，进行社会主义革命。这一篇文章，我们也是一定要做的，并且也一定要做好的。目前是民族民主革命，发展到一定的阶段，就会转变为社会主义革命。这种可能性是会要变为现实性的。不过，文章的上篇如果不做好，下篇是没有法子着手做的。

斯：在反帝反封建的前面或后头，中国也有向法西斯独裁发展的可能吗？现在中国的法西斯组织的力量是增加了还是减弱了？

毛：在中国，法西斯专政是没有发展的可能。因为，中国的一半，已经变成了殖民地，其他的一半也还没有脱离殖民地的危险，中国的经济，也还是半封建经济占主要地位。就是因为这些理由，使得中国那一些法西斯空想家失掉了前途。至于说过去中国政治组织中有某种组织也勉强地不适当地说它是法西斯力量的话，那末，这种力量，现在不是增加，而是减少了。很明显的，在中国这种国度内，要来闹所谓法西斯，是一定要碰破他自己的头的。

斯：共产党认为自己是居于中国工人农民的主要领导地位的。除开对边区农民的领导，以及对含有一些无产阶级成分的红军的领导，共产党在实际上如何确定其对于整个中国无产阶级的领导地位(百分之八十至百分之九十的产业无产阶级现在是在日军占领区内)？共产党如何教育工人农民使之认清现在革命的反日反封建目的？

毛：所谓共产党对工农的领导，可以分为政治上的领导与组织上的领导两方面。像在陕甘宁边区和在华北八路军的游击区，这些地方的工人农民，共产党不但在政治上领导着，而且组织上也领导了。其他区域，在有共产党组织的地方，那些地方的工人农民，凡是赞成共产党的主张，他们就是接受了共产党的政治上的领导，如果已经组织起来了，那末，也已有了组织上的领导。

教育工农，是用共产党员的口，用文章，主要的还是用党的抗日的行动，使工农懂得要抗日要反对汉奸势力的目的。

斯：抗战是削弱还是加强了中国的封建因素？在今天，共产党的纲领中哪些是革命的反封建的纲领？边区以外任何地方，曾经认识到它吗？除非同时在全国范围实现革命的反封建的一面，抗战能够获胜吗？当农民甚至为了抵抗日本来组织自己都不可能——更不必提农村改革的要求——在战争当中能实现革命的反封建任务吗？

毛：这里，首先要说的，中国革命的目前阶段的首要问题是抵抗日本，反封建的任务要服从于第一位的目的——抗日。共产党提出的实现民主政治，废除苛捐杂税，实行减租减息，以及改良人民生活，这些都是反封建的纲领。现在全国各地，不但工人农民，而且在小资产阶级，如广大的知识分子、学生青年、文化人，前进的思想家、政治家、科学家、军人中间，酝酿着一个很大的民主运动，问题是由于受国家的旧的政治机构所束缚，因而没有发展生长，所以，改革旧的政治机构，是一件重要的工作。毫无疑义，抗日而没有民主，是不能胜利的，抗日与民主是一件事的两方面。有一些人，赞成抗日，而反对民主，这种人，实际上是不愿意抗日胜利的，是要引导抗日到失败的人。

斯：中国有的资本家跑了，到汪精卫那儿去了，这就是说，中国的民族资产阶级与买办阶级不再成为政府的主要部分了。这种情形之下，政府已失掉了依靠力量，为什么现在还在相当长的时期中代表了这些阶级，而没有提高工农的组织地位？

毛：这就是顽固性，阶级基础变了，而政府组织还没有变。因为这些人霸住在那里吃饭，而不让人家进去，所以要改变政府组织，是要经过一个过程的，而不是一霎时的事情。

根据中央档案馆保存的毛泽东修改件刊印。

注　　释

〔1〕这是毛泽东同美国记者斯诺谈话的一部分。

〔2〕张群（一八八九——一九九一），四川华阳（今属双流）人。当时任国民党政府行政院副院长。

〔3〕蒋鼎文，当时任国民党军第十战区司令长官、陕西省政府主席。

〔4〕陈立夫，当时任国民党中央社会部部长、中央调查统计局局长，国民党政府教育部部长。

〔5〕见《孟子·梁惠王上》。

〔6〕见《论语·子张篇》。

研究沦陷区[1]

（一九三九年十月一日）

中国沦陷区问题，是日本帝国主义的生死问题。在目前阶段内，集中精力侵略中国，是日本帝国主义的确定政策。

在目前阶段内，敌人侵略中国的方式，正面的军事进攻，大规模的战略进攻（某种程度的战役进攻不在内），如同大举进攻武汉那样的行动，其可能性已经不大了。敌人侵略的方式，基本上已经转到政治进攻与经济进攻两方面。所谓政治进攻，就是分裂中国的抗日统一战线，制造国共磨擦，引诱中国投降。所谓经济进攻，就是经营中国沦陷区，发展沦陷区的工商业，并用以破坏我国的抗战经济。

为达其经济进攻之目的，彼需要举行对我游击战争的“扫荡”战争，需要建立统一的伪政权，需要消灭我沦陷区人民的民族精神。

所以，沦陷区问题，成了抗战第二阶段——敌我相持阶段的极端严重的问题。

敌我相持阶段，在敌人，是确保占领地并准备进一步灭亡全中国的阶段；在中国，是确保未失地并准备收复沦陷区的阶段。敌人为了确保占领地，为了灭亡全中国，它就用经营沦陷区来准备条件。我们为了确保未失地，为了收复沦陷区，不能不从各方面有所准备。而最积极地支持游击战争，改革国内政治，乃是破坏敌人计划实现我们计划的两个大政方针。

在这种情形下，沦陷区问题的研究是刻不容缓了。在这个问题上，有敌人的一面与我们的一面。在我们的一面，是如何支持游击战争的问题，研究这个问题，不待说是十分重要的。在敌人的一面，是敌人在沦陷区已经干了些什么并将要怎样干，研究这个问题，乃是研究前一问题的起点，不了解敌人的情形，我们对付它的方法是无从说起的。

可是在这个方面，在沦陷区中敌人干了些什么并将要怎样干这个问题方面，抗战干部中没有研究或没有系统研究的，乃是十人而九。这就指明我们对于这个问题唤起注意的重要性与必要性了。

为了研究一切重要的时事问题，延安组织了一个“时事问题研究会”，同志们除了研究讨论外，还着手编辑《时事问题丛书》，分为日本问题、沦陷区问题、国际问题、抗战的中国问题这样四个问题来研究，分别搜集材料，用综合文摘体裁出版参考书。本年七月间出版的《战争中的日本帝国主义》，算是研究日本帝国主义本国情况的第一本书，亦即是《时事问题丛书》的第一集。现在出版的《日本帝国主义在中国沦陷区》（简称《日本在沦陷区》），则作为研究沦陷区情况的第一本书，亦即是《时事问题丛书》的第二集。其余两个问题，亦将接续出书。

这样系统地研究时事问题，并为一切抗战干部们供给材料，实在是必要与重要的了。“瞎子摸鱼”，闭起眼睛瞎说一顿，这种作风，是应该废弃的了。“没有调查就没有发言权”，或者说，“研究时事问题须先详细占有材料”，这是科学方法论的起码一点，并不是什么“狭隘经验论”。

最后要指明的，这一类的时事问题丛书，仅仅是材料书，它是重要的材料，但仅仅是材料，而且还是不完全的材料，问题是没有解决的。要解决问题就须要研究，须要从材料中引出结论，这是另外一种工作，而在这类书里面是没有解决的。

根据一九三九年解放社出版的《日本帝国主义在中国沦陷区》刊印。

注　　释

〔1〕这是毛泽东为延安时事问题研究会编的《时事问题丛书》第二集《日本帝国主义在中国沦陷区》一书写的序言。

一二九运动的伟大意义[1]

（一九三九年十二月九日）

同志们：

今天开“一二九”四周年纪念大会，满堂青年，朝气蓬勃。这是一个多么生动活泼的集会！纪念“一二九”的大会，在延安已经开过不止一次了，过去几次我都没有能参加，今天我是非常兴奋地来参加的。

我认为，现在中国的事情更好办了。中国的事情是什么？就是反帝反黑暗势力两件事。帝国主义和黑暗势力，中国人民自鸦片战争反起，到现在已反了一百年了。时间很长，虽然还没有完成，但是现在这件事情是好办多了。因为国民党顽固派大大加强了反共活动，打击进步的文化界，现在有些人就说：中国的事情难办了。他们是为进步而努力的，为国家民族的利益而奋斗的，他们满腔热情，怀着好心肠，要把国家民族弄好。但是，正在抗日战争的紧要关头，他们在周围却见到顽固势力所布下的投降、分裂、倒退的黑影，他们的努力受到种种限制和压迫，不免觉得事情难办了。这只是看到事情的一方面。我们当然坚决反对顽固派的倒行逆施，但就全局来说，却认为比之过去，现在中国的事情不仅不难办，而且是更好办了。

为什么呢？这就得从我们今天纪念的一二九运动说起。

第一，一二九运动到底是怎么一回事，同志们都知道，刚才李昌〔2〕同志也讲过。然而，我们应该进一步了解：它是在什么政治环境下产生的呢？它有什么政治意义呢？它给中国政治上一个什么样的影响呢？明白了这些问题，就会知道现在中国的情况跟过去大大地不同了，现在的事情不是比过去难办，而是比过去好办多了。

红军经过了万里长征，在一九三五年十月到达陕北吴起镇。当时敌人还在进攻我们，那年的十一月下旬，在富县我们还打了三个胜仗。在祝捷声中，在十二月十日，一听到北平一二九运动的消息，我们心里好不欢喜！红军同志完成了这么伟大的长征，学生同志在北平发动了这样伟大的救亡运动，两者都是为解放民族和解放人民而斗争，其直接意义都是推动抗日战争。所以，一二九运动在历史上讲，是抗日战争准备的一个非常重要的方面。

有些人说，一二九运动不如五四运动，就是说，前者不及后者的政治意义伟大。这对不对呢？不对。我们认为这两者的意义是同样伟大的。

五四运动为北伐战争作了准备。如果没有五四运动，北伐战争是不可想像的。有些人以为学生运动没有力量，但是事实怎样呢？广大学生群众的五四运动，推动“六三”全国性的罢工、罢市、罢课的反帝和反卖国政府的斗争，发展成为全民族的运动。五四运动以后，产生了中国共产党，促成了第一次国共合作，掀起了五卅运动，发动了北伐战争，造成了第一次大革命。那末，很明显，没有五四运动，第一次大革命是没有可能的。五四运动的的确确给第一次大革命准备了舆论，准备了人心，准备了思想，准备了干部。

至于一二九运动，它是伟大抗日战争的准备，这同五四运动是第一次大革命的准备一样。“一二九”推动了“七七”抗战，准备了“七七”抗战。

我们看看，一二九运动是在什么情况之下发生的。一方面，它是在共产党被认为绝对无权、绝对不合法的国民党统治区，在国民党反动派的“剿共”战争时期，在军事“围剿”和文化“围剿”双管齐下的情况之下发生的。在过去的所谓“剿共”战争中，共产党和红军处境的艰难是无须多说的。后来红军长征了，一走走了二万五千里，人家在后面也“欢送”了二万五千里，并且在前面还有“欢迎”的，在天上加上“送礼”的，这礼物名曰炸弹。尽管“欢送”者一程一程地相送，“欢迎”者一站一站地相迎，红军仍然到了陕北。但敌人还是用子弹作礼物，前后迎送。这就是说，红军到了陕北，还是处在被“围剿”的环境中。这就是军事“围剿”的情形。文化“围剿”怎么样呢？敌人的“碉堡”是建筑在学校里、书报杂志上以及社会文教团体里，也大有“稳扎稳打、步步为营”之势。关于这一点，我们只要看一看鲁迅先生的杂感，就可以知道。他的抨击时弊的战斗的杂文，就是反对文化“围剿”，反对压迫青年思想的。另一方面，日本帝国主义已占领了东北，酝酿着“华北特殊化”，并积极准备灭亡全中国。因此，四万万五千万人民，大家都要干，要打日本帝国主义。可是，有一些人偏偏不赞成。不过，他们也是要打的，打的是谁呢？是共产党，是青年学生，是文化界的进步人士。全国老百姓对他们说：你们打的方向弄错了，我们坚决反对。这就是一二九运动所处环境的另一方面。一二九运动以后，事情就逐渐好办了。西安事变和平解决，国民党政府只打共产党不打日本帝国主义的办法行不通了，不得不放弃“剿共”政策而走准备抗战的路，这就开了国民党的三中全会，抗日民族统一战线也就在事实上宣告成立。对于这些，一二九运动的功劳都是很伟大的。

这里，有一点应该特别注意，就是红军长征和一二九运动的密切关系。一二九运动发生在红军北上抗日到达了陕北之时。红军二万五千里长征的胜利帮助了一二九运动，同时，一二九运动也帮助了红军，这两件事的结合，就帮助了全民抗战的发动，帮助了中华民族，增进了全民族的利益。

中共中央的八一宣言〔3〕，号召全国人民反对日本帝国主义，推动了全国团结抗战潮流的发展。一二九运动，是在中国共产党发表八一宣言，红军走到陕北打了胜仗，而日本帝国主义正在加紧侵略中国的情况之下发生的。广大青年学生起来反对当局对他们的压迫，反对日本帝国主义侵略中国，要求停止内战一致抗日。这个运动的发生，轰动了全国。它配合着红军的北上抗日行动，促进了国内和平和对日抗战，使抗日运动成为全国的运动。所以，一二九运动是动员全民族抗战的运动，它准备了抗战的思想，准备了抗战的人心，准备了抗战的干部。要拿五四运动和北伐战争的关系相比，那末很明显，一二九运动和抗日战争的关系更密切，两者相隔的时间更短，因为一二九运动有红军长征的胜利互相配合。总之，一二九运动将成为中国历史上的一个非常重要的纪念。在一二九运动以后，在抗日战争爆发以后，中国反帝国主义的事情就好办多了。

第二，反对黑暗势力压迫青年学生和压迫知识分子，这件事情现在也是更好办了；而黑暗势力压迫青年学生和知识分子，这件事情却是更难办了。一二九运动就证明了这一点。黑暗势力压迫进步思想，压迫到最后，黑暗势力总是失败的。一二九运动前，他们进行了八年多的反共教育，是有计划地进行的。学校里的一切有政治倾向的课程，首先都是以反对共产党和马克思主义为原则；对教员中被认为是共产党和马克思主义者的人都要排斥和迫害。从一九二七年下半年起，他们用这种教育训练了八年多，不幸得很，却训练出一个“一二九”来。这在国民党内那些反共的先生们看来，当然是一件天大的憾事。有些人说，“一二九”是学生造反。这一点学生们是承认的，的确是造反。但是，造谁的反呢？是造压迫学生者的反，造思想“围剿”者的反，造宣传假三民主义的人们的反。他们造反的目的就是要实行真三民主义，也就是联俄、联共、扶助农工的三民主义。他们为铲除一切实行真三民主义的障碍而造反。这样的反要不要造呢？要造的，要造的，第三个还是要造的。

世界上的事情，就有这样怪，碰了钉子摸摸头，但是过后又忘了。你们看，从前有些人是不承认五四运动的，但是到了今天都承认了；现在也有些人不承认一二九运动，不过，根据“五四”的经验，说不定哪一天，他们也将不得不承认“一二九”。如果坚持不承认，那就请他们在三十六计中选上计，简单些说，请他们滚蛋！因为世界是向前进的，要向后倒退是不成的；中国人的辫子没有了，他们想拖也拖不住了；旧的落后的东西只好倒下来，让新的进步的东西接替它。在进步的潮流中，他们要是还不承认进步的一二九运动，还想鄙视这个运动，那末，他们将要倒霉还有什么话说？

现在的青年学生，懂得的道理更多了，比我当青年学生的时候聪敏得多了。我起初读几年书，只知道“诗云”、“子曰”那一套，心里总以为做官做皇帝的人个个是好的。后来进了洋学堂，碰到了革命，于是也知道皇帝老爷是坏的了，也懂得了美国的京城是华盛顿，英国的京城是伦敦，什么X加Y等于Z，什么分子、原子和电子。现在你们不仅懂得这些东西，而且还懂得马克思主义哩！我那时，就不懂得什么马克思。这就是现在比过去进步的一个证明。当第一次世界大战的时候，上层的人们是主张参加协约国英、法方面去打德、奥的，他们的言论讲得头头是道，确实欺蒙了一些人。一九一八年，第一次世界大战结束时，中国在北京也开了会，还立了一块碑，上面刻着“公理战胜”四个字〔4〕，更是煊赫一时，弄昏了当时一些人的头脑。但是，现在不同了。中国是永远向前发展的。中国人民现在已经懂得了世界大事，懂得了革命道理。这种道理是一步一步懂得的，从前懂得少，现在懂得多了。大家懂得了帝国主义战争的性质是非正义的掠夺性的，懂得了日本帝国主义的阴谋诡计，懂得了投降派、顽固派的阴险狠毒，懂得了民主宪政。他们认识清楚，要进步，要民主，要参政，而这民主宪政的真正实现还需要大家起来奋斗。只有全国青年学生、工人、农民一同起来作斗争，才能把这个事情搞成功。现在的人是聪明了，不容易被欺骗了。大家都光起〔5〕眼睛看着：什么人不开放民主？什么人要分裂？什么人要投降？什么人要倒退？《封神演义》里有一个申公豹，是姜子牙的不肖师弟，他脸向后长，眼朝后看。现在在抗战阵营中，就隐藏有这么一群“申公豹”，一批专门倒退的人，他们拖住中国要倒退。这是现在中国的黑暗势力压迫光明势力，这叫做压迫的自由。然而，全中国的青年和工农大众也有另外一种自由，这叫做反抗黑暗势力的自由。我们不准黑暗势力把中国拖向后退。我们有没有把握不准他们那样做呢？是有的，重要的根据就是现在的人不容易被欺骗了，全国老百姓是不好再欺骗了。现在大多数人就不准他们这样压迫，要反抗他们的压迫；不准他们投降，要坚持抗战；不准他们分裂，要坚持团结；不准他们倒退，要坚持进步。这一群“申公豹”，看他们怎样收场！

第三，一二九运动和中国共产党的关系是怎样呢？毫无疑义，一二九运动中共产党起了骨干的作用。没有共产党作骨干，一二九运动是不可能发生的。首先是共产党的八一宣言给了青年学生一个明确的政治方针；其次是红军到了陕北，配合了北方的救亡运动；再次是共产党北方局和上海等地党组织的直接领导。这样，才使一二九运动发生，并使之在全国各阶层开展起来，形成了全民族救亡运动的巨大政治力量。青年学生好比是一二九运动的柴火，一切都准备好了，只差用火一点。点火的人是谁呢？就是共产党。共产党从诞生之日起，就是同青年学生、知识分子结合在一起的；同样，青年学生、知识分子也只有跟共产党在一起，才能走上正确的道路。知识分子不跟工人、农民结合，就不会有巨大的力量，是干不成大事业的；同样，在革命队伍里要是没有知识分子，那也是干不成大事业的。只有知识分子跟工人、农民正确地结合，才会有无攻不克、无坚不摧的力量。因此，知识分子要同共产党结合，要同广大的工农群众结合，要同革命武装队伍结合，要同八路军新四军结合。一切共产党员要向所有非党的同情者说清楚，我们共产党是非常欢迎知识分子的，是团结知识分子的。自然，我们要反对那少数破坏革命的坏知识分子，汉奸知识分子，“申公豹”式的知识分子。不反对这种知识分子，是罪恶；反对这种知识分子，是对民族对人民都有利的。

现在很多青年知识分子没有自由，没有走路之权。例如从西安到延安的这一条路上，遍设关防，进步的知识青年要通过是困难的。因为他们既没有青龙偃月刀、嘶风赤兔马，又没有过五关斩六将[6]的本领，那只有被赶到集中营“训练团”里去。这件事情似乎有些难办。但是，如果知识分子跟八路军、新四军、游击队结合起来，就是说，笔杆子跟枪杆子结合起来，那末，事情就好办了。拿破仑说，一支笔可以当得过三千支毛瑟枪。但是，要是没有铁做的毛瑟枪，这个笔杆子也是无用的。你们有了笔杆子，再加一条毛瑟枪，根据拿破仑的说法，那末，你们就有三千零一支毛瑟枪了。有了这，什么帝国主义也不怕，什么顽固分子也不怕。有了这，这些狗子敢来咬一口吗？

从鸦片战争起，中国人民已有了一百年的反帝反黑暗势力斗争的经验，再加上共产党十八年的斗争经验，什么事情还会办不到呢？这样看来，中国的事情比以前是更加好办了。我们一定要抗战到最后胜利，打倒日本帝国主义，创造出一个民主共和国！现在虽然还有帝国主义者和“申公豹”们不断地阻碍我们这样做，但是不要紧的，我们现在是聪明了，是有力量了，我们已不是昨天的我们，而是今天的我们了。帝国主义者、“申公豹”们，是你们滚蛋的时候了！

根据《红旗》一九八五年第二十三期刊印，
并据中央档案馆保存的讲话记录稿校改。

注　　释

〔1〕这是毛泽东在延安各界纪念一二九运动四周年大会上的讲话。

〔2〕李昌，一九一四年生，湖南永顺人。当时任中共中央青年工作委员会委员。一九三五年在清华大学读书时参加了一二九运动。

〔3〕指中国共产党中央委员会和中华苏维埃共和国临时中央政府一九三五年八月一日发布的宣言《为抗日救国告全体同胞书》。宣言呼吁停止内战，联合抗日。

〔4〕克林德原是德国驻华公使，一九〇〇年六月在义和团运动中于北京遭枪杀。一九〇一年清政府根据《辛丑条约》，向德国赔礼道歉，并为克林德在东单牌楼北边立碑。一九一八年十一月，北京人民将该碑改建为"公理战胜"碑，并迁至中央公园(今中山公园)内。建国后改为"保卫和平"牌坊。

〔5〕光起，方言，瞪大的意思。

〔6〕青龙偃月刀、嘶风赤兔马、过五关斩六将，分别是《三国演义》中所说的蜀汉著名将领关羽的兵器、坐骑和战斗故事。

目前政治形势及对阎锡山[1]的方针

（一九四〇年一月十一日）

德怀[2]同志：

你陷日[3]来电，书记处已有复电，谅收到。目前还不是全国下雨之时，在全国任务还是组织进步力量，力争中间阶层，击破大资产阶级的动摇与反动，这种可能性现在还未丧失。目前最严重的问题是阎锡山的反动，他就是目前大资产阶级中最反动的部分，他的阴谋十分恶毒，他已封锁了吕梁山与中条山。我们对策，以贺关[4]力量首先夺取晋西北的全部至少是大部，以晋东南力量巩固晋东南未失阵地，争回已失阵地之一部，打开一条通洛阳的路，十分要紧。然后由贺关与晋东南各出一部向吕梁山攻击，至少恢复原有陈支队[5]阵地及一条交通线，打通延水关。如果此时阎锡山愿意讲和（还未丧失此种可能），则让他占领吕梁山的大部，我只占一小部及一条交通线就此罢手，否则战事难免扩大。边区问题有好转倾向，陇东九十七师已撤走，程潜、朱绍良[6]在蒋[7]命令下已表示和平，我们正派谢老[8]赴甘为谈判代表。日本决定扶助汪精卫，日本在华军人的政策还是硬的，此事不能不影响国民党的态度，故好转可能还未断绝。现时日本内部的斗争，还是日本独占中国或者分出一部分权利给英、美这样一种斗争，军人的独占政策似乎占优势，日本正发生倒阁风潮，等几天就可见分晓。

泽　东

十一日

根据手稿刊印。

注　释

〔1〕阎锡山，当时任国民党军第二战区司令长官。

〔2〕德怀，即彭德怀，当时任八路军副总司令。

〔3〕陷日，即三十日。

〔4〕贺关，指贺龙、关向应，当时分别任八路军第一二〇师师长和政治委员。

〔5〕指陈士榘任支队长的八路军第一一五师晋西独立支队。

〔6〕程潜，当时任国民党政府军事委员会天水行营主任。朱绍良（一八九一——一九六三），江苏武进人，当时任国民党军第八战区司令长官。

〔7〕蒋，指蒋介石。

〔8〕谢老，指谢觉哉（一八八四——一九七一），湖南宁乡人。当时任中共中央党校副校长，曾任中共中央驻兰州八路军办事处代表。

吴玉章[1]寿辰祝词

（一九四〇年一月十五日）

今天大家欢聚一堂，为吴老祝寿。想起我在三年前为徐老祝寿时的感想，我那时就说过，我们替他祝寿，不是无原因的。[2]记得我在小的时候，很不欢喜老人，因为他们是会欺负青年人的，青年人谁没点错误呢？但是你错不得，他们对你是很凶的。一切事情，小孩子和青年人是没有发言权的。中国的青年人受封建家庭封建社会的苦太大了。但是现在世界是变了，青年人欢喜老年人，就像我们的吴老、林老、徐老、董老、谢老[3]，都是很受青年们欢迎的。为什么有这个转变呢？因为这些老同志不但不欺负青年，而且非常热心地帮助青年，他们的行为足为青年模范，所以青年都十分热爱他们。党外也有很多受青年尊敬的老人，例如马相伯[4]就是一个，他做寿时我们共产党还打了贺电去，因为他主张抗日与民主政治。人总是要老的，老人为什么可贵呢？如果老就可贵，那末可贵的人太多了。因此我们一定要有一个标准。就是说，可贵的是他一辈子总是做好事，不做坏事，做有益于人类的事，不做害人的事。如果开头做点好事，后来又做坏事，这就叫做没有坚持性。一个人做点好事并不难，难的是一辈子做好事，不做坏事，一贯地有益于广大群众，一贯地有益于青年，一贯地有益于革命，艰苦奋斗几十年如一日，这才是最难最难的啊！

我们的吴玉章老同志就是这样一个几十年如一日的人。他今年六十岁了，他从同盟会到今天，干了四十年革命，中间颠沛流离，艰苦备尝，始终不变，这是很不容易的啊。从同盟会中留下到今天的人，已经不多了，而始终为革命奋斗，无论如何不变其革命节操的更没有几个人了。要这样做，不但需要有坚定正确的政治方向，而且需要艰苦奋斗的精神，不然就不能抵抗各种恶势力恶风浪，例如死的威胁，饿饭的威胁，革命失败的威胁等等，我们的吴玉章同志就是经过这样无数的风浪而来的。因此，我们要学习他的各方面的好处，但特别要学习他对于革命的坚持性。这是最难能可贵的一件事，这是我们党的光荣，这是中国革命的光荣。我们今天大家欢欢喜喜地庆祝他的六十生日，我想主要的意义是在这里。

根据一九四〇年一月二十四日《新中华报》刊印。

注　释

〔1〕吴玉章（一八七八——一九六六），四川荣县人。当时任鲁迅艺术文学院院长、陕甘宁边区政府文化工作委员会主任。

〔2〕见毛泽东一九三七年一月三十日为徐特立六十岁生日写的贺信（本书第一卷第477—478页）。

〔3〕林老，指林伯渠，当时任陕甘宁边区政府主席。徐老，指徐特立（一八七七——一九六八），湖南长沙人，当时任八路军高级参议、驻湘代表。董老，指董必武，当时任中共中央南方局常委。谢老，指谢觉哉，当时任中共中央党校副校长。

〔4〕马相伯（一八四〇——一九三九），江苏丹阳人，教育家。曾任国民党政府

委员，九一八事变后，积极参加抗日救亡活动，发起组织文化界救国会，被誉为爱国老人。

集中力量发展武装，建立抗日根据地

（一九四〇年一月二十八日）

北方局，山东分局，一一五师，并告中原局，彭雪枫、项英、陈毅[1]：

甲、十二月九日中央曾有长电，要你们在山东全境及华中发展数十万军队，组织数百万自卫军。中原局方面已经了解正在进行，山东及一一五师方面尚无复电，不知你们同意否？能够办到否？

乙、时局的发展充分证明，只有广大发展革命武装力量，以与全国工作相配合，才能制止投降与反共，才能巩固统一战线，才能争取时局好转。而现时能够发展武装的地区，主要的只有山东与华中。

丙、因此请你们严重注意此事，把发展武装力量作为一切工作的中心。在今年一年内，山东分局与一一五师至少应发展武装军队（包括游击队）到十五万人枪（一一五师应分配干部与兵力到山东全境去），中原局至少发展到十万人枪，按此大概目标，具体分期实现。据山东来人说山东民枪甚多，应能实现此数，据胡服〔2〕电告，中原方面半年可发展到十万，但具体计划，由你们决定之。

丁、没有自卫军的广大发展，即无法广大发展军队，无法建立巩固根据地。因此有组织有训练的抗日自卫军，至少须十倍于正规军与游击队。例如，山东有十五万军队，至少须有一百五十万至二百万有组织有训练的自卫军；华中有十万军队，至少须有一百万至一百五十万自卫军。现在你们的自卫军还太少。

戊、要建立这样大的武装力量，没有政权是不行的。因此必须以坚决与逐步的计划，极力争取山东、豫东、皖北、苏北的大部政权归入我们与进步人士的手中。

己、争取这样的军队、自卫军与政权，是一个严重斗争过程，因此不能避免有理又有利的磨擦。凡阻碍抗日进步势力发展并向我攻击之反动势力与顽固派，我必须坚决反击之，对于这种人，原则上决不能丝毫让步。而我应极力争取并与之共同建立抗日根据地的乃是一切进步的与比较进步的势力。对于中间势力如于学忠、李明扬〔3〕等，我应采取中立他们的政策。

庚、国民党有加派军队进入鲁苏战区的计划，因此你们应加速自己的布置，要在他们未到以前，你们的阵地已经大体上巩固了。

辛、要使全党干部明白这个正确的发展路线，才能造成猛力向前的作风，才能实现这个计划。集中一切力量为发展武装建立根据地而斗争，乃是你们最主要最主要的任务。要使干部明白，没有伟大革命武装与伟大革命根据地，抗日胜利是不可能的。

中央书记处
一月二十八日

根据毛泽东手稿刊印。

注 释

〔1〕彭雪枫，当时任新四军第六支队司令员兼政治委员。项英，当时任中共中央军委新四军分会书记、新四军副军长。陈毅（一九〇一——一九七二），四川乐至人，当时任新四军江南指挥部指挥。

〔2〕胡服，即刘少奇。

〔3〕于学忠（一八九〇——一九六四），山东蓬莱人，当时任国民党军鲁苏战区总司令。李明扬（一八九〇——一九七八），江苏萧县（今属安徽省）人，当时任国民党军苏鲁皖边区游击总指挥部总指挥。

坚决打击一切
从抗日阵线后面进攻者

（一九四〇年一月三十日）

朱彭杨，刘邓[1]，并告朱徐陈罗[2]：

对河北与山西境内的任何军队，不论是中央军、晋绥军及石友三[3]，如果它进攻八路地区，我应在自卫原则下，在有理有利条件下，坚决反抗并彻底消灭之。应号召我八路全体军队，号召两省全体人民，坚决打击一切从抗日阵线后面进攻者，应公开普遍宣传“从抗日阵线后面进攻的就是汉奸”，“打倒进攻八路军的汉奸”，“打倒进攻决死队的汉奸”，“打倒破坏抗日根据地的汉奸”。只有造成全体军民反汉奸反进攻的热潮，并给实行进攻者以彻底打击，才能停止那些阴谋家冒险家的诡计，才能分化他们内部，才能使动摇的军队不敢参加进攻，才能与努力进行军队中统一战线工作（此工作要十分加紧）作有效的配合。此方针同样适用于山东，望山东亦坚决这样做。

中央书记处

一月三十日

根据毛泽东手稿刊印。

注　　释

〔1〕朱，指朱德。彭，指彭德怀，当时任八路军副总司令。杨，指杨尚昆，当时任中共中央北方局书记。刘邓，指刘伯承、邓小平，当时分别任八路军第一二九师师长和政治委员。

〔2〕朱徐，指朱瑞、徐向前，当时分别任八路军第一纵队政治委员和司令员。陈罗，指陈光、罗荣桓，当时分别任八路军第一一五师代师长和政治委员。

〔3〕石友三（一八九一——一九四〇），吉林长春人。当时任国民党军第六十九军军长、冀察战区察哈尔游击总司令。

在陕甘宁边区自然科学研究会成立大会上的讲话

（一九四〇年二月五日）

今天开自然科学研究会成立大会，我是很赞成的。因为自然科学是很好的东西，它能解决衣、食、住、行等生活问题，所以每一个人都要赞成它，每一个人都要研究自然科学。有人认为中国历来就没有自然科学，这是不对的。中国自有人类生活以来都要吃饭，要吃饭就要进行生产，就有自然科学的萌芽，后来并逐渐发达，不过过去没有把自然科学发展成为一个体系罢了。

自然科学是人们争取自由的一种武装。人们为着要在社会上得到自由，就要用社会科学来了解社会，改造社会，进行社会革命。人们为着要在自然界里得到自由，就要用自然科学来了解自然，克服自然和改造自然，从自然里得到自由。自然科学是要在社会科学的指挥下去改造自然界，但是自然科学在资本主义社会里却被阻碍了它的发展，所以要改造这种不合理的社会制度。

边区在中国共产党的领导下，进行了社会的改造，改变了生产关系，因此就有了改造自然的先决条件，生产力也就日渐发展了，这从边区的生产运动和农工业展览可以表现出来，所以边区现在的社会制度是有利于自然科学发展的。

边区经济是落后的，但是干起来也更有意义，只要大家努力，一定可以改造成为一个更好的地方。

马克思主义包含有自然科学，大家要来研究自然科学，否则世界上就有许多不懂的东西，那就不算一个最好的革命者。

根据一九四〇年三月十五日《新中华报》刊载的新闻稿刊印。

争取对内和平，巩固已得阵地

（一九四〇年三月五日）

德怀[1]同志：

甲、反磨擦的武装斗争，在西北、华北的主要的地区，有暂时告一段落之必要与可能。因蒋之军事攻势[2]已基本上被我击溃，而蒋现时实无法大举“剿共”。我在山西、在河北、在边区均有极大胜利。我在华北占优势问题已基本上解决。蒋、程、阎、卫[3]等不能不顾及此种事实，因而有使彼方之武装攻势暂时告一段落求得暂时协调之可能。最近两星期来，蒋、程、阎、卫四人及陕蒋[4]、甘朱[5]均或多或少都表露了这种意向。

乙、我们方面目前任务是在主要地区求得对内和平，以便在半年之内集中力量巩固已得阵地，这个任务的意义是伟大的。如果我们能在半年之内，在边区巩固二十三县使其全部边区化，在晋绥地区巩固晋西北和绥远[6]东部，在晋东南地区、河北等区域巩固临汾、屯留、壶关、林县、漳河、大名之线以北及山东一部分，在直[7]、鲁、豫、皖四省边境地区巩固津浦路以西、开封以东、老黄河以南、新黄河以北，那时统一战线就有某种好转的可能（当然顽固派也必然更加恨我）。再则如果我们军事反攻在主要地区没有一时期的停止，虽然我们军事行动的性质仍是自卫性质，但在中间派看来，会觉得我们过激过分，而有可能失去中间派的同情。所以不论对巩固自己力量说来，在对争取中间派同情说来，都有使双方军事斗争暂时告一段落之必要。

丙、既然双方军事斗争有使告一段落之可能与必要，我们具体的步骤就应该：（一）认真恢复我们与阎锡山的关系，寻找具体办法，建立新旧军的妥协，使新军、牺盟[8]重归阎锡山指挥。（二）争取使蒋、阎、卫承认军渡、汾阳、临汾、屯留、壶关、林县、漳河、大名之线为双方作战地界，在此线以北之彼军如朱怀冰[9]向南调，在此线以南之我军向北调。我们只保留垣曲通太行山及永和通灵石两条兵站线。在此两条兵站线上，驻少数护卫部队，此部队任务纯为护卫交通，不做地方工作。如果彼方能保证不向此线以北攻击，彼军即使石友三、高树勋、丁树本、朱怀冰、庞炳勋、范汉杰、王靖国[10]在此线以南构筑防御堡垒线，我们也只得听之。仅在彼军越过此线向北进攻时，我则坚决反击之。（三）上述两条中目前的重心在第二条，其重心之重心又在朱怀冰退出磁、武、涉[11]三县及承认壶关、林县为我驻军地区。请你考虑，如彼方只承认平顺、磁县之线为两军境界，要求我退出壶关、林县地区时，我是否可以承认退出此两县。再则请你考虑把反攻朱怀冰之步骤推缓若干天，以看谈判之成功与否。袁晓轩[12]应在洛阳继续谈判，暂不离开为宜。对大名以南之石、高、丁三部，我们不加攻击。兄意如何，请考虑见告为盼。

泽东、稼蔷[13]

三月五日

根据中央档案馆保存的抄件刊印。

注　释

〔1〕德怀，即彭德怀，当时任八路军副总司令。

〔2〕指国民党统治集团一九三九年底开始在河北、山西发动的大规模军事磨擦，即第一次反共高潮。

〔3〕程，指程潜，当时任国民党政府军事委员会天水行营主任。阎，指阎锡山，当时任国民党军第二战区司令长官。卫，指卫立煌，当时任国民党军第一战区司令长官。

〔4〕陕蒋，指当时任国民党军第十战区(陕西)司令长官兼第三十四集团军总司令的蒋鼎文。

〔5〕甘朱，指当时任国民党军第八战区(甘肃、青海、宁夏及绥远的一部分)司令长官的朱绍良。

〔6〕绥远，指绥远省，一九五四年撤销，原辖区并入内蒙古自治区。

〔7〕直，指直隶省，一九二八年改名河北省。

〔8〕新军，指抗日战争初期，由中国共产党人在与阎锡山建立统一战线的过程中组建和领导的、以山西青年抗敌决死队为主力的山西人民的抗日武装。牺盟，指山西牺牲救国同盟会，一九三六年九月十八日成立。它名义上是阎锡山的官办组织，实际上是由中国共产党人直接领导的群众抗日团体，在山西抗日战争中发挥过重大的作用。

〔9〕朱怀冰，当时任国民党军第九十七军军长。

〔10〕石友三，当时任国民党军第六十九军军长、冀察战区察哈尔游击总司令。高树勋(一八九八——一九七二)，河北盐山人，当时任国民党军第三十九集团军新编第八军军长。丁树本，当时任国民党军冀察战区游击第一纵队司令。庞炳勋(一八七九——一九六三)，河北新河人，当时任国民党军冀察战区副总司令、第二十四集团军总司令兼第四十军军长。范汉杰(一八九五——一九七六)，广东大埔人，当时任国民党军第二十七军军长。王靖国(一八九一——?)，山西五台人，当时任国民党军第十三集团军总司令。

〔11〕磁、武、涉，指河北磁县、武安和涉县。

〔**12**〕袁晓轩，当时任八路军驻洛阳办事处处长。

〔**13**〕稼蔷，即王稼祥，当时任中共中央军委副主席兼总政治部主任。

华北应在军事上立即转为守势

（一九四〇年三月十六日）

德怀[1]同志：

元电[2]今日阅悉。从大的方面看，须避免在陵川、林县地域再与中央军冲突，如彼进迫，我应北退，如彼再三再四进迫不已，然后我军加以还击，其曲在彼，否则政治上对我甚为不利。目前斗争重心应移至淮河流域，因李品仙[3]现正派军队向雪枫、胡服两区[4]压迫，蒋介石已注意该地，企图切断我军与新四军联系。我军将来出路，实在中原，此时不争，将来更难了。故提议调三四四旅至陇海、淮河之间，协助彭雪枫创立根据地，并策应胡服，将来再调一部深入苏北，使八路军、新四军打成一片。这种行动，也即是把一个新问题摆在东边，使蒋、卫[5]注意力不得不转向东边，减轻其对华北的注意，华北方能确实巩固。目前华北斗争，亟应自动告一结束，否则有转入被动危险。我军政治上一经转入被动，蒋介石即会在政治上向我反攻，大肆宣传，说我无理，那时我们将处于极大不利，过去的有理地位反而丧失了。朱怀冰事件[6]，蒋亦将借题发挥。何应钦[7]已在参政会[8]常驻会议报告了一次。下月参政会开五次大会，彼现派在洛阳等处之视察团回川，必将大做文章。我们现在就应准备在政治上迎接蒋之新进攻，因此军事上必须立即刹住，转为守势，彼军进迫，我军后退，一枪不打，服从命令，才能造成政治上有理有利地位。请考虑见复为盼。

泽 东

十六日

根据手稿刊印。

注 释

〔1〕德怀，即彭德怀，当时任八路军副总司令。

〔2〕指彭德怀一九四〇年三月十三（元）日给毛泽东的电报，电报中说，蒋介石、卫立煌节节向林县压迫，我军准备以防御姿态还击，再消灭其一两个军，“如此，前途可能争取好转，同时亦可能扩大武装斗争的危险，但扩大并不会到全国性的反共战争”。

〔3〕李品仙（一八九二——一九八七），广西苍梧人。当时任国民党军第五战区副司令长官兼第二十一集团军总司令、国民党安徽省政府主席。

〔4〕指彭雪枫任司令员兼政治委员的新四军第六支队活动的豫皖苏边区和胡服（刘少奇）为书记的中共中央中原局所在的皖东抗日根据地。

〔5〕蒋，指蒋介石。卫，指卫立煌，当时任国民党军第一战区司令长官。

〔6〕朱怀冰，当时任国民党军第九十七军军长。一九四〇年二、三月间，蒋介石指令其集合庞炳勋、张荫梧、侯如墉等部，三路进攻太行山区的八路军第一二九师，被八路军击败。

〔7〕何应钦，当时任国民党政府军事委员会参谋总长兼军政部部长。

〔8〕参政会，指国民参政会，是抗日战争期间国民党政府设立的咨询性机关。为团结抗日，中国共产党派代表参加参政会。

对顽固派的斗争策略[1]

（一九四〇年三月二十五日）

在反对顽固派向我进攻的斗争中，在该顽固分子没有转变为公开伪军与公开当汉奸时，具体指出某人投降日寇或指某人是汉奸并且向外宣传及陈报国民党是不适当的。这样做不但社会上不了解，失去中间派同情，及引起国民党的愤激，而且妨碍我们在反磨擦告一段落时又同顽固派讲团结的统一战线工作。因此以后除公开转变为伪军及公开降敌者外，不得公开具体指某人为汉奸。特别对中央军要谨慎，有向我磨擦者，只应搜集其磨擦材料陈报，切忌轻易戴大帽子。并应使干部明白，所谓国共合作，主要就是同中央军合作，我全体干部在加强对一切军队的团结说服工作中，要特别着重对中央军的团结说服工作。现当整个西北、华北的反磨擦军事斗争告一段落之时，各方亟应加紧这种统一战线工作，各军事政治工作领导同志应负指导计划之责。

中央书记处及军委

三月二十五日

根据毛泽东手稿刊印。

注　释

〔1〕毛泽东为中共中央书记处和中央军委起草的这份电报，是发给八路军总部，第一二○师，第一二九师，第一一五师，聂荣臻、彭真，中共中央山东分局，吕正操、程子华，王震，林枫，程子华、宋任穷，左权、黄克诚，彭雪枫，刘少奇，项英等电台的。

目前八路军在华北华中的方针

（一九四〇年四月一日）

朱彭，杨，刘邓，徐朱，陈罗，雪枫，胡服，项英陈毅[1]：

目前我在华北、华中之方针：

（一）某方[2]现在黄河以北及吕梁山脉集中大军，我之任务在于极力缓和之，避免一切刺激某方之言论行动。我军则谨守防线，深沟高垒，以备不虞，对其军事挑衅极力忍耐，不还一枪，多写诚恳坚定而无刺激性的函件、传单、标语，达到缓和其情绪，稳定我防线，使山西、河北两省归于平静局面之目的。非得中央同意，不得发生军事冲突。

（二）某方现在鄂中、皖东、淮北三区大举进攻新四军，我新四军应坚决而有计划地进行自卫战争，其皖东、淮北两地，务须独力坚持三个月，以待援军到达，然后大举反攻。

（三）我八路军有抽调足够力量南下华中增援新四军，打退反动进攻，消灭投降反共势力，建设新的伟大抗日根据地之任务。此根据地以淮河以北、淮南铁路以东、长江以北、大海以西为范围。其指挥人员与兵力配备由朱、彭统筹之。其到达时间，分为三期：第一期须有一个主力团，以急行军于一个月内外到达皖东；第二期为三四四旅，须于两个月内到达淮河附近；第三期须有相当大的兵力（不少于一万五千人），于三个月内外到达苏北扬州附近。一、二、三期兵力总数，共须四万至五万人，方能完成此紧急伟大任务。

（四）我鲁南、胶东部队，须积极行动，消灭一切最反动的投降反共势力，扩大抗日根据地。惟须极力争取中间势力，对一切尚能与我合作抗日之部队及虽然不好但尚未向我进攻之部队，均须极力联络，不得侵犯其一人一枪。

（五）无论华北、华中，一律依照中央迭次指令，采取政治上的攻势，号召一切友军反对内战，拥蒋讨汪，团结抗战。

（六）总的目的，在于打退反动进攻，扩大抗日势力，克服投降危险，争取时局好转。

（七）具体布置，各地依此总方针计划之。

中央及军委

四月一日

根据毛泽东手稿刊印。

注　释

〔1〕朱，指朱德。彭，指彭德怀，当时任八路军副总司令。杨，指杨尚昆，当时任中共中央北方局书记。刘邓，指刘伯承、邓小平，当时分别任八路军第一二九师师长和政治委员。徐朱，指徐向前、朱瑞，当时分别任八路军第一纵队司令员和政治委员。陈罗，指陈光、罗荣桓，当时分别任八路军第一一五师代师长和政治委员。雪枫，即彭雪枫，当时任新四军第六支队司令员兼政治委员。胡服，即刘少奇。项英，当时任中共中央东南局书记、中央军委新四军分会书记、新四军副军长。陈毅，当时任新四军江南指挥部指挥。

〔2〕指国民党当局。

发展华中根据地的部署

（一九四〇年四月五日）

德怀，克诚，陈罗，雪枫，胡服[1]：

韩德勤[2]进攻皖东虽因失败退返淮河以北，李品仙[3]受我李先念[4]纵队五个团向大别山脉攻击之威胁而有停止进攻皖东之意，蒋介石亦有停止军事冲突与我谈判条件，欲把我八路军、新四军统统纳入黄河以北，划定黄河以北为我两军防区之企图。但第一，华北敌占领区日益扩大，我之斗争日益艰苦，不入华中不能生存；第二，在可能的全国性突变时，我军决不能限死黄河以北而不入中原，故华中为我最重要的生命线；第三，此次蒋令韩德勤、李品仙、李宗仁、卫立煌[5]及所有鄂、豫、皖、苏各军向我新四军进攻，衅自彼开，故我仍应乘此时机派必要军力南下。黄率三四四旅在现地休整并与胡服、雪枫取得电台联络后，应遵朱、彭[6]令开入淮河北岸，胡服先至该地等候，该旅到达后即听胡服意见部署兵力布置工作。彭吴支队[7]亦听胡服、克诚意见向苏北出动，从徐州附近逐步南进，先占盐城、宝应以北各县。三四四旅与彭吴支队南下口号，仍是救援新四军与配合友军抗日。如届时李品仙已撤退进攻皖东部队，并恢复驻立煌办事处[8]，释放张夫人[9]及一切被捕党员，退回军款，则我军暂时可不开入淮南，第一步以盐城、宝应、蚌埠、蒙城为界。如韩、李〔10〕来攻，则消灭之；如韩、李愿让该线以北为我防区，则暂时妥协之。如彭吴兵力不足，则三四四旅协助之。惟整个苏北、皖东、淮北为我必争之地，凡扬子江以北，淮南路以东，淮河以北，开封以东，陇海路以南，大海以西，统须在一年以内造成民主的抗日根据地。责成三四四旅，彭吴支队，雪枫支队，罗、戴支队〔11〕，陈毅之叶飞部〔12〕，配合地方党，负其全责。凡军事行动统归朱、彭两总及胡服同志指挥之，一切具体部署、政治口号、政权建设、发展计划及统一战线方针，统由胡服负责，会商克诚、雪枫考虑决定，报告朱、彭及中央军委。

毛、王〔13〕

微酉

根据毛泽东手稿刊印。

注　　释

〔1〕德怀，即彭德怀，当时任八路军副总司令。克诚，即黄克诚（一九〇二——一九八六），湖南永兴人，当时任八路军第二纵队（由第三四四旅和新一旅等组成）政治委员。陈罗，指陈光、罗荣桓，当时分别任八路军第一一五师代师长和政治委员。雪枫，即彭雪枫，当时任新四军第六支队司令员兼政治委员。胡服，即刘少奇。

〔2〕韩德勤（一八九一——一九八八），江苏泗阳人。当时任国民党军鲁苏战区副总司令、国民党江苏省政府主席。

〔3〕李品仙，当时任国民党军第五战区副司令长官兼第二十一集团军总司令、国民党安徽省政府主席。

〔4〕李先念（一九〇九——一九九二），湖北黄安（今红安）人。当时任新四军豫鄂挺进纵队司令员。

〔5〕李宗仁(一八九一——一九六九),广西临桂人,当时任国民党军第五战区司令长官。卫立煌,当时任国民党军第一战区司令长官。

〔6〕朱、彭,指朱德、彭德怀。

〔7〕彭吴支队,指彭明治任支队长、吴文玉任政治委员的八路军第一一五师苏鲁豫支队。

〔8〕指八路军驻洛阳办事处。

〔9〕张夫人,指张云逸的夫人韩碧。一九四〇年二月,她在携幼子由皖南新四军军部渡江前往江北指挥部的途中,在安徽无为县被李品仙所属国民党军安徽保安第八团扣留。同时被扣的还有指挥部干部及所携军款七万元、重要文件和一批武器。经过严正抗议和不断斗争,韩碧母子于同年九月获释。

〔10〕韩、李,指韩德勤和李品仙。

〔11〕罗、戴支队,指罗炳辉任司令员的新四军江北指挥部第五支队和戴季英任政治委员的新四军江北指挥部第四支队。

〔12〕陈毅之叶飞部,指陈毅任指挥的新四军江南指挥部所辖的叶飞任司令员的新四军江南人民抗日义勇军挺进纵队。

〔13〕王,指王稼祥,当时任中共中央军委副主席兼总政治部主任。

对中间派应采取的方针

（一九四〇年四月十二日）

陈罗，雪枫，胡服[1]，并告朱彭（转左黄），徐朱，刘邓，项英[2]：

某方[3]政策是推动各中间派向我们斗争，使其两败俱伤，并使我们得罪各中间派，陷我们于孤立。因此，我们对于陈、罗附近之于学忠[4]，雪枫附近之何柱国、孙桐萱[5]，先念[6]附近之川军、桂军、西北军，胡服附近之桂军，必须采取如下方针：

（一）直接派人或间接托人或公开寄信发传单，表示我们完全不愿意同他们磨擦，请他们顾全大局，保存友谊，以免两败俱伤，渔人得利，这种表示要继续不断。

（二）当他们迫于某方命令向我进攻时，我应在不妨害自己根本利益条件下，先让一步，表示仁至义尽，并求得中途妥协，言归于好。

（三）当他们不顾一切向我进攻妨碍我之根本利益时，我应对其一部分给以坚决打击作为警告，打后仍求得互相妥协。

（四）只有中间派转变成了坚决的不可变化的顽固派，如同鹿钟麟、石友三[7]之类，才采取完全决裂政策，坚决、彻底、干净、全部消灭之，这种政策的性质亦是对于其他中间派作警告，使其他中间派有所畏而不敢磨擦。

以上方针的具体执行由你们依情况决定之，中央军对我进攻时亦须同样采取此方针。因为中央军各级官长中只有一部分军官及政训系统是顽固派，其他多是中间派，也有一部分进步派，决不能把中央军看成都是顽固派。

中央书记处及军委

四月十二日

根据毛泽东手稿刊印。

注　释

〔1〕陈罗，指陈光、罗荣桓，当时分别任八路军第一一五师代师长和政治委员。雪枫，指彭雪枫，当时任新四军第六支队司令员兼政治委员。胡服，即刘少奇。

〔2〕朱，指朱德。彭，指彭德怀，当时任八路军副总司令。左，指左权（一九〇五——一九四二），湖南醴陵人，当时任八路军副参谋长兼前总参谋长。黄，指黄克诚，当时任八路军第二纵队政治委员。徐朱，指徐向前、朱瑞，当时分别任八路军第一纵队司令员和政治委员。刘邓，指刘伯承、邓小平，当时分别任八路军第一二九师师长和政治委员。项英，当时任中共中央军委新四军分会书记、新四军副军长。

〔3〕指国民党当局。

〔4〕于学忠，当时任国民党军鲁苏战区总司令。

〔5〕何柱国，当时任国民党军骑兵第二军军长。孙桐萱（一八九五——一九七八），河北交河（今属泊头市）人，当时任国民党军第三集团军总司令兼第十二军军长。

〔6〕先念，即李先念，当时任新四军豫鄂挺进纵队司令员。

〔7〕鹿钟麟，当时任国民党军冀察战区总司令。石友三，当时任国民党军第三十九集团军总司令兼第六十九军军长。

目前时局与党的政策[1]

（一九四〇年七月十三日）

一　战争与革命问题

（一）关于苏联不加入战争

两派帝国主义国家，在战争阻止不了时，人民就起来反对战争，而苏联就不加入。这一不加入计划的实现，是苏联二十年来斗争的结果，是世界人民拥护苏联的结果，是苏联善于利用帝国主义相互间矛盾的结果，是无产阶级世界战略上最伟大的胜利，因为它不但保护了苏联，而且保证了世界革命的胜利。

这一胜利完成于德苏、苏芬两个协定[2]，以后的任务则是巩固之。

（二）关于帝国主义两大阵线

所谓帝国主义两大阵线，两大统一战线，不是说双方同盟诸国间没有矛盾与斗争，矛盾与斗争是存在的，而且是严重的。例如英、美、法三国相互之间，三国与其他小国之间，是有矛盾与斗争的。又如德、意、日三国相互之间，三国与其他小国之间，也是有矛盾与斗争的。

也不是说各个阵线是固定的，不生变化的。相反，它们是不固定的,要生变化,而且已经生了变化。

一方面,有北欧、荷、比、巴尔干的变化,有法国的大变化,表现了阵线的减弱,这就是英美法阵线。

一方面,则表现了阵线的增强,这就是德意日阵线。

于是造成了目前的不平衡状态。

日本一会儿亲英、美,现在又有亲德、意之势,这是由于日本内部法西斯派将代替英美派之故。

双方都没有完全固定的同盟条约,例如美之与英、法,英、法之与北欧,及荷、比,德、意之与日本。

这就是所谓阵线内部的矛盾、斗争与变化。今后还会有矛盾与斗争,也还会有变化。

如果不管这一切,则一方面德、意、日欲打破现状,一方面所谓民主国(包括荷、比)则欲维持现状,双方各有利害共同点,因而可以结成一种统一战线,则是实际上已经有了的,双方都有几十个或十几个国家。目前以地域、经济力与海军而论,仍以英、美为强,而德、意、日则因德国战争胜利与占领地区之广,表现其强。

无论东方与西方,现在两个帝国主义阵线的斗争主要已不在大陆上,而移到海洋上,在这方面尚未决战,因此尚有巨大的冲突。

假令英国屈服,亦尚有美国的海上霸权。美国是门罗主义加上世界主义,“我的是我的,你的还是我的。”它是不愿放弃大西洋与太平洋上的利益的。

德、意都是海军较弱的,加上法国投降,也未改变这种状态。德、意与日本,不破坏英、美的海军,是无法管理英、法、荷、比的殖民地的。

一方面，凡尔赛与华盛顿体系，又一方面，反对这个体系而企图建立新凡尔赛与新太平洋体系。这个斗争现在尚未完结。

就是说，帝国主义国家之间尚有可供革命利用之矛盾，因此，必须利用之。苏联必须利用之，印度必须利用之，中国必须利用之，一切其他国家的无产阶级及被压迫民族必须利用之。

现在是世界大震动大变化时代，不是什么“和平”与“资本主义稳定”的时代，这个时代早已完结，以后也永远不能建立。

如果看不见这一点，就因为对下列诸点估计不正确：

1.对反革命估计过高。(1)帝国主义相互间的矛盾，由于战争而展开了，不是缩小了；(2)各国资产阶级与资本主义制度在人民中失去信任；(3)社会民主党失去信任；(4)战争的破坏性等。

2.对于革命力量估计不足。(1)苏联的存在；(2)中国革命的存在；(3)印度革命运动的高涨；(4)欧洲及各国共产党的存在。

(三)革命是不可避免的

1.德、意战胜英、法，等于打断两条帝国主义锁链，而新的帝国主义锁链，则可能在刚刚套上或来不及套上就被打断。资本主义战线可能在三处被冲破——欧洲、印度与中国，这就等于基本上冲破整个资本主义战线。

2.在欧洲，单纯的十月革命是不可能的了，在那里，只能是十月革命加苏联红军。而这样的时机，目前还未到来。

3.目前是苏联的八小时工作制与世界革命形势的成熟，

而不是世界革命。目前还应该利用帝国主义战争,目前是世界革命的前夜。

二 中国问题

(一)好转问题

1. 初步好转——两党两军的外部合作,目的在唤醒广大民众,孤立大地主大资产阶级。

2. 彻底好转——只有在共产党参加的各党各派各界各军的统一战线政权成立之时。

3. 除去悲观——初步好转与彻底好转的可能性是存在的,我们的同盟军是广大的,目前民族资产阶级还是同盟军。

4. 除去幻想——在大地主大资产阶级当政之时,不能有彻底好转。

(二)后退问题

目前是战略进攻中部分的策略后退(隐蔽政策)。但在战略上,在总的方面,仍然是进攻的(广泛的统一战线政策)。

(三)民族与民主革命问题

1. 抗日与革命是一个东西。

2. 民族革命与民主革命有区别,也有一致的。大体上可分为片面抗战与全面抗战两个阶段,然而都在抗战过程中。目前是抗日除奸的整个革命阶段,没有另外单纯的土地革命阶段。是抗日除奸问题,不是单纯的土地革命问题。

3. “一切革命的基本问题是政权问题”。

口号:打倒日本帝国主义,建立民主共和国——“抗战建国”。

战略策略:抗日民族统一战线。

有四种形式的统一战线——(1)在国民党区域:在野的与在朝的统一战线。(2)在八路军与新四军区域:我们与其他党派、阶级在政权内的统一战线。(3)国民党政权与我们政权之间的统一战线。(4)在敌人占领之大城市:下层统一战线。

4. 目前是部分的统一战线政权,将来应该是全国的统一战线政权。没有这种政权,就没有抗日胜利。

5. 民族革命与民主革命是同时的,不是民族革命过去之后,再来一个民主革命阶段。

五台山[3]一类——在抗日的前期与中期。

全国——在抗日的后期。

反磨擦——民族革命中的民主革命。

(四)中间派问题

1. 就世界范围分:被压迫民族是帝国主义与无产阶级之间的中间派,但它是无产阶级革命的一部分同盟军。

2. 就抗战营垒(与敌人营垒区别)分:顽固派或中国大地主大资产阶级,则是统治的阶级,动摇的阶级,不是中间派,把它们当做中间派,混淆了人民的视听。

中产阶级及上层小资产阶级——中间派。

下层小资产阶级与无产阶级——进步派。

(五)强调团结与斗争问题

1. 我们历来是强调团结的,今后还是一样——对付一切抗战派。

2. 我们历来是强调斗争的,今后还是一样——对付一切投降派。

3. 我们又强调团结又强调斗争——对付一切又抗日又反共的顽固派。

4. 有时强调团结，有时强调斗争——依顽固派的态度是团结为主还是反共为主而定。

5. 斗争为了团结——为了延长合作时间。

6. 不论哪一方面（政治，军事，文化），目前时期都以团结为主。但不论哪一方面，都同时有斗争。因为国民党顽固派的反共政策是没有变化的。

7. 即在目前时期，某些地方，反磨擦斗争还可表现为地方高涨，例如苏北。

（六）倾向来源问题

右倾——从地主资产阶级影响来的。

“左”倾——从农民小资产阶级影响来的。

客观的——上列二种。

主观的——教育不足（自我批评不足）。

（七）边区问题

两个上了轨道的根据地——陕甘宁边区与晋冀察边区。因为党、政府、军队的努力。

缺点：革命秩序不足；统一战线太少；官僚主义太多。

加强：中央、边区，大家的努力。

（八）学习问题

1. 我们是处在战争与革命的新时代。

2. 一切皆在变化中，不应该用顽固的形式主义的观点，而应该用活泼的辩证法的观点，去注意一切变化。

3．例如此次决定，即有许多新东西，这不是说过去不对，而是说客观变了，主观要适应此种变化：国际，德、意、日的优势，苏联在战外，革命的酝酿；国内，新的困难，新的投降危险，初步好转的可能性，反共高潮的下降（已有三个月），“左”倾危险的发展等。

4．三个时期的统一战线：大革命时期，内战时期，抗战时期。

前两期都有成绩，但都有错误——陈独秀的绝对主义（一切联合，否认斗争）与内战后期的绝对主义（一切打倒，对某些可能部分没有正确策略）。现在应扩大成绩，避免错误。

加紧争取同盟军又不失自己立场的策略教育是必要的，老大与形式主义都是无用的。

从什么年月学好了，或者什么天才，都是骗人的。有用的是用马克思主义观点研究具体环境与具体策略，用点苦功。

根据毛泽东修改件刊印。

注　释

〔1〕这是毛泽东在延安高级干部讨论《中共中央关于目前形势与党的政策的决定》的会议上所作结论的要点。

〔2〕指一九三九年八月二十三日和一九四〇年三月十二日在莫斯科签订的《苏德互不侵犯条约》与《苏芬和平条约》。

〔3〕这里的五台山，指在五台山建立的晋察冀抗日民主政权。

对八路军政治工作的几点意见

（一九四〇年八月十三日）

彭、杨、罗、陆、聂、彭、朱〔1〕：

你们会议〔2〕应详细讨论中央七七决定〔3〕及最近中央与总政各种指示以外，我们还有下列意见：

（一）共产党领导的军队中的政治工作，在抗战中应有其独立性。这种独立性是根据党的政策与共产党在民族斗争中的独立性而来的。因此模糊我们政治工作的独立性的原则，无视国民党军队的传统与作法对我们的恶劣影响是不对的。然而所谓政治工作的独立性并不是要我们抄袭内战时期一切作法，相反的我们应当根据民族战争的环境来确定政治工作各方面的具体方针，我们应当使军队的政治工作变成实现党的每个政策的有力武器。

（二）军队政治机关与军队各级干部，尤其是军政干部，必须了解与掌握党的政策与策略。应当承认军队干部对党的政策策略的了解与掌握是非常不够的，因此必须加强干部中策略教育，使其成为干部教育中最重要的一项。军队对居民必须有最严格的纪律。在政权及地方党未建立起来的地方，军队政治机关应负全责建立政权与地方党，而在建立的过程中必须严格地实行党的政策。在政权及地方党已建立完备的区域，军队不应干涉地方政权及党的工作，而应尊重他们，成为遵守法令的模范。应当与军队中破坏对居民纪律的行为，不爱护根据地，浪费人力物力，不尊重政府及地方党，以及一切脱离党的政策的行为，作严格的斗争。

（三）为坚持敌后的艰苦斗争，必须团结全党干部，因此明确地规定下列关系是必要的：

甲、在军队党与地方党的关系中，应更多更严格地要求军队党负责任，如遇争执事件，应更多地责备军队党。

乙、在外地干部与本地干部的关系中，应更多地要求和责备外地干部。

丙、在老干部与新干部关系中，应更多地要求和责备老干部。

丁、在正规军与地方武装的关系中，在老部队与新部队的关系中，应更多地要求和责备正规军和老部队。

（四）估计到部队的分散环境和政治工作现状，因此政治工作的领导方式和工作方式应注意：

甲、全般性。反对只顾局部利益与本位主义。

乙、进步性。多研究，多总结，反对保守不求进步。

丙、复杂性，多样性。反对遇事简单公式主义，敷衍了事。

丁、计划性，组织性。反对急躁盲动乱来一顿。

戊、统一性。以使分散与集中、自动与命令求得一致。

己、实际性。反对不着重实际，铺张夸功。

庚、精细性。反对粗枝大叶只顾表面。

辛、战斗性。以求政治工作真正适应于战斗环境。

（五）敌伪军锄奸工作，总政已有电示。

（六）关于干部工作、民运、宣传教育等，总政当陆续有电示。

毛、朱、王、谭〔4〕

八月十三日

根据中央档案馆保存的抄件刊印。

注　释

〔1〕彭，指彭德怀，当时任八路军副总司令。杨，指杨尚昆，当时任中共中央北方局书记。罗，指罗瑞卿，当时任八路军野战政治部主任。陆，指陆定一，一九〇六年生，江苏无锡人，当时任八路军野战政治部副主任。聂，指聂荣臻，当时任八路军晋察冀军区司令员兼政治委员。彭，指彭真，当时任中共中央晋察冀分局书记。朱，指朱良才（一九〇〇——一九八九），湖南汝城人，当时任八路军晋察冀军区政治部副主任。

〔2〕指八路军野战政治工作会议。

〔3〕指一九四〇年七月七日《中共中央关于目前形势与党的政策的决定》。《决定》根据当时国际国内形势，提出了克服困难，克服投降危险，争取时局好转的十七条重要政策。

〔4〕朱，指朱德。王，指王稼祥，当时任中共中央军委副主席兼总政治部主任。谭，指谭政（一九〇七——一九八八），湖南湘乡人，当时任中共中央军委总政治部副主任。

关于经学问题给范文澜[1]的信

（一九四〇年九月五日）

文澜同志：

提纲[2]读了，十分高兴，倘能写出来，必有大益，因为用马克思主义清算经学这是头一次，因为目前大地主大资产阶级的复古反动十分猖獗，目前思想斗争的第一任务就是反对这种反动。你的历史学工作继续下去，对这一斗争必有大的影响。第三次讲演因病没有听到，不知对康、梁、章、胡[3]的错误一面有所批判否？不知涉及廖平、吴虞、叶德辉[4]等人否？越对这些近人有所批判，越能在学术界发生影响。

我对历史完全无研究，倘能因你的研究学得一点，深为幸事。致以

敬礼！

毛　泽　东

九月五日

根据手稿刊印。

注　释

〔1〕范文澜（一八九三——一九六九），浙江绍兴人。当时任延安马列学院历史研究室主任。

〔2〕指范文澜一九四〇年在延安新哲学会年会上关于中国经学简史的讲演提纲。这个提纲后经整理于同年连续发表在延安《中国文化》第二卷第二、第三期上，题为《中国经学史的演变》。

〔3〕康、梁、章、胡，指康有为（一八五八——一九二七，广东南海人）、梁启超、章炳麟、胡适。他们都是在近代中国经学史和思想史上有重大影响的学者。

〔4〕廖平（一八五二——一九三二），四川井研人，中国近代经学家。吴虞（一八七一——一九四九），四川新繁（今属新都）人，五四运动前后曾写文章批判旧礼教，后来很少发表新见。叶德辉（一八六四——一九二七），湖南湘潭人，是维护封建统治的古文学者。

关于调查地主资产阶级和国民党军官的通知

（一九四〇年九月六日）

恩来、剑英、克农、漱石[1]：

甲、将大资产阶级和民族资产阶级加以区别，以人为单位，每类每省调查数十人至一百人。

乙、大资产阶级是带买办性的，与外国资本有联系，大银行、大商业及与外国资本联系的大工业属之，他们是现时主要当权者，如蒋介石、孔祥熙、宋子文、虞洽卿等是。

丙、民族资产阶级是受大资产阶级统制，与外国资本联系少，现时还基本上没有政权，主张团结抗战的，如陈光甫、穆藕初、康心如、范旭东等是。

丁、将大地主与开明绅士加以区别，亦以人为单位每类调查数十人至一百人。

戊、分省调查，请恩来负责调查四川、云南、贵州、湖南、湖北五省，克农负责调查广西、广东、福建三省及香港，小姚[2]负责调查江西、浙江、安徽、江苏四省及上海。克农、小姚的材料限于十二月一日以前托人带交恩来带来延安，给七大用。

己、每人为立一小传，要有籍贯、年龄、出身、履历、派别、资产活动、嗜好、政治动向、对我态度等项。

庚、关于军官调查，总司令、军长、师长、团长四项，每人立一小传，传内亦有履历、派别、资产活动、政治动向、对我态度等项。

辛、以上调查统称名人录，先从经济、军事两方着手，将来可发展到政治、文化方面。

毛

九月六日

根据中央档案馆保存的抄件刊印。

注　释

〔1〕剑英，即叶剑英，当时任中共中央南方局常委、八路军参谋长。克农，即李克农（一八九九——一九六二），安徽巢县（今属巢湖市）人，当时任八路军驻桂林办事处主任。漱石，即饶漱石（一九〇三——一九七五），江西临川人，当时任中共中央东南局副书记。

〔2〕小姚，指饶漱石。

注意吸收民族资本家及其代表参加根据地建设

（一九四〇年十月十四日）

胡服、陈毅、克诚[1]并告叶项，雪枫[2]：

你们注意吸收陶行知等生活教育社人员去参加苏北文化教育工作是对的，这是主要方面。但同时亦应注意黄炎培、江问渔等所领导的职业教育社在江、浙两省知识分子中有颇大影响，因为黄、江等不仅在文化教育界有地位，而且是经营工商业的民族资本家著名代表，因此，你们也应吸收职业教育社社员及其有关的各方人员，参加我们的文化教育和财政经济事业。同时，你们应经过韩国钧、李明扬、李长江[3]及地方绅士、文化界等，对苏北以外的江浙民族资本家及其代表如张一麐、黄炎培、江问渔、褚辅成、穆藕初等加以联络，向他们说明苏北事件[4]真相，约请他们派人或介绍人参加苏北之地方政权工作，民意机关工作，及经济、文化、教育建设工作。我们已电周、叶[5]与他们联络，如以后他们介绍人到苏北来时，须加以接纳，与之做事业上的合作，以为拉拢江浙民族资产阶级的具体例证，这对统一战线的发展是有帮助的。

毛　泽　东

十四日

根据中央档案馆保存的抄件刊印。

注　　释

〔1〕胡服，即刘少奇。陈毅，当时任新四军苏北指挥部指挥兼政治委员。克诚，即黄克诚，当时任八路军第五纵队司令员兼政治委员。

〔2〕叶项，指叶挺、项英，当时分别任新四军军长和副军长。雪枫，即彭雪枫，当时任八路军第四纵队司令员。

〔3〕韩国钧（一八五七——一九四二），江苏泰县海安镇（今属海安县）人，开明绅士，曾多次参与调解国民党顽军同新四军苏北部队磨擦事件。李明扬，当时任国民党军鲁苏战区苏鲁皖边区游击军总指挥。李长江（一八九〇——一九五六），江苏南京人，当时任国民党军鲁苏战区苏鲁皖边区游击军副总指挥。

〔4〕一九四〇年十月初，国民党军鲁苏战区副总司令韩德勤，调集重兵向新四军苏北指挥部驻黄桥地区部队发动进攻，新四军一方面争取一部分友军保持中立，一方面实行自卫还击，歼灭韩部一万一千余人，这就是黄桥战役，也称苏北事件。

〔5〕周，指周恩来。叶，指叶剑英，当时任中共中央南方局常委。

防止执行政策时犯“左”倾错误

（一九四〇年十月十八日）

叶项，胡服，陈毅，克诚（胡服转），雪枫，先念并告彭杨，刘邓，杨宋，陈罗，朱瑞〔1〕：

由于没有使中下级干部彻底了解，由于上级没有事先预防与及时检查，致使许多地方犯有极左错误，主要是在土地政策，劳动政策，财政政策，锄奸政策，对待知识分子政策，对待俘虏政策，对待国民党人员政策，以及我之政权组织上表现过左。其结果是缩小了我之社会基础，引起中间势力害怕，给日寇、汪逆与顽固派以争夺群众团聚反动力量的机会。待错误形成再去纠正，已使我们受到极大损失。现在华中工作正在发展（山东亦然），你们必须预防下级执行政策时犯过左错误，你们必须懂得“左”倾错误是当前主要危险，必须及时检查下级工作，纠正过左行动，否则在敌人与顽固派的夹攻中要取得我党我军发展与巩固的伟大胜利，要长期坚持根据地，是不可能的。此事望你们尖锐地提起全党全军注意，切勿等闲视之。

中央书记处

十月十八日

根据毛泽东手稿刊印。

注　释

〔1〕叶项，指叶挺、项英，当时分别任新四军军长和副军长。胡服，即刘少奇。陈毅，当时任新四军苏北指挥部指挥兼政治委员。克诚，即黄克诚，当时任八路军第五纵队司令员兼政治委员。雪枫，即彭雪枫，当时任八路军第四纵队司令员。先念，即李先念，当时任新四军豫鄂挺进纵队司令员。彭，指彭德怀，当时任八路军副总司令。杨，指杨尚昆，当时任中共中央北方局书记。刘邓，指刘伯承、邓小平，当时分别任八路军第一二九师师长和政治委员。杨，指杨秀峰（一八九七——一九八三），河北迁安人，当时任冀南、太行、太岳行政联合办事处主任。宋，指宋任穷，一九〇九年生，湖南浏阳人，当时任八路军冀南军区政治委员。陈罗，指陈光、罗荣桓，当时分别任八路军第一一五师代师长和政治委员。朱瑞，当时任中共中央山东分局书记、八路军第一纵队政治委员。

对待反共派俘虏的政策[1]

（一九四〇年十月十八日）

关于对待反共派俘虏问题，任何国内反共派向我进攻被我捕获之俘虏官兵、侦探人员、特务人员及叛徒分子，不论如何反动与罪大恶极，原则上一概不准杀害。这一政策是孤立与瓦解反共派的最好方法，应使全党全军从上至下有普遍深入的了解。其处置办法，凡反动分子及无用人员则优待释放之，凡可参加我军的士兵及有用人员则收留之，一律不准加以侮辱（如打骂及写悔过书等）或报复。如有关系紧要必须处决之个别分子，则须经过军中师以上及相当于师之机关，党内分局及区党委以上或各根据地最高政权机关之批准，旅以下、地委以下、专员以下没有批准杀人之权。关于此事之详细规定，中央另有通知，各地先照此一般规定通令实行。

中央书记处

一九四〇年十月十八日

根据毛泽东手稿刊印。

注　　释

〔1〕这份电报是发给中共中央华北局、华中局、西北局、陕甘宁边区及其他各地电台的。

动员一切力量
进行争取友军工作

（一九四〇年十一月四日）

叶、项、胡服、云逸、陈毅、克诚、雪枫、先念〔1〕：

甲、根据华北（朱怀冰〔2〕三个师打八路军时，由于我们火线上的统战工作，其中一个师守中立）、陕甘宁边区（保安队和我们交战时，由于我们的联络工作，预三师〔3〕在旁边观望不动）和苏北黄桥〔4〕（由于陈毅统战工作的结果，两李〔5〕及陈泰运〔6〕严守中立）等反磨擦战斗的经验，在反磨擦的武装斗争中，加紧争取友军对我同情或严守中立的工作，不但有很大的意义，而且有很大的可能。

乙、在今天华中的条件下，一方面国民党军队在数量上较我军占优势，另方面在那里聚集着各种不同系统的地方军和杂牌军。如果由于我们努力争取友军工作的结果，使在汤恩伯、李品仙〔7〕等部向我进攻时，不仅有许多杂牌军采取中立或发生对我同情的实际举动，而且即在汤、李所部中亦发生一部分人反对内战同情我军的运动，则不仅对我华中反磨擦的武装斗争有重大的意义和作用，同时将给予全国反共投降阴谋以严重的打击，因此立即动员一切可能的党政军民力量去进行争取友军工作，成为你们今天最中心任务之一。

丙、立即选派得力代表携带毛、朱[8]（有些对象亦可用周、彭[9]等名义）恳切函件，加上你们自己的联络信件，向周围各友军进行交友工作。如我们直接派代表不便的地方，可请托地方士绅、名流、文化人，以及一切与各友军有亲友、同乡、同学、同宗关系的人等，代我们去疏通联络，向各友军详细解释苏北事件之真相及新四军、八路军不能开赴老黄河以北的苦衷和理由，向他们诚恳说明大敌当前团结御侮之必要，以及分裂、内战足以招致亡国之危险，求得他们不参加反共战争，或他们为敷衍命令计而打仗朝天放枪等。同时，对各种不同的友军，除宣传抗战团结大道理外，必须强调与他们有切身利害的问题。例如：对川军须特别强调八路军、新四军与川军之友谊，强调蒋介石侵占四川和消灭川军之阴谋；对东北军强调八路军与东北军之传统友好关系，强调对张汉卿[10]及东北军处境的同情，强调对某方[11]承认伪满作为投降的第一个条件的愤激情绪；对冯治安、孙连仲[12]等强调我们与他们团结抗战，共患难同祸福的必要等等。总而言之，使地方军、杂牌军为本身利益打算，懂得不上蒋[13]的当，而避免与我们作鹬蚌之争。对李品仙及其部队亦须强调八路与五路[14]之多年友谊，不应受人挑拨而互相敌视，致为蒋造成打击五路与八路之机会。对汤恩伯及其部下亦须采友好争取态度，以促使其内部分化。

丁、根据各方面经验，“抗战到底，团结到底”、“大敌当前，中国人不打中国人，中国军队不打中国军队”、“一切中国的同胞、中国友军联合起来抗日救国”、“反对内战，反对中国人自相残杀”等口号，仍是思想上瓦解反共军队和争取友军对我同情的有力武器。如发生磨擦战争时，望将这些口号，在我军驻地周围及友军驻扎境内，到处书写和张贴，尤其要设法动员民众和同情分子在汤恩伯、李品仙等部所经过的一切地带，遍贴遍写这类标语口号。当汤、李部队开近我防区周围时，发动大规模的联欢运动，即在战斗行动开始后，亦不要放松火线上呼团结抗日口号及部分谈判妥协的工作。同时，对汉奸部队或顽军等，这类口号切忌乱用，根据过去经验，乱用这类口号，反足增加反共军之反感和团结。

戊、陈毅对两李及陈泰运等之统战工作，有丰富宝贵之经验，望大家加以详细研究，加以发扬，广泛运用，以期各部分均能得到争取友军工作之最大成绩，过去许多部队对这方面工作做得非常之不够。

毛、朱、王〔15〕

根据中央档案馆保存的抄件刊印。

注　释

〔1〕叶，指叶挺，当时任新四军军长。项，指项英，当时任中共中央军委新四军分会书记、新四军副军长。胡服，即刘少奇。云逸，即张云逸（一八九二——一九七四），广东文昌（今属海南省）人，当时任新四军参谋长兼江北指挥部指挥。陈毅，当时任新四军苏北指挥部指挥兼政治委员。克诚，即黄克诚，当时任八路军第五纵队司令员兼政治委员。雪枫，即彭雪枫，当时任八路军第四纵队司令员兼政治委员。先念，即李先念，当时任新四军豫鄂挺进纵队司令员兼政治委员。

〔2〕朱怀冰，当时任国民党军第九十七军军长。

〔3〕预三师，指陈鞠旅任师长的国民党军第十六军预备第三师。

〔4〕指黄桥战役，又称苏北事件，见本卷第301页注〔4〕。

〔5〕两李，指李明扬和李长江，当时分别任国民党军鲁苏战区苏鲁皖边区游击军总指挥和副总指挥。

〔6〕陈泰运，当时任国民党军鲁苏战区苏北游击纵队司令。

〔7〕汤恩伯，当时任国民党军第三十一集团军总司令。李品仙，当时任国民党军第五战区副司令长官兼第二十一集团军总司令、国民党安徽省政府主席。

〔8〕毛，指毛泽东。朱，指朱德。

〔9〕周，指周恩来。彭，指彭德怀，当时任八路军副总司令。

〔10〕张汉卿，即张学良。一九三六年十二月十二日，他和杨虎城发动西安事变，要求蒋介石停止内战，一致抗日。西安事变和平解决后，张被蒋介石长期关押。

〔11〕指蒋介石国民党政府。

〔12〕冯治安，当时任国民党军第三十三集团军总司令。孙连仲，当时任国民党军第五战区副司令长官兼第二集团军总司令。

〔13〕蒋，指蒋介石。

〔14〕一九三八年一月国民党政府以桂系李宗仁的第五路军组成第五战区长官司令部，所属李品仙的第二十一集团军曾驻守大别山。同年新四军第四支队（其中不少干部是从华北八路军调入的）进抵皖中后，曾与李品仙部建立过友好的关系。因此这里把这段友好关系称作八路军与五路军的友谊。

〔15〕朱，指朱德。王，指王稼祥，当时任中共中央军委副主席兼总政治部主任。

朱德等给何应钦、白崇禧的电报[1]

（一九四〇年十一月九日）

重庆第十八集团军叶参谋长剑英即转何参谋总长敬之、白副参谋总长健生两公钧鉴：

两公皓（十月十九日）电[2]，经叶参谋长转到奉悉。当以事关重大，处此民族危机千钧一发之时，为顾全大局挽救危亡起见，经德等往复电商，获得一致意见，兹特呈复，敬祈鉴察，并祈转呈统帅核示祗遵。

甲、关于行动者。职军所有部队，莫不以遵循国策服从命令坚持抗战为唯一之任务。四年以来，抗御众多之敌军，收复广大之失地，所有战绩，为国人所共见，亦为委座历次明令所嘉奖。即如此次华北百团大战，自八月号日[3]开始以来，已历两月有半，现方进入第二阶段。曾奉委座明令，勖勉备至，全军感奋。又如皖东、皖南战役，粉碎敌之进攻，亦属最近期间之事。凡此所陈，非敢自矜劳绩，实欲以明遵循国策服从命令为捍卫民族国家奋斗到底之决心，实贯彻于全军之上下，而未敢有丝毫之乖离也。其中一部分，曾与他军之一部分发生龃龉事件，如尊电所指者，言之至堪痛心。其发生之原因与消除之方策，德等早经迭次陈明在案。最近苏北事件[4]，德等已有马[5]电详陈委座。鲁南事件[6]，亦有复杂原因，深堪注意。除令该地部队服从钧令、约束行动外，拟请中央选派公正大员，予以彻查，如属咎在职军，德等决不袒庇，愿受国家法律之处罚。如属咎在他方，亦祈按情处理，以明责任。古人有言，兼听则明，偏听则暗。而事理之正，贵得其平。况在艰苦异常之敌后抗战，多一分磨擦，即多一分困难，自非不顾大局专以磨擦为能事之人，未有不愿消弭纷争团结对敌者。故德等主张彻底查明其是非曲直，期于永杜纠纷，以利抗战。倘承俯允，乞赐施行。

乙、关于防地者。中央提示案[7]内所列办法，七八月间，经周恩来同志传达后，德等以中央意旨所在，唯有服从，而下属苦衷，亦宜上达。缘华中敌后各部，多属地方人民为反抗敌寇保卫家乡而组织者，彼等以祖宗坟墓田园庐舍父母妻子所在，欲其置当面敌军奸淫焚掠之惨于不顾，远赴华北，其事甚难。委座庐山谈话[8]及告沦陷区同胞书[9]中所示，彼等又正衷心遵循，毫无违异。忽令离乡别井，驱迫上道，其事甚惨。自平江惨案、确山惨案[10]发生后，新四军后方各处，如赣南、闽西、湘赣边区、鄂东、皖西、豫南等地，其家属及留守人员，横被摧残，毫无保障。今又欲华中各部北移，彼等甚惧覆辙相寻，故无不谈虎色变。又况华北地区，水、旱、风、虫、敌五灾并重，树叶为粮，道殣相望，该地军民已甚感维持之困难，有请南移者，有请他调者，德等方勉为抑止，告以苦撑，实亦甚难容纳其他之部队。以此种种，故请恩来转陈中央，请予允许大江南北各部，仍就原地抗战。一俟驱敌出国，抗战胜利，自当移动，以就集中之防地。兹奉电示，限期北移。德等再三考虑，认为执行命令与俯顺舆情，仍请中央兼筹并顾。对于江南正规部队，德等正拟苦心说服，劝其顾全大局，遵令北移。仍恳中央宽以限期，以求解释深入，不致激生他故，重增德等无穷之罪。对于江北部队，则暂时拟请免调，责成彼等严饬军纪，和协友军，加紧对敌之反攻，配合正面之作战，以免操之过激，转费周章。德等对于此事，深用腐心。欲顾全地方，则恐违中央之命令；欲服从命令，则恐失当地之人心。而抗战胜利，全赖人心之归属，两公高瞻远瞩，必不河汉斯言。目前正属奸伪思逞谣言纷起之时，亟宜调协各方，统一对敌，庶免为敌所乘，自召分崩离析之祸。切忌煎迫太甚，相激相荡，演成两败俱伤之局，既非中央之本心，复违德等之始愿。我为鹬蚌，敌作渔人，事与愿违，嗟悔无及。此则德等肺腑之言，深愿为两公一吐者。两公虚怀若谷，全局在胸，必能维持调护，挽此艰难之时局，固不待德等多言也。

丙、关于编制者。职军孤悬敌后，欲求杀敌致果，达成统帅所付之战略任务，不得不遵循三民主义与抗战建国纲领所示原则，唤起民众，组织游击部队，因而超过原来编制，此任务与组织之连带关系，实亦有所不得不然。然以现有五十万人之众，领四万五千人之饷，虽有巧妇，难以为炊，故不得不要求民众协助。因而于敌后凡有敌寇而无友军之处，于驱除敌寇之后，建立抗日政权，创造抗日根据地，以民众之衣粮，给民众之武力，御凶残之敌寇，卫自己之家乡，诚有未可厚非者。虽衣单食薄，艰难奋战，历尽人间之辛苦，然不为法律所承认，不为后方所援助，则精神痛苦，无以复加，故有请中央允予扩充编制之举。中央亦为顾全事实起见，允予酌为扩编，如提示案内所示，职军闻之，实深庆幸。兹所求者，则请早日实行，并请对编制额数，酌予增加，以慰前线将士之心，亦为国家培养一支可靠之抗战力量。非第楚弓楚得，无庸怀轩轾之心，实以卫国卫家，正赖此干城之选。

丁、关于补给者。敌后艰苦，具如上述，而子弹与医药用品等件，尤为缺乏。职军已十四个月未蒙发给颗弹片药，有一枪仅余四发五发子弹者，有一伤仅敷一次两次药物者，于是作战则专凭肉搏，负伤则听其自然。虽明知中央亦处艰难境地，然职军之特殊困苦，不得不上达聪听，以求于艰难之中，获涓埃之助。其他补给各项，均曾列款上陈，敬求一并核示。

戊、关于边区者。陕甘宁边区二十三县一案，悬而未决者四年于兹。近且沿边区之周遭，驻屯大军二十余万，发动民夫，修筑五道之封锁线。西起宁夏，南沿泾水，东迄河滨，绵亘数省，规模宏大，耗巨额之经费，筑万里之长城。而于远道北来之青年学生及职军往来人员，或被扣留暗杀，或被监禁于集中营。以此道路惊疑，纷纷揣测，不曰大举进攻，即曰准备妥协。德等闻之刺耳，辩之焦唇。良以悬案未决，又加封锁，空穴来风，猜疑易启，亦无怪其然也。理合恳请中央，对于悬案则予以解决，对于封锁则予以制止，释军民之疑虑，固合作之根基，实一举手一投足之劳耳。

己、关于团结抗战之大计者。德等认为抗战至于今日，实争取最后胜利千载一时之机。盖帝国主义战争扩大持久之形势已成，日寇正忙于应付太平洋严重局面，如能坚持团结抗战国策，不为中途之妥协，不召分裂之惨祸，则我中华民族必能在我最高领袖与中央政府领导之下，争取独立解放之出路。惟德等鉴于近月以来，国际国内之各种阴谋活动，诚有不能已于言者。颇闻日寇正在策动中国投降，软计与硬计兼施，引力与压力并重。德国则采劝和政策，欲诱中国加入三国同盟。而国内一部分人士，复正在策动所谓新的反共高潮，企图为投降肃清道路。内外勾煽，欲以所谓中日联合“剿共”，结束抗战局面，以内战代抗战，以投降代独立，以分裂代团结，以黑暗代光明。其事至险，其计至毒，道路相告，动魄惊心，时局危机，诚未有如今日之甚者。德等转战疆场，不惜肝脑涂地，苟利于国，万死不辞。所祈求者，惟在国内团结，不召分裂，继续抗战，不变国策。故于钧座所示各节，勉力遵行，而对部属弱点，则加紧克服。亦求中央对于时局趋向，明示方针，拒绝国际之阴谋，裁抑国内之反动，而于联合“剿共”内战投降之说，予以驳斥，以安全国军民之心。复望改良政治，肃清贪污，调整民生，实行主义，俾抗战重心置于自力更生基础之上。此皆国家民族之成败所关，万世子孙之生命所系，心所谓危，不敢不告。敬祈转呈委座，采择施行，无任屏营待命之至。

第十八集团军总司令朱德、副总司令彭德怀
新四军军长叶挺、副军长项英同叩
佳

根据一九四〇年十一月十七日《新中华报》
刊印，并据《六大以来》校改。

注　释

〔1〕这份电报是毛泽东起草的。

〔2〕指蒋介石以何应钦、白崇禧的名义于一九四〇年十月十九日（皓）发出的给朱德、彭德怀、叶挺的电报。该电对坚持敌后抗战的八路军、新四军大肆诬蔑，并

根据七月十六日国民党“中央提示案”的精神，强令黄河以南的八路军、新四军在一个月内撤到黄河以北。

〔3〕号日，即二十日。

〔4〕苏北事件，见本卷第301页注〔4〕。

〔5〕马，即二十一日。

〔6〕鲁南事件，指一九四〇年夏顽军沈鸿烈部在山东莱芜、沂源、蒙阴一带制造磨擦，进攻八路军根据地黄庄、基山，被八路军击退的事件。

〔7〕指国民党一九四〇年七月十六日提出的“中央提示案”，主要内容是：取消陕甘宁边区，代以“陕北行政区公署”，归陕西省政府领导；缩编八路军、新四军，限制其防地；把活动在江南和整个华中的八路军、新四军都集中到黄河以北冀察两省这一狭窄地区内。

〔8〕卢沟桥事变后，蒋介石一九三七年七月十七日在庐山发表谈话，其中声称“如果战端一开，那就是地无分南北，年无分老幼，无论何人，皆有守土抗战之责任，皆应抱定牺牲一切之决心”。

〔9〕指蒋介石一九三八年八月十三日发表的《告沦陷区同胞书》。其中说，抗战十三个月来，已取得战略上、政略上、精神上和外交上四个方面的胜利，要求沦陷区同胞坚守信念，不动摇，不畏怯，奋斗到最后一息。

〔10〕平江惨案，指一九三九年六月十二日国民党军第二十七集团军奉蒋介石的密令，派兵包围新四军设在湖南平江嘉义镇的通讯处，惨杀新四军参议涂正坤、八路军少将副官罗梓铭等六人的事件。确山惨案，也称竹沟惨案、竹沟事变。一九三九年十一月十一日，河南省确山、信阳、泌阳等县的国民党反动武装一千八百余人，围攻确山县竹沟镇新四军留守处，惨杀因抗日受伤的新四军干部、战士和他们的家属以及当地群众共二百余人。

华北各部队今年冬季的任务

（一九四〇年十一月十六日）

华北及山东各部队：

在目前形势下，国内重大事变行将到来。而敌人今年冬季“扫荡”将更残酷。今冬华北各部队任务：

一、坚持抗战，与敌人的冬季“扫荡”作斗争。

二、进行一次冬季扩兵运动，补足现有编制的兵数，如能设立补充营之类则更好。但扩兵工作应注意根据地之人力，多在边境及人口众多的区域进行扩兵。

三、尽量争取时间，进行休息与整军。一面作战，一面整军，及在反“扫荡”间隙中全部或大部得到休整。务使我主力兵团既能坚持战斗，又能养精蓄锐，以便对付可能的突然事变。

四、强化政治工作，深入传达中央关于形势的估计及各方面的政策。务使全体官兵团结一致，防止因敌后抗战困难之增加及国共关系之紧张，而发生悲观失望、无前途等等情绪，同时防止可能的日寇奸细及国特奸细在我军中乘机捣乱，防止过左错误的重复。

五、加强干部之团结、党的团结。在困难环境中，对待干部要有正确关系。有确实不负责因而不能完成任务者，当然应当加以指责与处分；有因客观困难或能力关系而不能完成任务者，就不应当加以打击。要确记中央苏区五次反“围剿”时的教训，当时因客观困难不能完成任务的干部，很多受了打击而感觉无出路。现在困难增加，要强调干部同生死共患难的精神。

毛、朱、王、谭〔1〕

铣

根据中央档案馆保存的抄件刊印。

注　释

〔1〕朱，指朱德。王，指王稼祥，当时任中共中央军委副主席兼总政治部主任。谭，指谭政，当时任中共中央军委总政治部副主任。

利用一切机会
对黄埔系军人进行统战工作[1]

（一九四〇年十一月十六日）

这次苏北事件[2]中，税警团未参加反共战争，而该团干部大半都是黄埔生。过去华北与朱怀冰[3]冲突时，其中一个师也未参加反共战争，而该师干部同样也有些黄埔生。我驻阎办事处[4]主任王世英同志，能与该地中央军（胡宗南[5]）的黄埔生高级干部进行了很好的统一战线工作。这一切证明，我党我军中过去把黄埔生看作一个笼统的反共集团的传统观念是错误的、有害的。在目前严重时局，急须改正此观念，利用一切机会与黄埔生军人进行统一战线工作，不要刺激他们，而应以民族至上的观念来打动他们，使他们不肯投降日寇，使他们对反共战争取中立或消极态度，这对挽回危局有重大意义。

毛、朱、王

铣

根据中央档案馆保存的抄件刊印。

注　释

〔1〕这是毛泽东、朱德和中共中央军委副主席兼总政治部主任王稼祥联合署名的电报。

〔2〕见本卷第301页注〔4〕。

〔3〕朱怀冰，当时任国民党军第九十七军军长。

〔4〕指八路军驻阎锡山任司令长官的国民党军第二战区办事处，当时设在陕西宜川县秋林镇。

〔5〕胡宗南，当时任国民党军第三十四集团军总司令。

抗日根据地应实行的各项政策

（一九四〇年十二月十三日）

中原局并告北方局，山东分局，东南局，南方局，南委[1]：

（一）苏北组织政权机关及民意机关时，应坚决实行三三制，共产党只占三分之一，在开始时还可少于三分之一，网罗各党各派无党无派一切不积极反共之领袖人物参加，其中应有国民党中派及左派，韩国钧等民族资产阶级及开明地主均应该参加，也可容许少数右派代表，真正组织各党各派各界各军的联合政权，力避我们包办。这对于全国是有大影响的。（二）劳动政策力避过左，目前只作轻微改良，例如十四小时工作日者减至十三小时或十二小时，不要实行八小时制，保证资本家能赚钱。（三）土地政策应实行部分的减租减息以争取基本农民群众，但不要减得太多，不要因减息而使农民借不到债，不要因清算旧债而没收地主土地，同时应规定农民有交租交息之义务，保证地主有土地所有权，富农的经营原则上不变动。要向党内及农民说明，目前不是实行土地革命的时期，避免华北方面曾经发生过的过左错误。（四）同意胡服[2]对税收办法的意见，在无更好办法之时暂时照旧法征税，惟苛杂应酌量减轻。（五）锄奸政策以镇压众人皆恶之少数最反动分子为原则，极力避免多杀人。除政府外各机关团体不得自由捕人罚人。(六)经济政策是尽量发展工业农业生产与商业流通,力避破坏生产与商业,号召上海资本家到苏北办实业。(七)文化教育政策只去掉买办大资产阶级的文化专制主义,容许民族资产阶级的自由主义思想存在,容许自由主义的文化人及教育家办报办学。(八)总之,目前你们的政策只去掉买办大资产阶级及封建大地主的专制主义及作初步的民生改良,一方面保证工农小资产阶级人权、政权〔3〕、财权及言论集会结社之自由,另方面也应保证除汉奸以外一切资本家地主的人权、政权、财权及言论集会结社之自由,只要不武装暴动,任何党派阶层有活动之自由。应容许国民党之存在,应组织进步的国民党。(九)整个华中都应执行上述方针(当然华北亦如此)。(十)你们如何具体执行各项政策,望随时电告。

中央书记处

十二月十三日

根据毛泽东手稿刊印。

注　释

〔1〕南委,指中共中央南方工作委员会。

〔2〕胡服,即刘少奇。

〔3〕此处及下文中的“政权”,指政治权利。

粉碎蒋介石的进攻，争取时局好转

（一九四〇年十二月三十一日）

中原局、东南局、北方局、山东分局、南方局、南委〔1〕、八路军新四军各首长：

（一）蒋介石派遣李仙洲、汤恩伯、李品仙〔2〕向华中、山东我军进攻的决心已经下了，汤、李各部正在东进，我党我军有举行自卫战斗以打破这一进攻、争取时局好转的任务。

（二）除令江南部队迅即北移，并从华北派遣一部加强华中兵力外，所有华中及山东的党与军队必须紧急动员起来，为坚持抗日根据地打破顽固派进攻而奋斗。

（三）军事指挥，在总指挥叶挺未到江北以前，统一于副总指挥陈毅、政治委员刘少奇的指挥之下；叶挺到江北后，统一于叶挺、陈毅、刘少奇的指挥之下，各部须完全服从他们的命令，不得违误。〔3〕

（四）山东分局划归中原局管辖，中原局统一领导山东与华中。

（五）全国各地（华北、华中、西北、西南、东南）对于国民党这一进攻及其在全国的高压政策，必须坚决反对之。必须指出国民党这一行动的危险性,在于日益削弱抗战力量,非但不利于共产党,更加不利于国民党,不利于全国人民,只有利于敌人与亲日派,如不被阻止,势必发展为全国的内战。估计到反共军的士兵是不愿意的,多数干部是被迫的,也有许多高级将领是动摇的,因此我们对于反共军不但要注意打击,而且要注意争取,注意统一战线工作,注意灵活地运用策略。

(六)估计到反共军进攻的口号可能是到敌后抗日,并不提出打八路军新四军,因此我军在其进攻开始时的对策还是一来即打,还是先礼后兵,是值得考虑的。关于这一点,届时中央当有指示,你们可提出意见。

(七)估计到华中的斗争是长期斗争,不是短时间可以解决的,因此反磨擦斗争必须与扩大巩固根据地、扩大巩固军队密切联系起来。在此斗争中,逐渐削弱反共军的力量,逐渐壮大与锻炼我们的力量,而最后击破反共军。因此我们必须紧张地对付这一局面,但又必须作长期耐性的计划,不要过于急躁,不要企图在短期内取得全部胜利。

(八)估计到国际国内各种条件,国民党的反共进攻及高压政策是要失败的,必无前途的,因此全党全军必须提高胜利信心,不要为国民党的进攻与高压所吓倒,必须克服可能的悲观情绪。

(九)目前中原局的任务是积极进行粉碎这一进攻的布置与力量,目前南方局的任务,则是利用各种矛盾,动摇蒋介石及国民党的决心。蒋及国民党虽然其势汹汹地举行进攻,实则他们很怕内战,很怕根本破裂国共合作,故其决心仍有动摇之可能。

（十）对于蒋及国民党急于要求我们表示最后态度，答复蒋之命令〔4〕，中央决定报之以冷静与不理，自朱、彭、叶、项佳电〔5〕发出后，不论其如何谩骂与进攻，党中央及朱、彭、叶、项暂时都不去理他，待其闹到天怒人怨，下不得台，然后出来发言，表示我们的态度。这与各下级及地方党应该随时表示态度有区别，然而正是目前对付国民党的好方法。因为蒋介石要急，我们就并不急了。

中央书记处

世

根据毛泽东手稿刊印。

注　释

〔1〕南委，指中共中央南方工作委员会。

〔2〕李仙洲（一八九四——一九八八），山东齐河人，当时任国民党军第九十二军军长。汤恩伯，当时任国民党军第三十一集团军总司令。李品仙，当时任国民党军第五战区副司令长官兼第二十一集团军总司令、国民党安徽省政府主席。

〔3〕这里所说的叶挺、陈毅、刘少奇的职务，是指他们在华中新四军八路军总指挥部的任职。这个总指挥部是根据中共中央关于统一华中新四军、八路军部队指挥的指示，于一九四〇年十一月中旬成立的。

〔4〕指蒋介石一九四〇年十二月九日电令：限长江以南的新四军在十二月三十一日前开到长江以北地区，黄河以南的八路军、新四军于一九四一年一月三十日前开到黄河以北地区。

〔5〕佳电，指朱德、彭德怀、叶挺、项英于一九四〇年十一月九日复何应钦、白崇禧的电报。见本卷第310—314页。

我们决不能怕破裂

（一九四一年一月二十五日）

恩来：

人家已宣布我们叛变，我们决不能再取游移态度，我们决不能再容忍，我们决不能怕破裂，否则我们就要犯严重错误，因此延安命令及谈话[1]的全部，包括文字在内，是完全正确的。我们表明态度之后听凭蒋介石去处置，或者他执行我们的十二条[2]，两党重归妥协，或者实行全面破裂。你们应向各方表示，蒋介石已将我们推到对立地位，除非蒋介石取消十七号命令[3]及实行其他必要步骤，我们是只有和他对立一途，因为我们没有别的路走，你们应迅即回延。余详书记处电。

毛　泽　东

有申

根据手稿刊印。

注　释

〔1〕延安命令及谈话，指一九四一年一月二十日为皖南事变发表的《中国共产党中央革命军事委员会命令》和《中国共产党中央革命军事委员会发言人对新华社记者的谈话》，均见《毛泽东选集》（第二版）第二卷。

〔2〕十二条，指中国共产党中央革命军事委员会发言人一九四一年一月二十日为皖南事变对新华社记者发表的谈话中向国民党提出的十二条要求。即：第一、悬崖勒马，停止挑衅；第二、取消一月十七日的反动命令，并宣布自己是完全错了；第三、惩办皖南事变的祸首何应钦、顾祝同、上官云相三人；第四、恢复叶挺自由，继续充当新四军军长；第五、交还皖南新四军全部人枪；第六、抚恤皖南新四军全部伤亡将士；第七、撤退华中的"剿共"军；第八、平毁西北的封锁线；第九、释放全国一切被捕的爱国政治犯；第十、废止一党专政，实行民主政治；第十一、实行三民主义，服从《总理遗嘱》；第十二、逮捕各亲日派首领，交付国法审判。

〔3〕一九四一年一月十七日，蒋介石以国民党政府军事委员会名义发布通令，诬蔑新四军为叛军，宣布撤销新四军番号，并将叶挺交军法审判。

给毛岸英、毛岸青的信

（一九四一年一月三十一日）

岸英
岸清二儿：

很早以前，接到岸英的长信，岸清的信，岸英寄来的照片本，单张相片，并且是几次的信与照片，我都未复，很对你们不起，知你们悬念。

你们长进了，很欢喜的。岸英文理通顺，字也写得不坏，有进取的志气，是很好的。惟有一事向你们建议，趁着年纪尚轻，多向自然科学学习，少谈些政治。政治是要谈的，但目前以潜心多习自然科学为宜，社会科学辅之。将来可倒置过来，以社会科学为主，自然科学为辅。总之注意科学，只有科学是真学问，将来用处无穷。人家恭维你抬举你，这有一样好处，就是鼓励你上进；但有一样坏处，就是易长自满之气，得意忘形，有不知脚踏实地、实事求是的危险。你们有你们的前程，或好或坏，决定于你们自己及你们的直接环境，我不想来干涉你们，我的意见，只当作建议，由你们自己考虑决定。总之我欢喜你们，望你们更好。

岸英要我写诗，我一点诗兴也没有，因此写不出。关于寄书，前年我托西安林伯渠〔1〕老同志寄了一大堆给你们少年集团，听说没有收到，真是可惜。现再酌检一点寄上，大批的待后。

我的身体今年差些，自己不满意自己；读书也少，因为颇忙。你们情形如何？甚以为念。

毛　泽　东

一九四一年一月三十一日

根据人民出版社一九八三年出版的《毛泽东书信选集》刊印。

注　释

〔1〕林伯渠，一九三九年时是中国共产党驻西安的代表。

目前的国共关系和我们的策略

（一九四一年二月十四日）

恩来同志：

各电均悉。

（一）估计是一致的。反共不会变，高潮可能下降，“剿共”可能停顿（只说可能）。

（二）只要此次高潮下降，“剿共”停顿，将来再发动高潮，再举行“剿共”就困难了（除非投降），故目前是时局转变关头。

（三）敌必向蒋[1]进攻，某君[2]估计是对的，利用日蒋矛盾仍是我们政策中心。

（四）但对蒋让步则危险（如你所说），目前是迫蒋对我让步时期，非我对蒋让步时期，熬过目前一关，就好办了。

（五）蒋从来没有如现在这样受内外责难之甚，我亦从来没有如现在这样获得如此广大的群众（国内外）。

（六）蒋不会对敌举行反攻，他的主意仍是保存实力。但日本向蒋进攻的可能甚大，蒋亦不得不被迫应战，实力仍不能保存。

（七）目前国共是僵局，但时间不会久，敌大举进攻之日，即僵局变化之时（但如敌不进攻则僵局会继续）。

（八）只有那时，蒋表示对我和缓，我才可以表示和缓，但目前非其时。目前让僵局存在正是有利，愈僵愈于我有利，愈于蒋不利。

（九）目前的僵仅政治上僵（国共关系上僵），军事上在我并不僵，因我并未去打他。

（十）如蒋再令汤集团〔3〕攻淮北，是他自造僵局，将来敌军再一击，他失败更大。如蒋不再打淮北则目前就可解消他自己的军事僵局，仅剩一个政治僵局，蒋如聪明，应如此做。

（十一）我之政治攻势（十二条〔4〕）压倒了蒋之攻势（皓电、齐电、〔5〕皖南事变、十七日命令〔6〕、限期北移、纪律命令、华中进攻等等），我之攻势已收成效，还会有成效的。

（十二）我们目的不在蒋承认十二条或十二条之一部分，他是不会承认的（当然对党内外群众都不应如此说，仍是要求蒋承认），而在于以攻势打退攻势。

（十三）目前形势是有了变化的，一月十七日以前他是进攻的，我是防御的，十七日以后反过来了，他已处于防御地位，我之最大胜利在此。

（十四）只有军事攻势才会妨碍蒋之抗日，才是极错误政策。政治攻势反是，只会迫蒋抗日，不会妨蒋抗日。故军事守势政治攻势八个字是完全正确的，二者相反正是相成。

（十五）对于国共关系，军事守势政治攻势也只会拉拢国共，不会破裂国共，对于一个强力进攻者把他打到防御地位，使他不能再进攻了，国共暂时缓和的可能性就有了。

（十六）用蒋介石的手破了一条缺口的国共关系，只有用我们的手才能缝好，我们的手即政治攻势，即十二条，除此再无别的妙法。

（十七）以上各点请向某君解释，并问他的意见如何。

（十八）华北、华中敌我兵力及配备弄好即告。

毛　泽　东

寒辰

根据手稿刊印。

注　　释

〔1〕蒋，指蒋介石。

〔2〕某君，指崔可夫（一九〇〇——一九八二），当时任苏联驻中国大使馆武官兼国民党政府的军事总顾问。

〔3〕指汤恩伯任总司令的国民党军第三十一集团军。

〔4〕十二条，见本卷第326页注〔2〕。

〔5〕皓电，指国民党政府军事委员会参谋总长何应钦、副参谋总长白崇禧一九四〇年十月十九日（皓）给朱德、彭德怀、叶挺的电报。这个电报断然拒绝中国共产党提出的调整作战区域及游击部队的三项办法，强令黄河以南的八路军、新四军在一个月内撤到黄河以北。十一月九日（佳）朱德、彭德怀、叶挺、项英复电何应钦、白崇禧，拒绝要八路军、新四军撤到黄河以北的命令，但表示为顾全大局，江南新四军部队可以移至长江以北。齐电，是何应钦、白崇禧十二月八日（齐）对朱、彭、叶、项佳电的复电，再次强令八路军、新四军将黄河以南的部队全部撤到黄河以北。

〔6〕十七日命令，见本卷第326页注〔3〕。

日苏缔约后英美及中国各派政治力量态度的分析

（一九四一年四月二十日）

周[1]：

（一）皓亥电[2]悉，分析很对。在德国打击下，英国对苏邦交即将好转，美国亦将大体上取英国步骤，决不能得罪苏联。中国英美派，顽固派，中间派及进步派中之动摇分子，均将在英、美影响下对苏献媚。惟顽固派中之死硬分子有被亲日派拉向投降的危险，这是很可注意的，不过目前还不会。（二）英、美总方针是先对德后对日，决不敢对日本取强硬态度，将荷印[3]让给日本，甚至停止援华，都是可能的。只要德国占领苏伊士和轰炸伦敦袭击大西洋进一步加紧，真正威胁英国生存时，只要日本同意不向英国开战，就有这种可能。在这一情状出现时，你所指的英美派，顽固派，中间派，及进步派中之动摇分子，就将发生大混乱，大分化，大动摇，他们将成为亲日派与共产派二者猛力争夺的对象，其时间或者在今年秋冬之间。我们方针是要争得蒋及国民党主体转变到亲苏、和共、改良的方向，而以维持他们的政权、承认我们的地位为条件。那时英苏、美苏之间可能成立互不侵犯协定（也许英苏协定不久就可签订)。(三)准备在日内发一次政治情报,当将你所说的解释狭隘民族观点说进去。(四)陈锐霆团[4]决于日内起义,仍打九十二军旗子(称为九十二军独立旅),开到张爱萍[5]区域整训。请准备对付国民党的可能询问,答以这是九十二军自己的事,凡对我攻击者我反击之,凡对我取友好态度者我以友好态度对待之,陈团对我友好,故我理应加以协助,但仍是九十二军,并非八路军。(五)请问国民党,对八路是否还准备发饷,如发则已,否则我们将向全国全世界(包括苏联在内)募捐,发起普遍的募捐运动(我们真正准备这样做),学叫化子讨饭吃的办法,因为国民党迫得我们没有路走,我们将要饿死了。

毛　泽　东

号亥

根据手稿刊印。

注　　释

〔1〕周,指周恩来。

〔2〕周恩来一九四一年四月十九日致电毛泽东并中共中央书记处,对日苏缔约后重庆方面各派政治力量的态度作了分析,指出中间派悲观,进步派中一部分人发生动摇,“看起来他们是在狭隘的民族情绪之下的一时的冲动表现,而顽固派则利用之以反苏,亲日派利用之以悲观,英美派利用之以亲美,虽然这都是一时现象”。

〔3〕荷印,即荷属东印度(今印度尼西亚)。

〔4〕陈锐霆团,指陈锐霆任团长的国民党军第九十二军第一四二师第四二五团。

〔5〕张爱萍,一九一〇年生,四川达县人。当时任八路军第五纵队第三支队司令员。

陕甘宁边区施政纲领[1]

（一九四一年五月一日）

为着进一步巩固边区，发展抗日的政治、经济、文化建设，以达坚持长期抗战增进人民福利之目的起见，中共陕甘宁边区中央局特于边区第二届参议会举行选举之际，根据孙中山先生的三民主义、总理遗嘱及中共中央的抗日民族统一战线原则，向我边区二百万人民提出如下之施政纲领，如共产党员当选为行政人员时，即将照此纲领坚决实施之。

（一）团结边区内部各社会阶级，各抗日党派，发挥一切人力、物力、财力、智力，为保卫边区、保卫西北、保卫中国、驱逐日本帝国主义而战。

（二）坚持与边区境外友党、友军及全体人民的团结，反对投降、分裂、倒退的行为。

（三）提高边区武装部队的战斗力，保障其物质供给，改善兵役制度及其他后方勤务的动员制度，增进军队与人民的亲密团结。同时加强抗日自卫军、少先队的组织与训练，健全其领导系统。

（四）加强优待抗日军人家属的工作，彻底实施优抗条例，务使八路军及一切友军在边区的家属得到物质上的保障与精神上的安慰。

（五）本党愿与各党各派及一切群众团体进行选举联盟，并在候选名单中确定共产党员只占三分之一，以便各党各派及无党无派人士均能参加边区民意机关之活动与边区行政之管理。在共产党员被选为某一行政机关之主管人员时，应保证该机关之职员有三分之二为党外人士充任，共产党员应与这些党外人士实行民主合作，不得一意孤行，把持包办。

（六）保证一切抗日人民（地主、资本家、农民、工人等）的人权，政权[2]，财权及言论、出版、集会、结社、信仰、居住、迁徙之自由权。除司法系统及公安机关依法执行其职务外，任何机关、部队、团体不得对任何人加以逮捕、审问或处罚，而人民则有用无论何种方式控告任何公务人员非法行为之权利。

（七）改进司法制度，坚决废止肉刑，重证据不重口供。对于汉奸分子，除绝对坚决不愿改悔者外，不问其过去行为如何，一律施行宽大政策，争取感化转变，给以政治上与生活上之出路，不得加以杀害、侮辱、强迫自首或强迫其写悔过书。对于一切阴谋破坏边区的分子，例如叛徒分子、反共分子等，其处置办法仿此。

（八）厉行廉洁政治，严惩公务人员之贪污行为，禁止任何公务人员假公济私之行为，共产党员有犯法者从重治罪。同时实行俸以养廉原则，保障一切公务人员及其家属必需的物质生活及充分的文化娱乐生活。

（九）发展农业生产，实行春耕秋收的群众动员，解决贫苦农民耕牛、农具、肥料、种子的困难，今年开荒六十万亩，增加粮食产量四十万担，奖励外来移民。

（十）在土地已经分配区域，保证一切取得土地的农民之私有土地制。在土地未经分配区域（例如绥德、富县、庆阳），保证地主的土地所有权及债主的债权，惟须减低佃农租额及债务利息，佃农则向地主缴纳一定的租额，债务人须向债主缴纳一定的利息，政府对东佃关系与债务关系加以合理的调整。

（十一）发展工业生产与商业流通，奖励私人企业，保护私有财产，欢迎外地投资，实行自由贸易，反对垄断统制，同时发展人民的合作事业，扶助手工业的发展。

（十二）调节劳资关系，实行十小时工作制，增强劳动生产率，提高劳动纪律，适当地改善工人生活。

（十三）实行合理的税收制度，居民中除极贫者应予免税外，均须按照财产等第或所得多寡，实施程度不同的累进税制，使大多数人民均能负担抗日经费。同时健全财政机构，调整金融关系，维护法币，巩固边币，以利经济之发展与财政之充裕。

（十四）继续推行消灭文盲政策，推广新文字教育，健全正规学制，普及国民教育，改善小学教员生活，实施成年补习教育，加强干部教育，推广通俗书报，奖励自由研究，尊重知识分子，提倡科学知识与文艺运动，欢迎科学艺术人才，保护流亡学生与失学青年，允许在学学生以民主自治权利，实施公务人员的两小时学习制。

（十五）推广卫生行政，增进医药设备，欢迎医务人才，以达减轻人民疾病之目的，同时实行救济外来的灾民、难民。

（十六）依据男女平等原则，从政治经济文化上提高妇女在社会上的地位，发挥妇女在经济上的积极性，保护女工、产妇、儿童，坚持自愿的一夫一妻婚姻制。

（十七）依据民族平等原则，实行蒙、回民族与汉族在政治经济文化上的平等权利，建立蒙、回民族的自治区，尊重蒙、回民族的宗教信仰与风俗习惯。

（十八）欢迎海外华侨来边区求学，参加抗日工作，或兴办实业。

（十九）给社会游民分子以耕种土地、取得职业与参加教育的机会，纠正公务人员及各业人民中对游民分子加以歧视的不良习惯，对会门组织实行争取、团结与教育的政策。

（二十）对于在战斗中被俘之敌军及伪军官兵，不问其情况如何，一律实行宽大政策，其愿参加抗战者，收容并优待之，不愿者释放之，一律不得加以杀害、侮辱、强迫自首或强迫其写悔过书。其有在释放之后又连续被俘者，不问被俘之次数多少，一律照此办理。国内如有对八路军、新四军及任何抗日部队举行攻击者，其处置办法仿此。

（二十一）在尊重中国主权与遵守政府法令的原则下，允许任何外国人到边区游历，参加抗日工作，或在边区进行实业、文化与宗教的活动。其有因革命行动被外国政府压迫而来边区者，不问其是宗主国人民或殖民地人民，边区政府当一律予以恳切的保护。

根据一九四一年五月一日《新中华报》刊印。

注 释

〔1〕这个文件的绝大部分是毛泽东加写和改写的。他还为这个文件改拟了题

目《陕甘宁边区施政纲领》和题下注“(中华民国三十年五月一日,中共边区中央局提出,中共中央政治局批准)”。

〔2〕这里的“政权”,指政治权利。

驳第三次“左”倾路线(节选)

(一九四一年)

一

据我们历来的想法,所谓对于情况的估计,就是根据我们对于客观地存在着的实际情况,加以调查研究,而后反映于我们脑子中的关于客观情况的内部联系,这种内部联系是独立地存在于人的主观之外而不能由我们随意承认或否认的。它有利于我们也好,不利于我们也好,能够动员群众也好,不能动员也好,我们都不得不调查它,考虑它,注意它。如果我们还想改变客观情况的话,那就可以根据这种真实地反映了客观情况内部联系的估计,规定行动方针,转过去影响客观情况,把它加以改造。这时,如果客观情况是有利于我们前进的,我们就向群众说:你们前进吧!如果是不利于我们前进的,我们就向群众说:你们暂停吧(近乎“等待主义”),或说:你们退却吧(大有“机会主义”嫌疑)!据我想,这就叫做马克思主义的起码观点呢!

二

必须明白，在日本人与国民党有巩固统治的一切地方（这种地方占全国十分之九以上的区域），绝对不能采取流血的武装斗争形式，而只能采用不流血的和平斗争形式。

和平斗争也有两种，一种是合法的公开的斗争，又一种是非法的秘密的斗争，但都是不流血的、不暴动的、非武装的斗争形式，二者统一起来，就是在敌人统治区域的策略路线。

一切日本人及国民党有巩固统治的区域都必须采取合法的公开的斗争形式。中国虽然不是民主的法治的国家，人民没有政治自由，尤其在日本统治区域对人民压迫得更厉害；但是政府的法律、社会的习惯，依然有很多地方可以利用，有很多矛盾、间隙、漏洞是可以被我们利用的。必须采取合法的能够公开的各种各色的斗争形式，才有人来，才能一般地避免政府的逮捕与解散，才能保全力量与积蓄力量。临时中央〔1〕却是拼命反对这种形式。有许多本来是非法的斗争，也要采用公开合法的形式才有胜利可能。例如罢工，是非法的，如果我们要争取胜利，避免失败，就必须利用当时当地各种经济的政治的社会的条件，可罢则罢之，不可罢则已之，罢而不胜则停之。做得入情入理，实行有理有利有节的原则，才能存在与胜利。而临时中央则不管三七二十一，只是下令“用一切力量组织反日罢工”。又如反日，是非法的，但亦可以利用社会的舆论与各种政治间隙去进行某些工作。临时中央却只是高叫一顿，乱撞一顿，结果是任何稍为广大的、稍为持久的反日运动也做不起来。

公开工作之外，还要有秘密工作与之相配合，这就是党的秘密组织工作，群众的秘密组织工作(作为群众公开组织的核心)，党派的秘密联合行动，秘密的情报工作，公开组织与公开斗争的事先秘密准备等。没有这一方面的工作，是不能存在于敌人统治区域的，公开工作也失了灵魂。临时中央则不但不愿意进行公开合法工作，也不愿意认真进行秘密工作，凡事爱暴露，爱显劲，爱称英雄，爱在明天早上胜利，结果在三年多的时间内，在敌人统治区域把党闹个精光，一点群众力量也闹个精光。

由此看来，临时中央的所谓“各种形式”，只是一句空话，其实他们只有一种形式，就是打、闹、叫，此外一点也没有。他们完全不知道中国的特点是武装斗争与和平斗争的统一，在和平斗争方面，又是公开斗争与秘密斗争的统一。这是极复杂的政治科学的一整套，中国共产党人如不学会这一整套政治科学，是无法胜利的。照临时中央的单纯的片面的冒险的干法，怎么能够“使工人阶级成为反日运动的骨干”，“使无产阶级成为中国民族的领导者与组织者”呢？不，是使工人阶级成为无用的长物，使无产阶级成为中国民族解放的空唤者与束手无策者。为什么有些同志连民族二字都不敢提呢？老爷〔2〕们既然提倡打倒一切，采取极端狭隘的关门主义与极端冒险的盲动主义，还吹什么民族呢？提了民族二字又有什么用处呢？

三

请问老爷们：为什么分配一切土地给一切人，就叫做“十足机会主义的观点”，叫做“完全忽视无产阶级领导权”呢？咳，我倒要叫老爷们听训了！你们一点什么都不懂，根本脱离农民群众，硬把所谓“地主不分田、富农分坏田”的错误路线强迫推行于苏区，自封为“明确的阶级路线”，而把南方如像江西等地的农民群众所赞成所拥护的“抽多补少、抽肥补瘦”的土地分配法，名之曰“富农路线”，“十足机会主义”，强迫取消，是何道理呢？你们也知道吗？地主不分田者，肉体上消灭地主之谓也，这是出于哪一条马列主义的？你们在理论上，既不主张破坏地主们的消化器，就得让他们吃饭。听说十月革命后，列宁曾把一些地主送到西伯利亚搬木头，给他们以劳动与吃饭的机会，这是真正的列宁主义。我们的“列宁主义者”则不然，既无木头叫地主搬，又不给地主一份土地去耕种，其结果，便是迫着他们去当绿色游击队，手执武器向苏维埃拼命，这有什么好处呢？富农分坏田，把富农降到赤贫，让这一部分农民也反对我们。在民主革命时期，在民主革命还未胜利时期，在强大敌人进攻、革命谁胜谁负还未决定时期，就要用不分田、分坏田的政策对待地主富农，这是属于哪一条列宁主义的呢？你们的这一套，就可以叫做领导权吗？否！这是毁灭权，这是毁灭无产阶级领导作用的办法，这是毁灭革命的办法啊！

在土地问题上，六次党代表大会的决议认为：“在有很多失业和贫苦的农民的地方，必然发生‘平分土地’的运动，如果这一口号为大多数农民群众所拥护时,共产党应加以赞助,因为这是彻底肃清一切封建余孽的口号,并且是直接动摇私有制度的。”这些话大部分是正确的,因为它适合中国这类地少人多的情况(在北方每人平均只有三亩地,在南方每人平均只有一亩地)。这一段话里,只有最后一句不妥当,因为“平分土地”的结果,并没有动摇全部私有制,只动摇了封建主义的私有制,使之变为农民的私有制,而且在农村中仍然摆着走资本主义道路或走社会主义道路两个前途,更不要说没有动摇城市中民族资产阶级和小资产阶级的私有制了。六大决议又说,要向农民说明在现时条件下没有实行真正平等的可能,因此不要把农民引向绝对平均主义(例如侵犯中农利益,分田后不允许土地买卖,即不允许新富农产生)。临时中央违反六次大会,发明一条“地主不分田、富农分坏田”的左倾机会主义路线,连同政治、军事、组织路线的错误,结果闹出一场革命的失败,其亦可谓“完全正确”也已矣。

四

认识世界是为了改造世界,人类历史是人类自己造出的。但不认识世界就不能改造世界,“没有革命的理论,就没有革命的运动”〔3〕,这一方面,我们的老爷是茫然了。必然王国之变为自由王国,是必须经过认识与改造两个过程的。欧洲的旧哲学家〔4〕,已经懂得“自由是必然的认识”这个真理。马克思的贡献,不是否认这个真理,而是在承认这个真理之后补充了它的不足,加上了根据对必然的认识而“改造世界”〔5〕这个真理。“自由是必然的认识”——这是旧哲学家的命题。“自由是必然的认识和世界的改造”——这是马克思主义的命题。一个马克思主义者如果不懂得从改造世界中去认识世界，又从认识世界中去改造世界，就不是一个好的马克思主义者。一个中国的马克思主义者，如果不懂得从改造中国中去认识中国，又从认识中国中去改造中国，就不是一个好的中国的马克思主义者。马克思说人比蜜蜂不同的地方，就是人在建筑房屋之前早在思想中有了房屋的图样〔6〕。我们要建筑中国革命这个房屋，也须先有中国革命的图样。不但须有一个大图样，总图样，还须有许多小图样，分图样。而这些图样不是别的，就是我们在中国革命实践中所得来的关于客观实际情况的能动的反映（关于国内阶级关系，关于国内民族关系，关于国际各国相互间的关系，以及关于国际各国与中国相互间的关系等等情况的能动的反映）。我们的老爷之所以是主观主义者，就是因为他们的一切革命图样，不论是大的和小的，总的和分的，都不根据于客观实际和不符合于客观实际。他们只有一个改造世界或改造中国或改造华北或改造城市的主观愿望，而没有一个像样的图样，他们的图样不是科学的，而是主观随意的，是一塌胡涂的。老爷们既然完全不认识这个世界，又妄欲改造这个世界，结果不但碰破了自己的脑壳，并引导一群人也碰破了脑壳。老爷们对于中国革命这个必然性既然是瞎子，却妄欲充当人们的向导，真是所谓“盲人骑瞎马，夜半临深池”了。

五

从“九一八”至遵义会议的“左”倾机会主义路线领导者们的所谓两条战线斗争是主观主义的。这首先是因为他们拿了衡量一切的他们自己的路线,是不根据于客观实际而仅仅根据于主观愿望,胡乱制造出来的。以机会主义的思想去衡量别人的思想,于是到处都发现“机会主义”,正如有鬼论者到处见鬼一样。第二,因为他们看事物的方法是主观主义的,既用这种方法造出了他们自己的主观主义的政治路线,又用这种方法造出了他们自己的宗派主义的组织路线,于是对于凡不合他们胃口的一切人都看作是“机会主义者”。他们对于事既不用唯物的辩证的方法,对于人自然也不用这种方法。而要作两条战线上的斗争,如果离开了唯物的辩证的方法,就会只是胡闹一顿,决无好结果可言。第三,他们连什么叫做“两条战线斗争”也是一点不懂得。他们不知道两条战线斗争,在马克思主义者看来,就是对于在时间与空间中运动着的一定事物的过去与现在的发展状态加以分析与综合,因而可以肯定它的暂时安定性(即该事物的本质及其属性)的一种方法。例如为要认识中国现存社会的性质是什么,就必须对中国社会的过去状况与现在状况加以科学的具体的分析,懂得它既不同于独立的封建社会(第一条战线上的斗争),也不同于独立的资本主义社会(第二条战线上的斗争),然后才可作出综合的结论,说它是一个半殖民地的(半独立的)半封建的社会。又如要认识现时中国革命的性质是什么,就必须从中国社会是特殊的半殖民地半封建的社会这一点出发，加以科学的分析，懂得它既不同于没有民族压迫只有封建压迫而无产阶级又未觉悟的国家，如像二百年前的法兰西那样，是由资产阶级领导推翻封建阶级专政、建立资产阶级专政的革命（第一条战线上的斗争），也不同于由于无产阶级觉悟而在推翻封建阶级之后社会条件与政治条件容许实行社会主义制度，如像十月革命时的俄国那样，是由无产阶级领导推翻资产阶级专政、建立无产阶级专政的革命（第二条战线上的斗争），然后才可作出综合的结论，说现时的中国革命是无产阶级领导的反帝反封建的建立各个革命阶级联合专政的新民主主义的革命。对于每一件具体的事，每一个具体的人，如果要认识它的性质，就必须使用这种两条战线斗争的方法，加以具体的分析与综合的调查研究，才能做出肯定的结论。稍一离开这种方法，稍一不合该事该人的实际，就没有法子做出正确的结论。"左"倾机会主义路线的领导者们主观地狂妄地采取所谓两条战线的方法，完全离开了具体的科学的研究工作，故其结论不能不是错误的。"左"倾机会主义路线领导者们的主观主义的两条战线斗争的方法，把党内对于这个方法的思想弄得极其混乱与模糊起来了。许多人都晓得要作两条战线上的斗争，但许多人都不晓得究竟如何做法，成了一句不值钱的口头禅。第四，"左"倾机会主义路线领导者们的主观主义的两条战线斗争的方法，亦即他们的乱斗法，自然就不能如《联共党史》[7]在其结束语中所说的，既要同"党内机会主义集团——'经济主义者'，孟什维克，托洛茨基分子，布哈林分子，民族主义倾向者"作斗争，并将他们加以粉碎（结束语第四条）；又要发展批评与自我批评，纠正党与党员在工作中所犯的错误(结束语第五条)。“左”倾机会主义路线的乱斗法,没有可能将这二者(对付敌人和对付犯错误的同志)加以区别,而把用于对付敌人的方法来对付了同志,在党内造成了一种乱斗的习惯,不分青红皂白,大事小事,一律都是“最坚决无情的斗争”,到处都是“仇恨”与“斗争的积极性”,造成党内离心离德、惶惶不可终日的局面。这种反科学的小资产阶级主观主义的乱斗法,如果不肃清,党要达到真正的团结与统一是不可能的。

根据中央档案馆保存的原件刊印。

注　释

〔1〕指一九三一年九月根据共产国际远东局提议,在上海成立的中共临时中央政治局。

〔2〕指以王明为代表的“左”倾教条主义者。

〔3〕见列宁《怎么办?》第一章第四节(《列宁选集》第1卷,人民出版社1972年版,第241页)。

〔4〕指荷兰唯物主义哲学家斯宾诺莎和德国古典唯心主义哲学家黑格尔等。

〔5〕参见马克思《关于费尔巴哈的提纲》(《马克思恩格斯选集》第1卷,人民出版社1972年版,第16—19页)和恩格斯《反杜林论》第一编第十一节《道德和法。自由和必然》(《马克思恩格斯选集》第3卷,人民出版社1972年版,第154页)。

〔6〕参见马克思《资本论》第一卷第五章《劳动过程和价值增殖过程》。原文是:“蜜蜂建筑蜂房的本领使人间的许多建筑师感到惭愧。但是,最蹩脚的建筑师从一开始就比最灵巧的蜜蜂高明的地方,是他在用蜂蜡建筑蜂房以前,已经在自己的头脑中把它建成了。”(《马克思恩格斯全集》第23卷,人民出版社1972年版,

第202页)。

〔7〕即《联共(布)党史简明教程》。

当前形势与我们的方针

（一九四一年五月九日）

彭左，陈刘赖，贺关，荣臻，萧克，吕程，刘邓，任穷，朱陈罗，黎罗，粟刘，克诚，张邓，雪枫，先念，震林[1]：

（一）敌正集中兵力，企图进攻河南、陕西、云南，打通平汉路，截断西南、西北两交通线。对豫、陕两方，闻调动兵力在四个师团以上，日来平汉、同蒲各路运输甚忙，战事有在近日发生可能。

（二）判断经此战役国民党反共气焰当大减杀，时局有好转希望。苏联援华不变，近到飞机百余架，炮二百门，中苏关系亦有改善可能。汤恩伯、胡宗南[2]均准备对敌。国民党要求我军配合作战，惟仍想用激将法，谓中共如不与日妥协，便应在华北发动攻势，制止敌进。

（三）我们方针，决不被其激将法所动，仍按我军现在姿态，巩固各根据地，耐心发展敌、伪、奸三种工作（这是极重要的）。按当地情况许可，拔取敌伪某些深入我区的据点。在接近豫、陕地区，应有相当部队配合友军作战，并极力发展统战工作，但不要乘机向国民党地区扩展，使蒋、桂各军放心对敌。对韩、沈、于、高[3]各部亦暂时停止攻击。在战事发生时，应强调“全国人民团结起来反对日本帝国主义进攻”的号召。

（四）中央已电恩来同志，对国民党要求我军配合作战，告以当然如此，不成问题。同时提出（甲）速解决新四军问题，（乙）速发饷弹，（丙）停止反共，（丁）派机送周回延开会等项。

（五）我八路、新四两军望按上述方针沉着地部署一切。

毛、朱、王、叶〔4〕

佳

根据毛泽东手稿刊印。

注　释

〔1〕彭左，指彭德怀、左权，当时分别任八路军副总司令和副参谋长。陈，指陈毅，当时任新四军代军长。刘，指刘少奇。赖，指赖传珠（一九一〇——一九六五），江西赣县人，当时任新四军参谋长。贺关，指贺龙、关向应，当时分别任八路军第一二〇师师长和政治委员。荣臻，即聂荣臻，当时任八路军晋察冀军区司令员兼政治委员。萧克，当时任八路军冀热察挺进军司令员。吕，指吕正操，一九〇五年生，辽宁海城人，当时任八路军第三纵队兼冀中军区司令员。程，指程子华，当时任八路军第三纵队兼冀中军区政治委员。刘邓，指刘伯承、邓小平，当时分别任八路军第一二九师师长和政治委员。任穷，指宋任穷，当时任八路军冀南军区政治委员。朱，指朱瑞，当时任中共山东分局书记。陈罗，指陈光、罗荣桓，当时分别任八路军第一一五师代师长和政治委员。黎，指黎玉（一九〇六——一九八六），山西崞县（今原平）人，当时任八路军山东纵队政治委员。罗，指罗舜初（一九一二——一九八一），福建上杭人，当时任八路军山东纵队参谋处处长。粟，指粟裕（一九〇七——一九八四），湖南会同人，当时任新四军第一师师长兼苏中军区司令员。刘，指刘炎（一九〇五——一九四六），湖南桃源人，当时任新四军第一师政治委员兼苏中军区政治委员。克诚，即黄克诚，当时任新四军第三师师长兼政治委员。张，指张云逸，当时任新四军副军长兼第二师师长。邓，指邓子恢（一八九六——一九七二），福建龙岩人，当时任新四军政治部主任。雪枫，即彭雪枫，当时任新四军第四师师长兼政

治委员。先念，即李先念，当时任新四军第五师师长兼政治委员。震林，即谭震林（一九〇二——一九八三），湖南攸县人，当时任新四军第六师师长兼政治委员。

〔2〕汤恩伯、胡宗南，当时分别任国民党第三十一集团军总司令和第三十四集团军总司令。

〔3〕韩，指韩德勤，当时任国民党江苏省政府主席、国民党军鲁苏战区副总司令。沈，指沈鸿烈，当时任国民党山东省政府主席、国民党军鲁苏战区副总司令。于，指于学忠，当时任国民党军鲁苏战区总司令。高，指高树勋，当时任国民党军第三十九集团军副总司令兼新编第八军军长。

〔4〕朱，指朱德。王，指王稼祥，当时任中共中央军委副主席兼总政治部主任。叶，指叶剑英，当时任中共中央军委参谋长。

延安《解放日报》发刊词

（一九四一年五月十六日）

本报之使命为何？团结全国人民战胜日本帝国主义一语足以尽之。

这是中国共产党的总路线，也就是本报的使命。在目前的国际国内形势下，这一使命是更加严重了。

现在的问题是：世界是帝国主义强盗互相屠杀的世界，还是世界人民和平的世界？中国是日本帝国主义的中国，还是中国人的中国？这些问题，在现在帝国主义战争变为世界范围的战争，日本帝国主义企图最后灭亡中国之时，已经尖锐地摆在我们面前了。

没有一个帝国主义国家不卷入战争（美国实际上已经参战），战争已以全球为屠场，全世界人民如不奋起反对战争力争人民的和平，则世界有陆沉之忧，人类有毁灭之祸。现在全世界人民反帝反战的斗争已经发展起来，这是世界真正光明的所在，各国共产党站在这一斗争的前线，这一斗争将援助着中国人民的斗争，中国人民有与世界人民相联系的任务。

日本帝国主义在四年战争中不能解决的中国问题，它现在企图来"最后解决"了，一切对日本帝国主义的进攻加以轻视的意见是不对的，在这种意见之下，就是国共磨擦，就是反共高潮，就是两个战争。我们主张是国共团结，是消灭磨擦，是一个战争。须知只有一个战争，一个专对日本帝国主义的战争，才能打退日本帝国主义的进攻与驱逐日本帝国主义。中国的外交政策必须是亲苏政策，虽然同时不放弃对英对美的外交。中国的内政政策，必须是民主政策，一切反共反人民反民主的反动政策，必须取消。

现在是中国存亡绝续的关键，全国一切抗日党派抗日人民必须团结起来，对付日本帝国主义这个主要的敌人。中国共产党是站在这一斗争的前线的，过去如此，现在还是如此，将来还是如此。中国共产党的政策，始终是抗日民族统一战线政策。中国共产党是与人为善的，一切在抗日战争中犯过错误的人，中国共产党与以反省改悔的机会，仅仅对背叛民族利益而又绝对坚决不愿改悔的人，方才与以坚决的打击。而这乃是完全必要的，对于背叛民族利益而又绝对坚决不愿改悔的民族叛徒，如不与以坚决的打击，则民族抗战必然遭到失败。

中国共产党的使命就是本报的使命，本报同人完全相信，由于世界人民与中国人民协力斗争的结果，世界必然要变成一个世界人民的光明世界，中国必然要变成一个中国人民独立自主的中国，日本帝国主义的一切企图，我们是能够粉碎的。团结，团结，团结，这就是我们的武器，也就是我们的口号。今当本报发刊之始，愿掬至诚，以告国人。

根据一九四一年五月十六日《解放日报》刊印。

关于财政预算问题给林伯渠[1]的信

（一九四一年六月十三日、十五日）

林老：

预决算看了，今付还。

此类情况，以后请随时通知我，我虽不能为你分忧，但人事调整方面可多少帮你的忙。

今日所谈，系大政方针与人事政策，承你同意，以后必可办通。

有两点还请注意：（一）凡必不可免之钱，予以概允，使受者得所。将来要塌台，让他塌去（实际上不会塌的），此时不与断断计较。其原则就是“必不可免”四字。弱小部分，予以扶助，亦包括在此原则内。（二）不管是中央的，军队的，地方的，一概包揽，为之统筹。军队不分国军、地方军（不立此名目），一概统筹。此次预算内无军队部分，以后请添进去。是否有当，还请卓酌。

并致谢老[2]。

毛　泽　东

六月十三日夜

总之发展路线是完全正确的。

又陈者：(一)追加预计，不可免的，因预先计划不可能，例如《解放日报》经费，在决定出报前没有人能预计者。故只能由你在预算中加重总预备费，尔后按需要(必不可免者)支用。(二)不必肯定边币只维持一千万，宜作千五百万之打算，较不束缚手足。(三)预计算中应把自力更生部分打进去，例如康生处[3]月用57，000元，只支12，000元，自筹45，000元，要把此数也打进去。大概公支只三分之一，自筹占三分之二。预计算中遗落此种部分是不合实际的。因此须与党、政、军各部分的实际状况密切联系，了解其情形，方能算计。尤其是军。(四)商品货币流通量成正比例说，亦不宜坚持，宜估计到许多新条件，还待今后研究。如持之过坚，将来不准，有损信誉。以上各点，就感想所及，书备考虑。

毛　泽　东

六月十五日

根据手稿刊印。

注　　释

〔1〕林伯渠，当时任陕甘宁边区政府主席。

〔2〕谢老，指谢觉哉，当时任中共中央西北局副书记、中共陕甘宁边区政府党团书记、陕甘宁边区政府秘书长。

〔3〕指当时康生任部长的中共中央社会部。

抗战中对大地主大资产阶级实行一拉一打政策

（一九四一年六月二十八日）

少奇同志：

文日〔1〕电悉，都是对的，都同意。惟在二段甲项内似有与乙项不调和的地方，请再检阅考虑一下。我们的抗日民族统一战线是包括一切还在抗日的大地主大资产阶级在内的，是全民族联盟，不但是工农小资产阶级联盟。在抗日一点上确是如此，在民主一点上则大地主大资产阶级是坚决的反对力量，但在我根据地内则大地主大资本家为保存其经济利益为向我作合法斗争亦可赞成我之民主政权。故在抗日过程中，不论在全国范围内在根据地内，除汉奸外，对大地主大资本家是一拉一打政策，拉其抗日，打其反共反民主，但目前拉还是主要的，打是辅助的，打是达到拉之手段。这一点与你在二段乙项中的意见是一致的，但与甲项似有些不调和，望加考虑为盼（在中国孤立大资产阶级与俄国孤立资产阶级不同，在中国只孤立其反共方面，在俄国则是绝对孤立政策）。对彭雪枫〔2〕五月三日电的错误，我有一复电同时发给你，收到请告你的意见。

毛　泽　东

六月二十八日

根据手稿刊印。

注　释

〔1〕文日，即十二日。

〔2〕彭雪枫，当时任新四军第四师师长兼政治委员。

八路军新四军应取长期斗争方针

（一九四一年七月十八日）

少奇同志：

文[1]电悉。（一）反攻口号是对的，七七宣言[2]上已提积极进攻口号，将来可用带战略性的反攻口号。（二）但八路、新四大规模动作仍不适宜，还是熬时间的长期斗争的方针，原因是我军各种条件均弱，大动必伤元气，于我于苏均不利。（三）全局决定于苏联打胜仗。苏之数百万后备军目前刚刚用上，或在数日内有一决战，制止德军攻势，则大局最有利。如列宁格勒、莫斯科两城不守，则日必攻苏，苏之困难加重，将变为长期战争，但英苏协定已奠定最后胜利基础，美德、美日冲突均不可免，大局仍不利于法西斯。（四）乘机取利，制日制共，是蒋[3]的方针，因此我们对蒋还是既不让又不攻的方针。让地盘给蒋在我既事实上不可能，他也决不会同日本拚，他是很机会主义的，很精巧的。（五）你前电所提以《共产党宣言》、《新民主主义论》两书作老干部文化课本，似不适宜，因太深读不懂。还宜重新编课本，中宣部在着手。（七）你的两篇文章望从香港寄来，以资快睹。

毛 泽 东

巧

根据手稿刊印。

注 释

〔1〕文，即十二日。

〔2〕七七宣言，指一九四一年七月七日《中国共产党中央委员会为抗战四周年纪念宣言》。

〔3〕蒋，指蒋介石。

中共中央
关于调查研究的决定[1]

（一九四一年八月一日）

二十年来，我党对于中国历史、中国社会与国际情况的研究，虽然是逐渐进步的，逐渐增加其知识的，但仍然是非常不足；粗枝大叶、不求甚解、自以为是、主观主义、形式主义的作风，仍然在党内严重地存在着。抗战以来，我党在了解日本、了解国民党、了解社会情况诸方面是大进一步了，主观主义、形式主义作风也减少了。但所了解者仍然多属粗枝大叶的、漫画式的，缺乏系统的周密的了解，主观主义与形式主义作风并未彻底消灭。对于二十年来由于主观主义与形式主义，由于幼稚无知识，使革命工作遭受损失的严重性，尚未被全党领导机关及一切同志所彻底认识。到延安来报告工作的同志，其中的多数，对于他们自己从事工作区域的内外环境，不论在社会阶级关系方面，在敌伪方面，在友党友军方面，在自己工作方面，均缺乏系统的周密的了解。党内许多同志，还不了解没有调查就没有发言权这一真理。还不了解系统的周密的社会调查，是决定政策的基础。还不知道领导机关的基本任务，就在于了解情况与掌握政策，而情况如不了解，则政策势必错误。还不知道，不但日本帝国主义对于中国的调查研究，是如何的无微不至，就是国民党对于国内外情况，亦比我党所了解的丰富得多。还不知道，粗枝大叶、自以为是的主观主义作风，就是党性不纯的第一个表现；而实事求是，理论与实际密切联系，则是一个党性坚强的党员的起码态度。我党现在已是一个担负着伟大革命任务的大政党，必须力戒空疏，力戒肤浅，扫除主观主义作风，采取具体办法，加重对于历史，对于环境，对于国内外、省内外、县内外具体情况的调查与研究，方能有效地组织革命力量，推翻日本帝国主义及其走狗的统治。为此目的，特决定办法如下：

（一）中央设置调查研究机关，收集国内外政治、军事、经济、文化及社会阶级关系各方面材料，加以研究，以为中央工作的直接助手。

（二）各中央局、中央分局、独立区域的区党委或省委，八路军、新四军之高级机关，各根据地高级政府，均须设置调查研究机关，收集有关该地敌友我政治、军事、经济、文化及社会阶级关系各方面材料，加以研究，以为各该地工作的直接助手，同时供给中央以材料。

（三）关于收集材料的方法，举例如下：第一，收集敌、友、我三方关于政治、军事、经济、文化及社会阶级关系的各种报纸、刊物、书籍，加以采录、编辑与研究。第二，邀集有经验的人开调查会，每次三五人至七八人，调查一乡、一区、一县、一城、一镇、一军、一师、一工厂、一商店、一学校、一问题（例如土地问题、劳动问题、游民问题、会门问题）的典型。从研究典型着手是最切实的办法，由一典型再及另一典型。第三，在农村中，应着重对于地主、富农、商人、中农、贫农、雇农、手工工人、游民等各阶层生活情况及其相互关系的详细调查；在城市中，应着重对于买办大资产阶级、民族资产阶级、小资产阶级、贫民群众、游民群众及无产阶级的生活情况及其相互关系的详细调查。第四，利用各种干部会、代表会收集材料。第五，写名人列传。凡地主、资本家财产五万元以上者，敌军、伪军、友军团长以上的军官，敌区、友区县长以上的官长，敌党、伪党、友党县以上的负责人，名流、学者、文化人、新闻记者在一县内外闻名者，会门首领、教派首领、流氓头、土匪头、名优、名娼，以及在华外人活动分子，替他们每人写一数百字到数千字的传记。此种传记，要责成地委及县委同志分负责任，传记内容须切合本人实际。同时注意收集各种人员的照片。第六，个别口头询问。或派人去问，或调人来问，问干部、问工人、问农民、问文化人、问商人、问官吏、问流氓、问俘虏、问同情者，均属之。第七，收集县志、府志、省志、家谱，加以研究。

（四）除中央及各地的调查研究机关外，必须动员全党、全军及政府之各级机关及全体同志，着重对于敌友我各方情况的调查研究，并供给上级调查研究机关以材料。

（五）向各级在职干部与训练干部的学校，进行关于了解客观情况（敌、友、我三方）的教育。鼓励那些了解客观情况较多较好的同志，批评那些尚空谈不实际的同志；鼓励那些既了解情况又注意政策的同志，批评那些既不了解情况又不注意政策的同志。使这种了解情况、注意政策的风气，与学习马列主义理论的风气密切联系起来。在学习中反对不管实际只记条文的风气，反对将学习马列主义原理原则与了解中国社会情况、解决中国革命问题互相脱节的恶劣现象。要提倡干部与学生看报，指导看报方法，指导他们分析时局的每一变动。要供给干部与学生关于国内外、省内外、县内外各种情况的实际材料，把讲授与研究这些材料及其结论当作正式课程，给与必要时间，并实行考绩。

（六）责成各级党部将本决定与中央七月一日所发关于增强党性的决定联系起来，向党的委员会及干部会议作报告，并讨论实施办法。

根据中共中央书记处一九四一年编印的《六大以来》刊印。

注　释

〔1〕这个决定是毛泽东起草的。

给萧军[1]的信

（一九四一年八月二日）

萧军同志：

两次来示都阅悉，要的书已付上。我因过去同你少接触，缺乏了解，有些意见想同你说，又怕交浅言深，无益于你，反引起隔阂，故没有即说。延安有无数的坏现象，你对我说的，都值得注意，都应改正。但我劝你同时注意自己方面的某些毛病，不要绝对地看问题，要有耐心，要注意调理人我关系，要故意地强制地省察自己的弱点，方有出路，方能“安心立命”。否则天天不安心，痛苦甚大。你是极坦白豪爽的人，我觉得我同你谈得来，故提议如上。如得你同意，愿同你再谈一回。敬问近好！

毛　泽　东

八月二日

根据人民出版社一九八三年出版的《毛泽东书信选集》刊印。

注　　释

〔1〕萧军（一九〇七——一九八八），辽宁锦县人。当时任中华全国文艺界抗敌协会延安分会理事。

关于财经建设的基本方针给谢觉哉[1]的信

（一九四一年八月六日）

觉哉同志：

近日我对边区财经问题的研究颇感兴趣，虽仍不深刻，却觉其规律性或决定点似在简单的两点，即（一）发展经济，（二）平衡出入口。首先是发展农、盐、工、畜、商各业之主要的私人经济与部分的公营经济，然后是输出三千万元以上的物产于境外，交换三千万元必需品入境，以达出入口平衡或争取相当量的出超。只要此两点解决，一切问题都解决了。而此两点的关键，即粮、盐二业的经营，如能增产二十万至三十万担粮与运三十万至四十万驮盐出境，即算基本地解决了两个问题。

按此两点来检查我们工作，则：（一）今年的八百万投资仅顾及公营事业，全没有顾及私人农业贷款与合作社贷款，仅是不得已的过渡时期的办法，今后必须停止公业投资，发动私业投资，即大放农贷与合作社贷款，兼放畜牧贷款与私商贷款，以达增加粮食产量、牛羊产量与相当繁荣商业之目的。如能投三四百万元于农业，加以政府的春耕秋收运动之动员，增产二十万至三十万担粮食，则收二十万担粮税数千万斤草税而民不伤，或尚可向绥、榆[2]输出数万担。如能使畜产繁殖及商业有相当繁荣，则年收二三百万元羊税与七八百万元商税而民不怨，财政的基本问题即解决了。今年之仅仅注意公业投资未能顾及私业投资，是由于等着公营事业救急的特殊情况，但由此产生的害则是与民争利（垄断）及解决不了大问题。明年决不能继续这个方针，仅有盐业投资是明年应该继续的，而其他公营的农、工、商业则只当作必要的一部分继续下去。（二）盐为达到出入口平衡之唯一的或最主要的办法，只要能年输三十万驮出境，换取三千万元（以每驮法币百元计）棉、布进来，即算平衡了出入口，因据银行告我，边区棉、布等入口年仅三千万元之数。如能输出四十万驮，除换取三千万元棉、布之外，尚有一千万元现币进口，则情况更好了。至收六百万至八百万元盐税以补一部分财政之不足，尚是第二个好处，盐的第一个好处是解决出入口平衡问题。出入口问题一解决，则物价、币价两大问题即解决了。据此以观今年盐的官督民运政策，不但是未可厚非的，而且是完全正当的，虽然是否能销出三十万至四十万驮尚不可必，然舍此并无解决出入口问题之其他办法，因而舍此便无法解决物价、币价两大问题，故此政策的根本方针是完全正当的。因为完全的自由贸易政策，在盐的问题上，今年是不能行的，原因是粮贵、草贵与国民党限制，今年与去年不相同，舍官督民运（半强制主义），便不能运三十万至四十万驮出境。

我前信未蒙林老[3]复示，似以所提各点为不切肯要。然区区之意，在使此问题得到合理解决，以达意志统一与行动统一之目的，过去数月的不统一，实在是非常之不利的。然统一首在对财经建设基本方针有一致意见，故就感想所及，提出如上论点，就正于你及林老。如你及林老觉得有错误，即祈毫不客气，一一指正，以归一是。昨日政治局会议决定委托我召集一次有关同志的会议，解决本问题。我想先作个别商讨，然后再开会议，较为有益，未知你意如何？

敬候日安！

毛　泽　东

八月六日

根据人民出版社一九八三年出版的《毛泽东书信选集》刊印。

注　　释

〔1〕谢觉哉，当时任中共中央西北局副书记、中共陕甘宁边区政府党团书记、陕甘宁边区政府秘书长。

〔2〕绥、榆，指陕西的绥德县和榆林县。

〔3〕林老，指林伯渠，当时任陕甘宁边区政府主席。

关于总结财经工作经验给谢觉哉[1]的信

（一九四一年八月二十二日）

谢老：

二十一日示悉。我要的，就是林老[2]令财、建两厅起草的，不是另要别的计划。你说有了今年经验，计划会要实际些，是对的。今年有很丰富的经验，为前此所未有。最大的一条经验，就是在公私合作中（八万人与一百四十万人合作）解决了问题，证明政策是对的，办法是有的。至于执行政策中的错误缺点（边币中，盐的产运销中，粮食中，税收中，公营工商业中），都由于缺少经验之故，今后应该着大力于纠正。今年的所以采取这些政策，首先是根据于革命与战争两个基本的特点，其次才是根据边区的其他特点（地广，人稀，贫乏，经济落后，文化落后等）。凡人（包括共产党员）都只能根据自己的见闻即经验作为说话，做事，打主意，定计划的出发点或方法论，故注意吸收新的经验甚为重要，未见未闻的，连梦也不会作。边区有了今年经验，明年许多事都好办了。今年经验教育了八万人，也教育了一百四十万人（富县报告可证），教育了干部，也教育了领导者。善于总结经验，就是领导者的任务。边区有政治、军事、经济、财政、锄奸、文化各项重大工作，就现时状态即不发生大的突变来说，经济建设一项乃是其他各项的中心，有了穿吃住用，什么都活跃了，都好办了，而不要提民主或其他什么为中心工作。这些意见，未加深究，提出作为你的参考。高岗〔3〕同志送来一个材料，值得注意，阅后请退还高同志。徐老〔4〕生活的叙述看过，已交组织部，中央准备一般地解决这个问题，不但徐老一人。此问

日安！

毛　泽　东

八月二十二日

周文〔5〕可加入党团〔6〕，共六人，请提出中央局。政府党团向中央局负责，是执行中央局决定的，其任务是掌握政策，总结经验，大事须经中央局批准。

我说盐的官督民运含有部分的强制劳动，不说半强制劳动，就是你说的公私交利之意。但必须承认这部分强制的必要性，第一，农暇必须去，非去不行；第二，公盐六万驮，不但今年，明年还是必须的，应列入明年预算中。春耕秋收动员，也带部分强制性，但运盐的强制性，较之春耕秋收要多一些，与完全无偿的军事动员如运粮，经济动员如筑路则大有区别。但运粮筑路也是必须的，也得承认之。只反对劳民伤财有损无益的动员。又及。

根据人民出版社一九八三年出版的《毛泽东书信选集》刊印。

注　　释

〔1〕谢觉哉，当时任中共中央西北局副书记、中共陕甘宁边区政府党团书记、陕甘宁边区政府秘书长。

〔2〕林老，指林伯渠，当时任陕甘宁边区政府主席。

〔3〕高岗（一九〇五——一九五四），陕西横山人。当时任中共中央西北局书记。

〔4〕徐老，指徐特立，当时任延安自然科学院院长。

〔5〕周文（一九〇七——一九五二），四川荥经人。当时任陕甘宁边区政府教育厅厅长。

〔6〕这里指陕甘宁边区政府党团。党团，当时是中国共产党在政府、工会、农会及其他群众组织中建立的党的领导机构。在中国共产党第七次全国代表大会制定的党章中，党团改称“党组”。

反对主观主义和宗派主义[1]

（一九四一年九月十日）

过去我们的党很长时期为主观主义所统治，立三路线和苏维埃运动后期的“左”倾机会主义都是主观主义。苏维埃运动后期的主观主义表现更严重，它的形态更完备，统治时间更长久，结果更悲惨。这是因为这些主观主义者自称为“国际路线”，穿上马克思主义的外衣，是假马克思主义。

在苏维埃运动后期，五中全会[2]的精神，提倡搞社会主义革命，否认革命发展不平衡，认为当时的斗争是两条道路[3]的决战。这些都比立三路线的“左”倾在政治上表现得更完备。

在军事上，立三路线尚未完全影响苏区，而苏维埃运动后期的“左”倾机会主义则完全影响苏区，使红军遭受更大的失败。

在组织上，苏维埃运动后期打击干部、胡乱肃反等等，比立三路线更厉害。

主观主义者提出不合实际情况的任务，如要求扩大百万红军、进攻中心城市等。

一九三二年到一九三五年十二月共三年多的党的路线，尚未作总结，现在要准备在党的七大作总结。

一九三二年五月十一日苏区中央局的决议[4]，是完全主观主义的东西。

一九三三年反邓、毛、谢、古[5]“右倾机会主义”的一篇文章，实际上是指鸡骂狗的。当时认为“罗明路线”[6]在福建，在江西，在建黎泰[7]，整个中央苏区都弄成是“罗明路线”。这篇反“罗明路线”的纲领性的文章，认为江西“罗明路线”的主要错误是：（一）取消反帝运动，（二）放弃苏区，（三）富农路线，（四）官僚主义。

遵义会议，实际上变更了一条政治路线。过去的路线在遵义会议后，在政治上、军事上、组织上都不能起作用了，但在思想上主观主义的遗毒仍然存在。

六中全会[8]对主观主义作了斗争，但有一部分同志还存在着主观主义，主要表现在延安的各种工作中。在延安的学校中、文化人中，都有主观主义、教条主义。这种主观主义同实事求是的马克思主义是相对抗的。它的来源是：

（一）中国的传统，“左”的传统。

（二）外国的传统，过去共产国际如布哈林、季诺维也夫[9]等人的影响。

（三）中国是科学不发达的、存在广大小资产阶级的国家。

现在，延安的学风存在主观主义，党风存在宗派主义。

克服这些不正之风的办法是：

（一）要认识主观主义的严重性。延安处在和平环境的后方，主观主义表现严重，但在全国也存在着主观主义。

（二）要分清创造性的马克思主义和教条式的马克思主义。

（三）宣传创造性的马克思主义。

（四）我们反对主观主义，是为着提高理论，不是降低马克思主义。我们要使中国革命丰富的实际马克思主义化。

（五）对于理论脱离实际的人，提议取消他的“理论家”的资格。只有用马克思主义观点来研究实际问题、能解决实际问题的，才算实际的理论家。斯大林说，脱离实际的理论是空洞的理论〔10〕。我认为空洞的理论是荒谬绝伦的理论。

对研究实际问题的文章，要多给稿费。能使马克思主义中国化的教员，才算好教员，要多给津贴。

（六）宗派主义现在也有。在延安，首长才吃得开，许多科学家、文学家都被人看不起。宗派主义是排挤非党干部的一种风气，即排外主义。同时也排内。闹独立性、不服从决议、没有纪律的现象，必须整顿。

路线是“王道”，纪律是“霸道”，这两者都不可少。

过去卫生部门一个负责人违反对专家的政策，本位主义，违反共产主义道德，所以被撤职。

（七）对宗派主义、本位主义，必须从原则上开展斗争。要实行两条路线的斗争，反对主观主义和宗派主义，反对教条主义和事务主义。

（八）报纸上要多登文章，奖励辩证唯物论的文章，反对主观主义的文章。

（九）实行学制的改革，把过去的一套彻底打碎。研究马、恩、列、斯的思想方法论，以《联共党史》〔11〕为学习的中心，多看反对主观主义的言论。

组织思想方法论的研究组，首先从政治局同志做起。

以思想、政治、政策、军事、组织五项为政治局的根本业务。

政治要注意时局动向，中央委员必须增加政治知识。

军事是目前战时必须研究的业务。

掌握思想教育是我们第一等的业务。

（十）要用分析的方法来解决问题。这是过去资产阶级提出的科学方法，但还要综合。我们要用分析和综合的方法，从整个事物中抽出问题来作分析，再加以综合。

（十一）研究六大至七大的中央决议。

中央研究组一方面研究马克思主义的思想方法论，一方面研究六大以来的决议，毛泽东为组长，王稼祥为副组长。

（十二）教育委员会（以洛甫〔12〕为首）的工作，先进行调查，再进行改革。

（十三）延安开一个动员大会，中央政治局同志全体出马，大家都出台讲话，集中力量反对主观主义和宗派主义。

（十四）打倒两个主义，把人留下来。反对主观主义和宗派主义，把犯了错误的干部健全地保留下来。

（十五）电告少奇、恩来，征询他们的意见。

（十六）实行全党动员，除增强党性决定、调查研究决定〔13〕外，再写些文章。

根据《文献和研究》一九八五年第一期刊印。

注　释

〔1〕这是毛泽东在中共中央政治局扩大会议上的讲话。

〔2〕指一九三四年一月召开的中共六届五中全会。

〔3〕指革命道路和殖民地道路。

〔4〕指《苏区中央局关于领导和参加反对帝国主义进攻苏联瓜分中国与扩大民族革命战争运动周的决议》。

〔5〕邓，指邓小平，一九三二年冬任中共会昌中心县委书记，一九三三年三月时任中共江西省委宣传部部长。毛，指毛泽覃，一九三一年六月任永（丰）、吉（安）、太（和）中心县委书记，一九三三年三月时任中共苏区中央局秘书长。谢，指谢唯俊（一九〇八——一九三五），湖南耒阳人，一九三三年三月时任江西省军区第二军分区司令员兼独立第五师师长。古，指古柏（一九〇六——一九三五），江西寻乌人，一九三三年三月时任江西省苏维埃政府委员、裁判部长和党团书记。一九三三年三月起他们被指责为“江西罗明路线的创造者”，后受到撤职等处分。

〔6〕罗明（一九〇一——一九八七），广东大埔人。一九三三年在担任中央革命根据地中共福建省委代理书记时，曾因提出闽西上杭、永定等根据地边缘地区的工作条件比较困难，党的政策应当不同于根据地的巩固地区，而受到党内“左”倾领导者的打击。当时这些领导者把他的意见错误地说成是“悲观失望的”、“机会主义的、取消主义的逃跑退却路线”，并且开展了所谓“反对罗明路线的斗争”。

〔7〕建黎泰，指福建的建宁、泰宁和江西的黎川。当时在这里建有中共中心县委。

〔8〕指一九三八年九月二十九日至十一月六日召开的中共六届六中全会。

〔9〕布哈林（一八八八——一九三八）、季诺维也夫（一八八三——一九三六），曾是共产国际的主要领导人。自一九一三年三月共产国际成立至一九二六年十一月，季诺维也夫任共产国际执行委员会主席，布哈林任共产国际执行委员会委员。一九二六年十一月至一九二九年四月，布哈林接任共产国际执行委员会主席。

〔10〕见斯大林《论列宁主义基础》第三部分。

〔11〕即《联共（布）党史简明教程》。

〔**12**〕洛甫，即张闻天，当时任中共中央书记处书记兼中央宣传部部长。

〔**13**〕指一九四一年七月一日《中共中央关于增强党性的决定》和一九四一年八月一日《中共中央关于调查研究的决定》。

关于农村调查[1]

（一九四一年九月十三日）

一　情况是逐渐了解的，需要继续不断的努力

认识世界，不是一件容易的事。马克思、恩格斯努力终生，作了许多调查研究工作，才完成了科学的共产主义。列宁、斯大林也同样作了许多调查。

中国革命也需要作调查研究工作，首先就要了解中国是个什么东西（中国的过去、现在及将来）。可惜很多同志常是主观主义，自以为是，完全不重视调查研究工作。

我们是信奉科学的，不相信神学。所以，我们的调查工作要面向下层，而不是幻想。同时，我们又相信事物是运动的，变化着的，进步着的。因此，我们的调查，也是长期的。今天需要我们调查，将来我们的儿子、孙子，也要作调查，然后，才能不断地认识新的事物，获得新的知识。

我们的调查工作，是要有耐心地、有步骤地去作，不要性急。我自己认识农村，就是经过好几年的工夫的。

记得我在一九二〇年，第一次看了考茨基著的《阶级斗

争》[2]，陈望道翻译的《共产党宣言》，和一个英国人作的《社会主义史》[3]，我才知道人类自有史以来就有阶级斗争，阶级斗争是社会发展的原动力，初步地得到认识问题的方法论。可是这些书上，并没有中国的湖南、湖北，也没有中国的蒋介石和陈独秀。我只取了它四个字："阶级斗争"，老老实实地来开始研究实际的阶级斗争。我做了四个月的农民运动，得知了各阶级的一些情况，可是这种了解是异常肤浅的，一点不深刻。后来，中央要我管理农民运动。我下了一个决心，走了一个月零两天，调查了长沙、湘潭、湘乡、衡山、醴陵五县。这五县正是当时农民运动很高涨的地方，许多农民都加入了农民协会。国民党骂我们"过火"，骂我们是"游民行动"，骂农民把大地主小姐的床滚脏了是"过火"。其实，以我调查后看来，也并不都是像他们所说的"过火"，而是必然的，必需的。因为农民太痛苦了。我看受几千年压迫的农民，翻过身来，有点"过火"是不可免的，在小姐的床上多滚几下子也不妨哩！

不过，在当时我对于农村阶级的结合，仍不是十分了解的。到井冈山之后，我作了寻乌调查，才弄清了富农与地主的问题，提出解决富农问题的办法，不仅要抽多补少，而且要抽肥补瘦，这样才能使富农、中农、贫农、雇农都过活下去。假若对地主一点土地也不分，叫他们去喝西北风，对富农也只给一些坏田，使他们半饥半饱，逼得富农造反，贫农、雇农一定陷于孤立。当时有人骂我是富农路线，我看在当时只有我这办法是正确的。当然，今天是抗日民族统一战线，不是剥夺地主、富农的所有权，而是减租减息。否则，是不能团结他们抗日的。

贫农与雇农的问题，是在兴国调查之后才弄清楚的，那时才使我知道贫农团在分配土地过程中的重要性。

所以，从我个人调查农村来说，是经过了六七年的时间的。现在你们有了过去同志们的经验，都可以走直路了，可以把六七年的工作，在几个月内完成。今天同志们的任务是脚踏实地去钻，去努力，只要不整天睡觉，一天就六小时的工作，也是可以获得很多成绩的，但需继续不断的努力。

二 方 法

1. 对立统一，阶级斗争，是我们办事的两个出发点。当我们观察一件事物时，第一步的观察只能看到这件事物的大体轮廓，形成一般概念。好比一个初来延安的人，开始他对延安的认识只是一般的、笼统的。可是当他参观了抗大、女大以及延安的各机关学校之后，他采取了第二个步骤，用分析方法把延安的各部分有秩序地加以细细的研究和分析。然后第三步再用综合法把对各部分的分析加以综合，得出整体的延安。这时认识的延安就与初来时认识的延安不同，他开始看见的是整个的延安，现在看见的也是整个的延安，但与开始的了解不同了，现在他对延安就有了科学的认识和具体的了解。观察一个农村，也同样是如此。

马克思的《资本论》就是用这种方法来写成的，先分析资本主义社会的各部分，然后加以综合，得出资本主义运动的规律来。

这里特别要注意的是分析。应该是分析而又综合，就是在第二步骤的分析中，也有小的综合。古人说：文章之道，有开有合。这个说法是对的。苏东坡用“八面受敌”法研究历史，用“八面受敌”法研究宋朝，也是对的。今天我们研究中国社会，也要用个“四面受敌”法，把它分成政治的、经济的、文化的、军事的四个部分来研究，得出中国革命的结论。

如果我们观察问题是走马看花的，各样都弄一点，这只是空花费了时间，一事无成。

所以，我们一定要把握住这方面的观点，这种观点，就是对立统一和阶级斗争。像我上面刚才讲的分析法和综合法，就是用这观点。假如同志们把这观点用去分析农村，你就可以知道农村有些什么阶级，它们主要的特点是什么，以及它们彼此的关系怎样。同志们给我的问题中，有问到什么是富农。我以为地主是以收租为主；富农是以雇工为主，自己参加劳动；中农是以不出卖劳动力为主，经营自己的土地；贫农是一定要出卖劳动力，靠自己的土地不够生活；雇农完全出卖劳动力，没有土地。当然，这是指它们的主要标志。

这样分析了农村中的各个阶级、阶层及其生活概况，然后才能对农村有正确的全面的了解。

我们要用钻研的方法来分析客观，分析阶级。对实际问题不应当熟视无睹，应当捣毁“牛皮公司”，应当经过自己头脑深思熟虑，应当把理论与实践结合起来。

一九〇五年，列宁说推翻沙皇政府，俄国要组织工农政府，而托洛茨基则认为只能组织工人政府。这就是托洛茨基没有把理论与实践真正地结合起来。我们应当从实践中找出事物运动的规律来，产生新的理论。如中国抗战的持久性，长期性，就是抗战的规律。今天同志们下乡去调查，就应该以这种观点和方法指导自己的实践，另方面又从实践中不断地充实自己的理论。

2. 详细地占有材料，抓住要点。材料是要搜集得愈多愈好，但一定要抓住要点或特点(矛盾的主导方面)。马克思研究资本主义，列宁研究帝国主义，都是收集了很多统计和材料，但并不是全部采取，而只是采取最能表现特点的一部分。

没有调查，就没有发言权。但就有同志要问："十样事物，我调查了九样，只有一样没有调查，有没有发言权?"我以为如果你调查的九样都是一些次要的东西，把主要的东西都丢掉了，那末，仍旧是没有发言权。

今天中国主要的矛盾是民族矛盾，阶级矛盾成为次要的。西安事变前主要矛盾在国共两党之间，而西安事变后，主要矛盾则在中日之间。因此，今天无论解决任何问题，都应该以这个主要矛盾作为认识问题和解决问题的出发点。假若丢掉主要矛盾，而去研究细微末节，犹如见树木而不见森林，仍是无发言权的。

所以，我们做综合工作时，不要陷于狭隘的经验论。

三　答复几个问题

同志们提了很多问题，只能答复一部分。有些问题也不能答复，因为要全部答复了，同志们便可以不必下乡。而这许多问题又必须亲自下乡调查后才能了解，依据不同的具体对象和情况，而有不同的解决。

怎样开调查会？一个调查会不仅提出问题，而且要有解决问题的方法。参加调查会最好有三五人。我在兴国调查中，知道地主占有土地达百分之四十，富农占有土地达百分之三十，地主、富农所共有的公堂土地〔4〕为百分之十，总计地主与富农占有土地百分之八十，中农、贫农只占有百分之二十。但是，地主人口不过百分之一，富农人口不过百分之五，而贫农、中农人口则占百分之八十。一方面以百分之六的人口占有土地百分之八十，另方面以百分之八十的人口则仅占有土地百分之二十。因此得出的结论，只有两个字：革命。因而也益增革命的信心，相信这个革命是能获得百分之八十以上人民的拥护和赞助的。

怎样找调查的典型？调查的典型可以分为三种：一、先进的，二、中间的，三、落后的。如果能依据这种分类，每类调查两三个，即可知一般的情形了。

如何收集和整理材料？都必须自己亲身去做，在做的过程中找出经验来，用这些经验再随时去改进以后的调查和整理材料的工作。

怎样使对方说真话？各个人特点不同，因此，要采取的方法也各不相同。但是，主要的一点是要和群众做朋友，而不是去做侦探，使人家讨厌。群众不讲真话，是因为他们不知道你的来意究竟是否于他们有利。要在谈话过程中和做朋友的过程中，给他们一些时间摸索你的心，逐渐地让他们能够了解你的真意，把你当做好朋友看，然后才能调查出真情况来。群众不讲真话，不怪群众，只怪自己。

我在兴国调查中，请了几个农民来谈话。开始时，他们很疑惧，不知我究竟要把他们怎么样。所以，第一天只是谈点家常事，他们脸上没有一点笑容，也不多讲。后来，请他们吃了饭，晚上又给他们宽大温暖的被子睡觉，这样使他们开始了解我的真意，慢慢有点笑容，说得也较多。到后来，我们简直毫无拘束，大家热烈地讨论，无话不谈，亲切得像自家人一样。

其他问题也不必多谈，还是让你们早日下去亲自调查为好。

根据人民出版社一九八二年出版的《毛泽东农村调查文集》刊印。

注　释

〔1〕这是毛泽东在延安对中央妇委和中共中央西北局联合组成的妇女生活调查团的讲话。

〔2〕指德国考茨基著的《〈爱尔福特纲领〉解说》，恽代英翻译，书名译为《阶级争斗》，一九二一年一月新青年出版社出版。

〔3〕指英国克卡朴（今译柯卡普）著的《社会主义史》，李季翻译，一九二〇年十月新青年出版社出版。

〔4〕公堂土地，指各种祠、庙、会、社占有的土地。这些土地主要掌握在地主、富农手里。

一九四二年的中心工作任务

（一九四一年十二月二十八日）

八路军、新四军及党的主要负责同志：

太平洋战争是长期战争，日寇将在南太平洋愈陷愈深，目前正从华北、华中抽兵南进，将来还有抽调一部可能。重庆政策是仅用游击队对敌，不用主力与敌对峙，让敌撤走，我军亦应取此政策。一九四一年我根据地受了很大损害，应乘一九四二年敌人忙于太平洋对中国采取战略守势之际，集中精力恢复元气。坚决执行中央十二月十三日指示[1]，精兵简政，发展经济，发展民运，发展敌占区工作，发展对敌伪的政治攻势，有计划地训练干部。在军事上是粉碎敌人可能的“扫荡”（任何“扫荡”必须坚决粉碎之），收复敌人撤退地区；对深入我区之据点，尽可能使之陷于孤立，自动撤去；对某些最必要的地方，可以个别地采取强攻收复手段，但不可采取大规模攻势，反而抑留敌人，引起报复“扫荡”，非徒无益，而又害之。部队中及地方上可能发生的冒险精神，务须防止。世界大势及国内大势迫得国民党要作某种政治上的转变，但其过程仍是慢的。我党我军的宣传，务须避免刺激国民党，静观变化，少作批评，极力忍耐，不要躁急。总之，明年的中心任务在于积蓄力量，恢复元气，巩固内部，巩固党政军民。对敌伪以政治攻势为主，以游击战争为辅。对国民党以疏通团结为主，以防制其反共为辅。如敌人不攻苏联，我们即取此政策以待敌军之弊。如敌攻苏联或苏联攻敌，我们即有充分精力配合苏军作战。务望各同志研究实行之。

中央书记处
中 央 军 委
十二月二十八日

根据毛泽东手稿刊印。

注　释

〔1〕从文内所述的指示内容看，应是一九四一年十二月十七日《中共中央关于太平洋战争爆发后敌后抗日根据地工作的指示》。

《文化课本》序言

（一九四二年一月十七日）

一个革命干部，必须能看能写，又有丰富的社会常识与自然常识，以为从事工作的基础与学习理论的基础，工作才有做好的希望，理论也才有学好的希望。没有这个基础，就是说不识字，不能看，不能写，其社会常识与自然常识限于直接见闻的范围，这样的人，虽然也能做某些工作，但要做得好是不可能的；虽然也能学到某些革命道理，但要学得好也是不可能的。我们现在有大批精明忠实但缺乏文化基础的干部，将来也必然还会有大批这类干部，他们急切需要解决文化基础问题，但课本问题迟迟没有解决。现在文化课本出版了，这是一大胜利，这是凯丰、徐特立、范文澜[1]诸同志的功劳。不管课本内容还须随时改正缺点，推陈出新，但有了这个课本，就打开了学习文化的大门。文化课本的出版，是广大干部的福音，我相信，我们大群的干部会以极大的热忱来欢迎这个课本的。

根据一九四八年新华书店二分店出版的《文化课本》刊印。

注 释

〔1〕凯丰，即何凯丰，又名何克全（一九〇六——一九五五），江西萍乡人，当时任中共中央宣传部副部长。徐特立，当时任延安自然科学院院长。范文澜，当时任延安中央研究院副院长兼历史研究室主任。

中宣部宣传要点[1]

（一九四二年一月二十六日）

（一）本部宣传要点，以前偏重党外宣传，从本期起，决定加上党内宣传，希各地同志注意。

（二）鉴于遵义会议以前，主观主义与宗派主义错误给予党与革命的损失异常之大，鉴于遵义会议以后党的路线虽然是正确的，但在全党内，尤其在某些特殊地区与特殊部门内，主观主义与宗派主义的残余，并没有肃清，或者还很严重地存在着，故在去年内，中央政治局多次地着重地讨论了这个问题，发表了关于增强党性的决定，关于开展调查研究的决定，关于干部学校的决定与关于高级学习组的决定。此外，毛泽东同志根据中央的决定，在陕甘宁边区参议会上发表了反对宗派主义的演说。这些决定及演说，已在全党起了指导的作用，已引起了很多同志的注意，已在具体纠正至今尚存在着的主观主义与宗派主义的残余，这是好的现象，这是一方面的现象。但在另一方面，中央的决定及中央同志的演说，在另外许多同志中，并没有引起深刻的注意。其原因，或则是有些同志过去犯了主观主义与宗派主义的错误相当的严重，一时尚没有深刻认识自己的错误，不愿意作深刻的自我批评，不愿意迅速地改正自己的错误；或则是有些同志自以为过去并没有犯过主观主义与宗派主义的路线错误，因此事不关己，高高挂起，而不知在他们自己过去与现在的思想中行动中，也曾有过主观主义与宗派主义的因素，也曾犯过某些错误。例如容易冲动，以感想代政策，对于敌、友、我三方情况懂得很少也安之若素，对客观事物缺乏科学的周密的调查研究精神，而有自以为是的精神，这些便都是主观主义的错误因素。再则，例如在党内闹独立性，把发扬独立工作能力、发扬马克思主义的创造性这些正确的东西，与不服从上级、不服从多数、不服从中央、将个人与党对立、个人超过了党（个人突出）、个人英雄主义（与民族英雄主义、群众英雄主义相区别的）这些错误的东西，混淆起来。在外来干部与本地干部的关系上，在军队干部与地方干部的关系上，在本军干部与友军干部的关系上，在老干部与新干部的关系上，不注意互相帮助互相团结，而是一个轻视一个，甚至一个欺负一个。在这里，没有加重外来干部、军队干部、本军干部及老干部的责任，而对本地干部、地方干部、友军干部及新干部则没有多加原谅，多加帮助，以期团结他们提拔他们，在斗争过程中克服各种弱点。许多地方既尚存在着各种不正常的内部关系，这些便都是宗派主义残余在党内的表现。至于党员与非党员，党的干部与非党干部之间的关系，则更加存在着非常之大的隔阂，不了解，不关心与轻视，而其责任则主要应由党员及党的干部担负之，"三三制"〔2〕在各根据地并没有完满地彻底地十分认真地实行，就是这种宗派主义存在的表现。在党内与党外的关系上存在着十分严重的宗派主义错误这一点，并未为一切或大多数同志所深刻注意，这是真确的事实。凡此主观主义与宗派主义的思想与行动，如不来一个彻底的认真的深刻的斗争，便不能加以克服，便不能争取革命的胜利。而要进行斗争，加以克服，非有一个全党的动员是不会有多大效力的，因此希望全党全军的各级领导机关与各级领导同志对于这个问题加以注意，进行宣传，进行工作。本部对这个问题将陆续给以上述材料，以为同志工作的参考。

根据毛泽东手稿刊印。

注　释

〔1〕这是毛泽东在全党即将开展普遍整风之前起草的中共中央宣传部的宣传要点。接着，毛泽东于一九四二年二月一日作了《整顿党的作风》讲演，二月八日作了《反对党八股》讲演。

〔2〕“三三制”，是中国共产党在抗日战争时期的统一战线的政权政策。这一政策规定，抗日民主政权中人员的分配，共产党员大体占三分之一，左派进步分子大体占三分之一，中间分子和其他分子大体占三分之一。

目前应以整顿内部训练干部为工作中心

（一九四二年二月二十日）

恩来同志：

（一）对时局估计电悉，与我们估计略同。柏林协定似以苏联为第一对象，春季后德、日各以陆空主力向北，而各以海军主力、陆空一部及意国海陆空主力向南。即使是这一局面，仍是有利的，因为德、日各有三条战线，意有两条战线，兵力大分散了。如日攻印，则更分散。整个轴心[1]将失败在分散与消耗中。如日侵苏，蒋将迫我北上，我应准备对付他的压力。但滇缅路断，英、美接济须走苏联，对内必不敢与我决裂的。（二）我们已定思想、政治、政策、军事、党务五项为政治局业务中心，而以掌握思想为第一项。掌握思想之实施为干部教育，已将党校改组，中央同志实行教课。已公布改造干部学校决定，不知你处收到否？在职干部教育决定日内亦可公布。高级学习组各地均已举办，此是极重要的关键。近来已提出反对主观主义以整顿学风，反对宗派主义以整顿党风，反对党八股以整顿文风的口号，延安在动员中。（三）财政经济今年亦有办法，边区现实行半统筹统支半自给自足制度，已走上轨道，不怕封锁了，各根据地尚未至十分叫苦程度，亦有办法。边区“三三制”[2]大得周围各地好评，区内则团结了各阶级。精兵简政方针正在各地实行。（四）总之目前是以整顿内部训练干部为基本中心，抓紧此点以准备应付时局的变化。（五）今年二月统计党员数目为八十万，去年九月统计军队数目为五十七万（包括游击队），对外守秘。（六）林彪[3]返延身体好了许多，惟尚须休养。他在兰州、西安统战工作做得很好，与胡宗南[4]诸人曾有深谈。据林说，国民党统战工作很可开展，要我告你注意。

毛　泽　东

号

根据手稿刊印。

注　释

〔1〕指柏林—罗马—东京轴心。为争霸世界、发动战争，德、意、日三国于一九三七年十一月正式结成反共同盟。一九四〇年九月又在柏林签订了《德意日三国同盟条约》，结成公开的军事同盟。

〔2〕“三三制”，见本卷第391页注〔2〕。

〔3〕林彪，抗日战争时期任八路军第一一五师师长。一九三八年冬去苏联治病，一九四二年初回国，途经新疆、兰州、西安，于二月回到延安。

〔4〕胡宗南，当时任国民党军第三十四集团军总司令。

关于共产党员与党外人员的关系[1]

（一九四二年三月）

我党抗日民族统一战线政策的任务是：除了汉奸及决心破坏抗战团结者外，一切阶层的抗日人民，不论是有党有派，或者无党无派，不论是同情我党的，或者只在一部分纲领上愿与我党合作的，也不论是已经与我党共事的，或者尚未与我党共事的，共产党员都必须和他们一致合作，共同为抗战建国的总目标而奋斗。我党长期地坚决地实行这一正确政策，是有了伟大成绩的，全民族的抗战赖以支持，全国的统一赖以实现。这些都是很好的情形。但在另一方面，不论是抗日根据地的党在政府、军队、党务、民运、文化教育部门内或者是秘密党内，都存在着一部分党员及一部分党组织与党外人员之间的严重的隔离现象，宗派主义或关门主义的作风并未完全扫除。这些党员与党组织，至今还不懂得我党抗日民族统一战线政策的内容与意义。他们违背我党密切联系民众的原则。他们不是密切联系民众，而是孤立于民众之外；不是站在民众之中，虚心体会民众的心理，而是站在民众之上，自以为是，称王称霸。他们不愿意倾听党外人员的意见，把党外人员看作无足轻重。

他们不愿向党外人员学习，反以领导者自居。他们对于愿与我党合作的党外人员，或漠不关心，不予信任，或吹毛求疵，求全责备。他们对于政权的“三三制”[2]不愿坚决实行，对于民众团体仍取包办态度。他们至今还不明白，国事是国家的公事，并非一党一派的私事。共产党的唯一任务，就在团结全体人民，奋不顾身地向前战斗，推翻民族敌人，为民族与人民谋利益，绝无任何私利可言。而共产党员自始至终都只是人民中的极少数，没有绝大多数人民了解我党主张，真心实意地愿与我党合作，我党主张便无从实现。因此，对于一切忠诚抗日的人员，共产党员只有与他们实行民主合作的义务，绝无排斥他们的权利。为了认真地彻底地纠正各种不良现象，改造党的作风，必须在党内展开反对主观主义与宗派主义（即关门主义）的斗争，在一切地方与一切部门中展开自我批评，并将这种自我批评公开于党外人员之前，毫不姑息，毫不掩饰，以收彻底揭发与彻底纠正之效。同时，规定下列具体办法，要求一切党员与一切党组织认真地坚决地实行之。

（一）必须将关心和倾听党外人员的意见和要求及向党外人员学习，作为每个共产党员的严重责任。一切党员，都有责任经常地将党外人员的意见和要求（不论是正确的或不正确的）反映到党内及各工作部门内，而一切党组织与一切工作部门的领导人员都有责任考虑这些意见和要求，并须适时地列入议事日程，加以讨论及解决。

（二）在各抗日根据地内，政府系统、参议会系统及民众团体的各级领导机关中，均应实行“三三制”，共产党员只占三分之一，而使愿与我党合作的党外人员占三分之二。如当选的共产党员人数不足三分之一时，党组织不得指派未当选的党员去凑足三分之一，更不得排挤当选的党外人员。在这些机关中，共产党员必须与党外人员实行民主合作，倾听党外人员的意见，和他们一起，共同商量问题与决定问题，共同遵守少数服从多数、局部服从全体、下级服从上级的民主集中制，并须使党外人士有职有权，敢于说话，敢于负责。

（三）在各抗日根据地内，在政府、参议会、民众团体及其他机关中，凡须经过人民民主选出的工作人员，其任免办法均按前条"三三制"的规定。其他不需经过民主选举的工作人员的任免，亦不应以是否党员为标准，而应以是否赞成抗战团结及本人能力、经验、学识与工作积极性等为标准，实行用人唯贤的正确方针。

（四）在各抗日根据地内，在政府、参议会及一切已有或应有党外人员工作的部门中，党支部的任务是：对于党员进行党的教育，领导党员成为工作的模范，团结党外人员，保证该部门工作任务的完成。支部不得直接干预行政领导，更不得代替行政领导。在行政关系上，党员必须服从行政的领导。在党外人员担负行政领导责任的部门中，该地或该部门的党组织及党员对行政工作有不同意见时，应取适当方式，与党外人员协商解决，不得直接处理。某些地方党政不分的现象，应该纠正。党员如有违犯行政法规者，应受行政的处分；其错误涉及党纪者，同时须受党纪的制裁。但在行政关系上，担负行政领导责任的党外人员，亦须服从上级行政的领导。

（五）党员及党组织不得任意地无根据地怀疑党外人员，必须从友谊中细心了解自己周围的每个党外人员的历史和特性，细心了解他们对人民、对我党及对工作的意见和要求。对于他们的宗教信仰、思想自由及生活习惯，必须加以尊重。须知党外人员的愿与我党合作与我党的尊重党外人员，是彼此合作中不可缺一的条件。

（六）任何愿与我党合作的党外人员，对我党和我党党员及干部都有批评的权利。除破坏抗战团结者的恶意攻击以外，一切善意批评，不论是文字的、口头的或其他方式的，党员及党组织都应虚心倾听。正确的批评，应加接受，即使其批评有不确当者，亦只可在其批评完毕，并经过慎重考虑之后，加以公平的与善意的解释。绝对不可文过饰非，拒绝党外人员的批评，或曲解善意批评为攻击，而造成党外人员对党的过失缄口不言的现象。党外人员对于违犯政府法令或党的政策的党员及干部，除得向法庭或行政机关依法控诉外，并有权向各级党委控告，直到党的中央。

（七）《新华日报》、《解放日报》及各抗日根据地的报纸刊物，应吸收广大党外人员发表言论，使一切反法西斯反日本帝国主义的人都有机会在我党党报上说话，并尽可能吸收党外人员参加编辑委员会，使报纸刊物办得更好。党报工作者必须学会善于吸引党外人员在党报上写文章、写通讯的方式和方法。某些党报工作者的主观主义与宗派主义态度，须受到批评。

（八）与我党共事的党外人员在工作中发生过失时，有关的党组织和党员必须加以慎重考虑，采取适当方式，以诤友的态度，适时地诚恳地告诉他以所犯过失的真确事实及正当理由，并与他协商改正的办法，帮助他改正过失。决不可采取缄默不言、听其积累或当面不说、背后议论的态度，须知这种态度是只会妨碍合作与不利于党外人员的。

（九）在各抗日根据地内，凡与我党共事的党外人员，在法律上是与共产党员完全平等的。在工作上，应给以必需和可能的工作条件。在学习上，凡在一切有党外人员的机关、学校中，无论在职干部教育或学校教育，党外人员均与共产党员有同样的学习权利。在物质上，不是空唤优待，而是按工作情况、工作需要及现有物质条件给以真正必需的帮助，并须使党员了解这种帮助是应该的。

（十）在各抗日根据地内，在机关、部队及学校中，党的一般支部大会及小组会，允许在同一部门工作的党外同情分子到会旁听，并得发表意见。

（十一）在各抗日根据地内，县委以上的各级党委必须有计划地召集党员与党外人员联合一起的干部会议及座谈会，与党外人员共同讨论各项抗日政策，并征求党外人员对党的意见。

（十二）在各抗日根据地内，在党的组织部或管理干部的部门内，设置管理非党干部的专门机关，担负对党外干部的接洽、登记、了解及照顾的责任。在党的各级保护健康委员会内，设置党外干部科，管理党外干部的保健工作。

根据中央档案馆保存的原件刊印。

注　释

〔1〕这是毛泽东为中共中央起草的决定草案。这个文件后来没有发出。

〔2〕“三三制”，见本卷第391页注〔2〕。

如何研究中共党史[1]

（一九四二年三月三十日）

现在大家在研究党的历史，这个研究是必须的。如果不把党的历史搞清楚，不把党在历史上所走的路搞清楚，便不能把事情办得更好。这当然不是说要把历史上每一件事统统搞清楚了才可以办事，而是要把党的路线政策的历史发展搞清楚。这对研究今天的路线政策，加强党内教育，推进各方面的工作，都是必要的。我们要研究哪些是过去的成功和胜利，哪些是失败，前车之覆，后车之鉴。这个工作我们过去没有做过，现在正在开始做。从《六大以来》发出到现在，高级干部学习组、中央党校已经读了半年，别的单位现在也已经开始读。这是一件好事，今天已开始看到了好的结果。同志们读了之后恍然大悟，发生了启发思想的作用。现在来考虑我们过去所走的路和经验，要有系统地去考虑。路是一步一步走过来的，虽然在走每一步的时候也曾考虑过昨天是怎样走的，明天应该怎样走，但是整个党的历史却没有哪个人去考虑过。去年八九月中央经过讨论，印了《六大以来》这本书，在中央高级学习组里研究。我们怎样研究呢？我们是用整个党的发展过程做我们研究的对象，进行客观的研究，不是只研究哪一步，而是研究全部；不是研究个别细节，而是研究路线和政策。我们要用这样的研究来使我们对今天的路线和政策有更好的认识，使工作做得更好，更有进步。

如何研究党史呢？根本的方法马、恩、列、斯已经讲过了，就是全面的历史的方法。我们研究中国共产党的历史，当然也要遵照这个方法。我今天提出的只是这个方法的一个方面，通俗地讲，我想把它叫作“古今中外法”，就是弄清楚所研究的问题发生的一定的时间和一定的空间，把问题当作一定历史条件下的历史过程去研究。所谓“古今”就是历史的发展，所谓“中外”就是中国和外国，就是己方和彼方。

按照历史发展的顺序，我们党的历史，我觉得可以分为这样三个阶段：大革命时期是第一个阶段；内战时期是第二个阶段；抗日时期是第三个阶段。这个分法是否妥当，大家可以讨论，我只是作为一个意见提出的，不是中央的决议。如果有更适合党的历史过程的分法更好。

革命的任务，三个阶段都是反对帝国主义及其走狗。第一个阶段直接的表现是反对北洋军阀，第二个阶段直接的表现是反对国民党，第三个阶段表现为反对日本侵略者及汪精卫汉奸。

联合的群众，第一个阶段是全国各民主阶级，是国共合作；第二个阶段是缩小了的统一战线，国共分裂，全国分为两大部分，一部分在国民党的领导下，一部分在共产党的领导下，互相对垒，进行内战；第三个阶段是全民族抗日，恢复国共合作的形式。

革命所打击的目标，第一个阶段主要是北洋军阀，我们的政策是广泛的统一战线。第二个阶段表现为反对国民党，我们的政策是狭小的统一战线，是无产阶级和农民、下层小资产阶级联合。第三个阶段就是现在的政策，日本侵略者和汉奸是我们的打击目标。革命的阵线是国共合作，全国各爱国力量。这是我们的路线。

第一个阶段内我们有正确的地方，也有错误的地方。正确的地方是实现了国共合作，打击目标是对的，革命队伍的组织是对的。后来发生了陈独秀路线，一九二七年上半年党的路线就不对了。当国民党准备实行叛变革命，要把无产阶级和农民丢了，要把我们和革命群众丢了的时候，我们还和它联合，这是右的机会主义。情况变化了，我们的政策路线没有跟着变。右的倾向是一切联合反对斗争。陈独秀路线的根本特点，便是一切联合反对斗争，就是在大地主大资产阶级叛变了的时候，还要同它联合。大地主大资产阶级的政策变了，而我们的政策不变。大地主大资产阶级打击革命了，我们的政策也还是不变。这就犯了右的错误。在联合中应该一方面与它联合，一方面与它斗争。第二个阶段中全国分为两个营垒。马日事变〔2〕以后，有过一种盲动主义，说是“有土皆豪，无绅不劣”。接着的立三路线是在不应该全国暴动时要暴动。“九一八”到遵义会议，当一个民族敌人打进来，民族资产阶级、上层小资产阶级已经变化了的时候，我们的政策没有跟着变，还是过去的一套，这就发生了“左”的东西。那时的领导路线是一切斗争否认联合。“九一八”以后情况变化了，上层小资产阶级和民族资产阶级公开倾向我们，如孙科、黄炎培等。但是我们说他们是改良主义，说他们是我们的主要打击对象。把这些人当作主要的打击对象，是不对的。还有当时提出消灭富农，也是过左的。第三阶段既不是一切联合不要斗争，也不是一切斗争不要联合，而是联合与斗争的综合，联合是主，斗争是辅，要求统一下的独立性。统一就是联合，独立就是斗争。什么叫独立性呢？你站在这里，没有人叫你站开，这就不发生独立性的问题；在你站的位置上别人也想站，要赶你走，这就发生独立性的问题了。斗争、磨擦是为了统一，是统一的手段，这叫一打一拉，又打又拉，有理、有利、有节。在不妨碍统一下的独立自主，也就是希望团结得更好。

中共党史分成这三个阶段，就斗争目标、打击对象、党的政治路线讲，都合乎事实，都说得通。

在一九二五至二七年的大革命之前，还有一个准备阶段。一九二一至一九二四年是大革命的直接准备，可以和一九二五年开始的大革命合成一个阶段。"七七"以前，国民党三中全会以后，国共合作的局面大体上已经形成，这可以考虑合并于第三个阶段，也不必再分。

说到革命的准备，一九二一年开始的第一个阶段，实际上是由辛亥革命、五四运动准备的。特别是五四运动，大革命的思想、干部、群众、青年知识分子都是这时开始准备的。所以严格地讲，我们研究党史，只从一九二一年起还不能完全说明问题，恐怕要有前面这部分的材料说明共产党的前身。这前面的部分扯远了嫌太长，从辛亥革命说起差不多，从五四运动说起可能更好。

辛亥革命发生在中国无产阶级还没有觉醒，中国共产党还没有形成的时候；全世界无产阶级在巴黎公社失败以后，还没有实际革命行动，只是准备革命的时候；殖民地半殖民地的革命运动，还是世界资产阶级革命后备军的时候。而五四运动是发生在欧洲大战、十月革命之后，这时的世界殖民地半殖民地革命运动，已不是世界资产阶级革命后备军，而是世界无产阶级革命后备军了。五四运动是俄国十月革命的响应，所以比辛亥革命更深刻。辛亥革命只是在政治上推翻了清朝皇帝，没有彻底。我们写历史时常说辛亥革命是失败的，其实并不能说完全失败，辛亥革命有它的胜利，它打倒了直接依赖帝国主义的清朝皇帝。但后来失败了，没有巩固它的胜利，封建势力代替了革命，袁世凯代替了孙中山。那时无产阶级没有以一个觉悟的阶级走上政治舞台。五四运动是在十月革命的影响之下发生的。十月革命对世界的觉醒，对中国的觉醒，影响是很大的。五四运动时中国无产阶级开始有了觉悟，五四运动发生在一九一九年，一九二一年便产生了中国共产党。五四运动是广泛的统一战线，内部有左翼、右翼和中间势力。在“五四”以后一个月发生了六三运动，全国罢工、罢课、罢市。那时的罢工还是无产阶级自发的运动。我们应该把五四运动中工人的态度研究一下。那时罢工虽然没有共产党领导，但其中总有领头的人。在五四运动里面，起领导作用的是一些进步的知识分子。大学教授虽然不上街，但是他们在其中奔走呼号，做了许多事情。陈独秀是五四运动的总司令。现在还不是我们宣传陈独秀历史的时候，将来我们修中国历史，要讲一讲他的功劳。国民党没有在五四运动中起领导作用，它是站在旁边的。

五四运动准备了大革命，没有五四运动就没有大革命。中国共产党是产生在“五四”之后，五四运动又是产生在俄国十月革命之后。中国共产党是在列宁的号召之下组织起来的，是共产国际派人来帮助组织的，在中共第一次代表大会上就有国际代表到会。

研究中国共产党的历史，还应该把党成立以前的辛亥革命和五四运动的材料研究一下。不然，就不能明了历史的发展。现在有很多东西直接联系到那时候，比如反对党八股，如不联系“五四”时反对老八股、老教条、孔夫子的教条、文言文，恐怕就不能把问题弄清楚。

对于辛亥革命、五四运动的估价，需要研究。辛亥革命是完全失败呢，还是有些胜利？五四运动是有群众，还是没有群众？我认为五四运动是有广大的群众性的，比起大革命来自然是差些。那时资产阶级、小资产阶级和无产阶级是统一战线，还没有农民参加，只有广大的工人。到大革命，就有农民参加了。土地革命时，参加的农民就广泛多了，但是统一战线不够广。到抗战，农民参加得更广泛了，比大革命时广，比土地革命时也广，同时有了比过去更广大的统一战线。

五四运动是民族资产阶级和无产阶级的统一战线，带着自发的性质。但是这种自发性和以前的不同，它多少有些觉醒，许多人赞成十月革命，赞成列宁的革命。孙中山曾说，列宁是革命的圣人，共产主义是三民主义的好朋友。他是作为同盟者来赞成共产主义的。在十月革命的影响下，当时的人们有一个很大的觉醒。五四运动发展到共产党的成立，工人运动向前发展了，这才有后来的国共合作。所以不说明以前的辛亥革命、五四运动，对于共产党的成立和以后的历史，也就不能说得清楚。

在说到辛亥革命时，如不说到当时国内国际的情形，就不能说明革命的发生。同样，不说明“五四”时代的政府是什么政府，也不能说明五四运动和六三运动的发生。所以当时的重要政治文件，像宣统皇帝退位的诏书，袁世凯、段祺瑞政府的一些文件，孙中山的几个重要宣言等，都要研究。

一九二一年到一九二七年这时期的斗争对象，是帝国主义和他的走狗北洋军阀。如不说明那时候地主怎样压迫农民，资本家怎样压迫工人，帝国主义怎样分裂中国，北洋军阀怎样对付革命，那就很难了解当时的斗争。要研究当时的国共合作，如果只看共产党的宣言而不看国民党的宣言还不够。共产党员那时是以个人名义参加国民党的，国民党是一个大团体，如果不把这个大团体搞清楚，就不能了解当时的情形和后来陈独秀犯错误的要不得。关于“四一二”、马日事变的材料也要看。内战时，我们反对国民党，反对帝国主义的走狗，如不讲国民党如何投降帝国主义，帝国主义如何同国民党一起压迫剥削中国人民，就看不到内战的必要。如果我们不知道主要的农业生产资料土地和牛这些东西是在谁的手里，不把地主与农民对土地的所有关系搞清楚，就不会知道土地革命的必要。如果不把国民党在“九一八”以后还是继续打共产党不去打日本这些情形讲一讲，我们反对国民党就显得没有道理、没有根据。抗战是国共合作大家抗日，国民党发表了许多文件，共产党也发表了许多文件。国民党的抗日文件有些是好的，但是它又要反共。我们自己的文件要看，国民党的文件也要看。国民党的好的文件要看，反共的文件也要看。如果不看这些材料，就不了解反对国民党反共的根据。因为他们先发表了《防制异党活动办法》这些东西，闹磨擦，我们在不妨害团结、不致引起分裂的条件下强调斗争是有必要的，如果不强调斗争，那就会又来一个陈独秀主义。

谈到中国的反帝斗争，就要讲到外国资本主义、帝国主义如何凶恶地侵略中国。讲到中国无产阶级，就要讲到世界无产阶级，讲到中国无产阶级政党——共产党的斗争，就要讲到马、恩、列、斯他们怎样领导国际无产阶级同资本主义和帝国主义作斗争。这就叫“中外法”。中国是“中”，外国是“外”。借用这个意思，也可以说，辛亥革命是“中”，清朝政府是“外”；五四运动是“中”，段祺瑞、曹汝霖是“外”；北伐是“中”，北洋军阀是“外”；内战时期，共产党是“中”，国民党是“外”。如果不把“外”弄清楚，对于“中”也就不容易弄清楚。世界上没有这方面，也就没有那方面。所以有一个“古今”，还有一个“中外”。辛亥革命以来，五四运动、大革命、内战、抗战，这是“古今”。中国的共产党、国民党，农民、地主，工人、资本家和世界上的无产阶级、资产阶级等等，这就是“中外”。我想，为了有系统地研究中共党史，将来需要编两种材料，一种是党内的，包括国际共产主义运动；一种是党外的，包括帝国主义、地主、资产阶级等。两种材料都按照年月先后编排。两种材料对照起来研究，这就叫做“古今中外法”，也就是历史主义的方法。我们研究党史，必须全面看，这样研究党史，才是科学的。我们研究党史，必须是科学的，不是主观主义。研究党史上的错误，不应该只恨几个人。如果只恨几个人，那就是把历史看成是少数人创造的。马克思主义的历史观不是主观主义，应该找出历史事件的实质和它的客观原因。只看客观原因够不够呢？不够的，还必须看到领导者的作用，那是有很大作用的。但是领导人物也是客观的存在，搞“左”了，搞右了，或者犯了什么错误，都是有客观原因的，找到客观原因才能解释。

现在我们反对主观主义，反对宗派主义，反对党八股，在研究历史时也应该注意历史上有没有这些东西。把这些问题搞清楚了，才能学得一种科学的方法。这种科学的方法不是主观主义，不是宗派主义，也不是党八股。我们要应用这种方法，来研究我们党在各个时期的策略路线，研究各个个别的问题，如军事问题、肃反问题、农民土地问题等。

研究中共党史，应该以中国做中心，把屁股坐在中国身上。世界的资本主义、社会主义，我们也必须研究，但是要和研究中共党史的关系弄清楚，就是要看你的屁股坐在哪一边，如果是完全坐在外国那边去就不是研究中共党史了。我们研究中国就要拿中国做中心，要坐在中国的身上研究世界的东西。我们有些同志有一个毛病，就是一切以外国为中心，作留声机，机械地生吞活剥地把外国的东西搬到中国来，不研究中国的特点。不研究中国的特点，而去搬外国的东西，就不能解决中国的问题。如果不研究中国共产党的历史的发展，党的思想斗争和政治斗争，我们的研究就不会有结果。我们读过《联共（布）党史简明教程》，它告诉我们，布尔什维主义以马克思主义作为理论和方法，创造了苏联这个社会主义国家。这个布尔什维主义，这个社会主义国家，从前没有过，这是列宁所领导的党在俄国创造的。列宁把马克思主义的立场、方法与俄国革命的具体实践结合起来，创造了一个布尔什维主义，用这个理论和策略搞了二月革命、十月革命，斯大林接着又搞了三个五年计划，创造了社会主义的苏联。我们要按照同样的精神去做。我们要把马、恩、列、斯的方法用到中国来，在中国创造出一些新的东西。只有一般的理论，不用于中国的实际，打不得敌人。但如果把理论用到实际上去，用马克思主义的立场、方法来解决中国问题，创造些新的东西，这样就用得了。比如说，我们党在大炮没有、飞机毫无的条件下创造了八路军、新四军，这就是中国自己搞出来的。

根据《党史研究》一九八〇年第一期刊印。

注　释

〔1〕这是毛泽东在中央学习组的讲话。

〔2〕马日事变，见本卷第38页注〔3〕。

在《解放日报》改版座谈会上的讲话[1]

（一九四二年三月三十一日）

共产党的路线，就是人民的路线。现在共产党推行抗日民族统一战线的政策，就是合乎人民公意的政策。在执行这个政策中，常常要遇到许多障碍，比如主观主义、宗派主义、党八股等。为了纠正这些不良作风，我们提出了整顿三风。但要达此目的，非有集体的行动，整齐的步调，不能成功。今天这个会，大家发表了许多意见，今后就可在共同的目标上，一致前进。

利用《解放日报》，应当是各机关经常的业务之一。经过报纸把一个部门的经验传播出去，就可推动其他部门工作的改造。我们今天来整顿三风，必须要好好利用报纸。

关于整顿三风问题，各部门已开始热烈讨论，这是很好的现象。但也有些人是从不正确的立场说话的，这就是绝对平均的观念和冷嘲暗箭的办法。近来颇有些人要求绝对平均，但这是一种幻想，不能实现的。我们工作制度中确有许多缺点，应加改革，但如果要求绝对平均，则不但现在，将来也是办不到的。小资产阶级的空想社会主义思想，我们应该拒绝。

批评应该是严正的、尖锐的，但又应该是诚恳的、坦白的、与人为善的。只有这种态度，才对团结有利。冷嘲暗箭，则是一种销蚀剂，是对团结不利的。

根据新华出版社一九八三年出版的《毛泽东新闻工作文选》刊印。

注 释

〔1〕这是毛泽东在中共中央办公厅召开的《解放日报》改版座谈会上的讲话要点。

关于整顿三风[1]

（一九四二年四月二十日）

上次讲了时局的问题，今天讲讲延安现在所进行的教育工作的问题。现在教育工作的意义很大，为了对付目前的时局也好，为了迎接将来的时局也好，都必须加强教育。现在的时局是一个国民党反共高潮可能到来的时局。反共高潮来了，我们的困难更大；反共高潮不来，我们也是很困难的。今年明年，是最困难的两年，所以要加强我们内部的教育。国民党说我们在转变作风，整顿内部，巩固内部，这是说得完全正确的。为了现在，我们必须这样；为了将来，我们也必须这样。时局的黑暗只是暂时的，是要变化的。整个世界，整个中国，在不久的将来，都会有一个变化的，法西斯就要倒的。为了迎接光明，要加强我们的教育，要做思想的准备。报告时局，估计时局，这是思想准备的一种。我们把马列主义搞通，把主观主义反倒，这是加强教育的更深刻的方法，更彻底的方法。如果我们全党干部在现在这一两年以内，能够把作风有所改变，扩大正风，消灭不正之风，这样一个目的达到了，我们内部就能够巩固，我们的干部就能够得到提高，我们也才能够有本事迎接将来的光明世界，掌握这个新的光明的世界。总之，对付黑暗需要加强教育，迎接光明也需要加强教育，无论怎样讲，我们都需要加强教育。

从我们党的历史上来看，全面的、全党的、由中央领导进行的干部内部教育，过去还很少。从去年七月中央发出关于增强党性的决定开始，我们才全体地、从上而下地、一致地注意了这个问题，这个意义非常之大。现在延安所进行的教育和学习，是有全国意义的。中央学习组[2]在座的同志们，整个延安的工作干部，进行学习，这个意义不是局部的。一来是因为我们的机关是中央直属的，这里——陕甘宁边区是所有边区中政治意义最大的，这里的很多干部是作全国性的工作的。二来是全国许多地方的干部到这里来了，这些干部本来是全国各地的，他们之所以到延安来，或者是因为在原来地方立不住脚了，或者是因为有事情要到延安来办，或者是到延安来学习的。延安这个地方集中了全国的人才，所以我们的教育工作有全国性的意义。延安的干部教育好了，学习好了，现在可以对付黑暗，将来可以迎接光明，创造新世界，这个意义非常之大，这是全国性的。还有，延安这样一搞，搞得很好，消息传出去了，传到了各个根据地，传到了国民党统治区域，各地的党组织都会跟着我们干。现在我们还只是在这里干，我们要经过《解放日报》，经过新华通讯社把一些东西传播出去。现在新华社应该主要是广播教育材料，广播刘少奇同志的《论共产党员的修养》，广播斯大林的十二条[3]、斯大林论检查、列宁论纪律、季米特洛夫论干部政策这些文件。当然，现在世界处于战争形势下，战争消息不能没有，但可以少播一些，比如印度打仗的消息可以少播一点，苏联打仗的消息也可以少播一点，而教育材料要多播一点，延安整顿三风的报道也可以多播一些。

华北送来了整顿三风的报告,可以由延安转播出去。可以多做一些反对主观主义的斗争。

现在,国民党也利用我们反对主观主义、宗派主义、党八股来骂我们,在报上写文章骂我们。但我们还要继续反下去,当然我们所反对的主观主义等与他们所骂的完全不同。我们首先要使在座的同志,还要经过在座的同志使延安所有的干部都懂得,我们现在做的是一件有很大意义的事情,是做一件有全国性意义的工作,做一件建设党的事,使我们党的工作更完善更健全。现在中央已经下了决心反对主观主义,反对宗派主义,反对党八股,要把我们的学风、党风、文风改变,扩大正风,缩小和消灭歪风。中央各个部委除了一些日常的必要的工作外,其余的全部精力就是做这个工作。在这一点上,是否能做好,当然现在还不能断定。现在各机关各学校也还有一些同志没有认识清楚这一点,没有把这件事情当做一件重要事情,没有把这个工作当成一项中心工作。我们说在最近三个月内要把它当作一项主要的工作,其他工作是不是停止呢?日常的、必要的工作那是不停止的,要在日常的必要的工作不停止的条件下把它当做一项主要的工作。不紧要的工作怎么办?不紧要的工作就把它暂时停止。学校里面有许多课程,那些不紧要的也可以停止。比如在中央党校,就是把全部精力来搞这个事情,十八个文件〔4〕,加上四个〔5〕,共二十二个文件,要学两个半月。中央研究院也要停止其他课程学这些文件。其他学校,按照不同情况,或多或少都可以停止一些课程。各个机关也可以或多或少按照情况停止一些不紧要的工作,就是说除了日常必要的工作外,要把二十二个文件的讨论、研究,以及工作检查、思想检查，放在第一位。学校规定用两个月，机关规定用三个月。学校两个月如果不够，延长半个月，半个月不够，延长一个月。机关三个月不够，延长半个月，半个月不够，延长一个月。总而言之，要把反对主观主义这件事搞得彻底，一定要搞好，我们必须要下这样一个决心。如果搞得不好就再搞，再搞没有搞好还得重搞，要搞彻底。有人反对就要说服，说了不服，还要再说，一定要使其心悦诚服。总而言之，一定要干到底，一定要整顿三风，来一个彻底的思想转变。这个转变已经准备很久了，从遵义会议以来就在准备，特别是去年七月中央关于增强党性的决定颁布以后，到现在已经有十个月了，做了很多准备工作。现在再来一个三个月的突击，在突击以后，就要转为经常的工作了。在突击之中，除了一些必要的工作外，统统停止。必须使高级领导干部有这个认识，有这个决心，也要使所有的同志有这个认识，有这个决心，做到思想一致，行动一致。

如果不是这样，那就难得很。为什么呢？因为过去干部教育中是有很大毛病的，特别是在学校教育中把方针完全搞到另外一边去了，研究马列主义搞到违反马列主义方面去了，方法也是违反马列主义的方法，这个毒害相当深。现在的主观主义的毒害有历史的，也有最近这个时期产生的，都相当深。历史的毒害是遗留下来的。最近教育方面又有许多东西搞得不好。因为思想庞杂，思想不统一，行动不统一，所以这个人这样想问题，那个人那样想问题，这个人这样看马列主义，那个人那样看马列主义。一件事情，这个人说是黑的，那个人则说是白的，一人一说，十人十说，百人百说，各人有各人的说法。差不多在延安就是这样，自由主义的思想相当浓厚，也可以说在某些部门中间非常浓厚。自由主义是资产阶级的、小资产阶级的思想，共产党员是不应该有的。但是现在有没有人说这是小资产阶级的意识，是资产阶级的意识呢？没有人指破这一点。在这样一种情况下，各种干部，新干部，老干部，男干部，女干部，文化人，各个地方来的干部，从事各种不同的工作的人在一起，就有了毛病。这毛病，如果不经过这几个月的工夫，将指定的这二十二个文件研究好，并贯彻到自己的实际行动中间去，是很难克服的。要把理论和实际行动联系起来，把文件上讲的东西和自己的行动联系起来。什么是实际？个人的历史实际，机关工作的历史实际，各个同志所想的、做的都是实际。对它们可以先来一个研究，在研究中、在检查中来统一思想，统一行动；如果不这样做，就不能够达到统一思想、统一行动的目的。就是说，现在有许多违反马列主义的东西，要在这次教育中、检查中去掉，要达到这个目的，就要用主要的精力去做，否则，这个目的也就达不到，那就难于应付时局困难，打起仗来，把延安失掉，就要哇哇叫，鸡飞狗跳，那时候，“诸子百家”就都会出来的，那就不得了，将来的光明也就很难到来，即使到来，也掌握不了它。

全世界的共产党，除了苏联共产党之外，只有中国共产党有根据地，可以教育与训练自己的干部。现在也许还感觉不到这有什么好处，如果延安失掉了，就会知道延安的好处了，有那么多的窑洞，还有二十二个文件可以阅读，可以讨论，更会想到这个时候吊儿郎当不注意学习是不应该的，那时候就会后悔的。延安失掉了还没有什么，张家也要独立，王家也要独立,那就不得了。所以就是延安失掉了,反主观主义也要搞,作战也要搞。总之,一定要搞,搞到哇哇叫也要搞,打得稀巴烂也要搞。要能对付以后的困难就得赶快搞,我们现在就要读这些文件。中宣部那个决定上说要写笔记,党员有服从党的决定的义务,决定规定要写笔记,就得写笔记。你说我不写笔记,那可不行,身为党员,铁的纪律就非执行不可。孙行者头上套的箍是金的,列宁论共产党的纪律说纪律是铁的,比孙行者的金箍还厉害,还硬,这是上了书的,《共产主义运动中的"左派"幼稚病》上就有。我们的"紧箍咒"里面有一句叫做"写笔记",我们大家就都要写,我也要写一点。斯大林的十二条,不写一点笔记就研究不清楚。不管文化人也好,"武化人"也好,男人也好,女人也好,新干部也好,老干部也好,学校也好,机关也好,都要写笔记。首先首长要写,班长、小组长都要写,一定要写,还要检查笔记。看文件一定要动手写笔记,现在已经有许多同志动手写了笔记,有许多在过去犯过错误的同志写了笔记。我们说犯了错误不要紧,只要认识自己犯的错误,并且能改正,这就很好,就是很好的同志。现在一些犯过错误的同志在写笔记,这是很好的现象,犯了错误还要装老太爷那就不行。过去有功劳的也要写笔记,不要把功劳变成一个包袱背在背上,一切都不在乎,这样,只会把功劳变成一种很重的负担。也许有人说,我功劳甚大,写什么笔记。那不行,功劳再大也得写笔记。也许又有人说,我天文地理都懂得,三角几何都晓得,看这么几个文件还用得了三个月,我三天就看完了。还有的人说,这算什么,我不用看也可以考。能够这样当然是很有成绩的,但我说不然。为什么说不然?二十二个文件是何等之文件,是世界革命一百多年的经验的总结，是中国共产党诞生以来中国革命二十年经验的总结。斯大林的十二条是十七年前写的，没有全世界无产阶级革命的经验，斯大林能不能够写出十二条呢？不能的，不然为什么马克思的时候就没有写出十二条呢？季米特洛夫在共产国际第七次代表大会的报告也是积近百年之经验，深知欲达到革命的目的，就必须实行这个报告所讲的，必须实行干部政策的四条〔6〕。世界革命是从马克思主义产生时算起，中国革命是从共产党产生的那一年算起，五四运动就没有算进来，只讲二十年。中国共产党这一点经验也是经过艰难困苦得来的，不要看得那样容易，没有二十年的曲折，没有二十年的斗争过程，就不可能产生中央今天的这些决定，也不可能产生中央宣传部四月三日的那个决定。有同志说，这些决定好得很，早五年出来就好了。我说，你的话不错，早二十年出来就更好。如果中国共产党从产生的那一天起，就没有主观主义，没有宗派主义，没有党八股，那岂不是更好，那岂不是上策。世界上有没有这种上策？没有的！什么事都需要经验，什么好的政策都是经验之总结。刚刚读了几年书的青年，就神气成那样，说什么三天可以读完，不看也可以考，不需要学两个月三个月。又有人说什么自己走过了二万五千里三万五千里，还学什么，我说走得再多也不行。水手是世界上游历最广的人，天天都在走，周游全球，但单是走不写笔记，经验就总结不起来。中央制定一个文件有时要搞六七个月，至少也得几个星期，好像我们这些人总是蠢些，人家总是聪明一些，我们写起决议来总是不能很快搞出来。所以不要把事情看得太容易了。许多同志轻视斯大林的十二条，轻视中央的决议，轻视马列主义，这一点一定要讲清楚，不要轻视它，要写笔记，要讨论，要反省。康生〔7〕同志在前天动员大会上讲了批评与自我批评，批评是批评别人，自我批评是批评自己。批评和自我批评是一个整体，缺一不可，但作为领导者，对自己的批评是主要的。干工作要有一个重心，今天我们教育工作的重心，在自己考虑一下、研究一下，自己反省一下，重心在自己，自己正确的东西便把它扩大，不正确的东西便把它清除、取消。要使我们所有的学生、干部都了解，在整顿三风时重心在自己。要帮助别人，首先要提高自己，自己不进步，要帮助别人是难的，这一点要讲清楚。我们在座的同志要以身作则，自己进步，要反复研究自己的思想、自己的历史、自己现在的工作，好好地反省一下，要做模范。一定要这样做。无论什么人都要这样做，都要研究二十二个文件，要熟读，要搞通。我们对这些东西要表示态度，到底是赞成还是反对。如果以为这些文件不合马列主义原则，那就应该提出意见。如果以为没有违反马列主义而是站在马列主义立场，没有违反党的政策、党的原则而是合乎党的政策、党的原则的，便应表示拥护，表示赞成。要把中央的决心、高级干部的决心、中央学习组同志的决心带到下面去。一定要这样做，并且要进一步实行好。反对自由主义，反对主观主义，不要像在江西时反对“机会主义”那样，说什么吃辣椒也是右倾机会主义，而要反得正确，反得彻底。我们中央的同志商量，中央机关全部动员起来，帮助整个延安整顿三风，许多干部去帮助各机关各学校。除了日常必要的工作不停止外，中央机关全部动员起来整顿三风。中央机关如此，各机关学校更应该如此。三个月研究文件，一个月检查工作，开他几次会议，如组织会议、宣传会议、其他会议等。这次整顿三风，由中央的同志分头领导，边区一级由任弼时[8]同志负责指导，军委系统由王稼祥、陈云[9]同志负责，中央直属各机关由康生、李富春[10]同志负责，学校（党校除外）由凯丰[11]同志负责，党校由我负责。在这次学习检查中要达到这样的目的，就是改变作风，团结内部，就是决定上写的改变观点，改变思想方法，改变作风，团结干部，团结全党。

在研究、讨论文件和检查工作中，会有许多干部表现积极、热忱，会有那么一些人也热心，也搞，但和平常差不多，也会有少数人比较更差，叫做落后的。大多数地方大体上都有这三种人，积极热心而又正确的，平常的，落后的。这些人我们不能平均看待。在干部中间实行平均主义是不好的，平均主义是使积极分子、平常分子向落后分子看齐。我们要使落后分子、平常分子向积极前进分子看齐，要使落后的、思想意识和行动比较差的、不正确的同志向正确的积极的同志看齐，使平常状态的同志向积极的同志看齐。没有这样的引导，使积极的和落后的混同在一起，对积极的没有鼓励，和落后分子一样看待，这是错误的。那谁愿意积极呢？那便没有斯达汉诺夫[12]了。苏联为什么要提倡学习斯达汉诺夫？因为他积极，要使别人向他看齐。我们要采取这样的态度，号召所有的人向积极分子看齐。当然在做的时候也要注意不要夸奖得太厉害、不适当，使人以为某些人领导特别喜欢，某些人领导特别不喜欢，那就搞不好。要使全体都向前，向积极的看齐，要有团结干部、团结全党的精神。

还有搜集问题、研究二十二个文件和检查工作的问题。各机关学校自己开会讨论，解答问题，同时把这些问题反映到中央来。我们希望有两种典型，一是最好的，一是最坏的。把这两种意见两种情况报告中央。学习中发生的问题各单位自己解答，解答不了的开会讨论，再解决不了交与中央答复。关于搜集问题回答问题便是这样。要把干部中的积极分子、平常分子、落后分子分开，对思想有问题的、党性有问题的人要特别加以注意，采取和他们个别谈话的方法。这个方法西北局实行过，还有许多机关实行过，产生很好的效果。再一种方法是开干部会。进行个别谈话，开干部会，用这两种方法来做工作。干部会怎样开呢？我昨天和王首道〔13〕同志谈了，他所在的机关中，小组长、科长等有二十多人，其他干部有六十多人，一共八十多人。我以为可以两星期开一次二十多人的会，一个月开一次八十多人的会。在二十多人的会上，把中央学习组的精神、要讨论的内容系统地告诉他们，可以展开讨论，大家发表意见，按机关的情形也可以十多人或八九人来开这样的会，一星期一次最好，不能的话便两星期一次，这些人是其他人的直接领袖。其他的人一月一次会，这样的会人太多，讨论恐怕很难，可以报告一下，把二十多人的会上讨论的情况向他们说明，须要采取这样的方法开会。同干部发生联系，一种是和干部谈话，一种是开会。用这两种方法我们可以知道各个同志想的是什么，有什么问题，什么事他们不满意，什么事他们满意。现在还没有到检查工作的时候，有些事到那时才能讨论，比如讲先批评领导者、后批评被领导者这样的方式方法问题。上次邓发〔14〕同志报告职工会的经验，先批评领导者的缺点，大家肯讲话，如先批评被领导者，便把大家吓倒了，不敢说话了。检查工作要鼓励大家发言，如同中央研究院副院长〔15〕讲的，大胆说话，有的放矢，只要不违犯法律，又是在规定的范围以内的，说话是许可的。正确不正确是指说话的内容，有的对，有的不对。说得不对，是在说的过程中发生的，应该允许，说错了的，以后可以纠正。在讨论中发生了问题，要先批评领导者，后批评被领导者，这个方式比较好，像职工会的办法。总的责任，这次搞得好不好，整个归中央负责，搞好了算一功，搞不好有过。各部门搞得好不好，行政首长负主要责任，不是按照过去办法由党支部负责，这次规定行政上负责。个别谈话解决了问题没有，干部研究二十二个文件写了笔记没有，检查工作没有，作风改变没有，讨论的目的达到了没有，成绩少或者没有成绩，这责任归行政首长负。今天在座的同志都要负责任，希望好好考虑一下，研究一下，同自己领导的部门的干部好好商量一下，交换意见，达到整顿三风的目的。别人整三风，我一风也不整，如果党员是这样，那是不好的。你是共产党员，便应服从党的决定，你一风不整，行吗？整两风也不成，我们讲是一定要整顿三风。要整顿三风，一些偏风也不让有的，整了两风半，还剩半风，行不行？不行！一定要整三风，这叫搞到底。我们要担负这个责任。这里方法是重要的，首先要宣传，宣传部的决定提供了方法，即研究二十二个文件，讨论二十二个文件，检查工作，这样才能搞好。这不是容易的事。

听说有个别机关学校安排得很紧，一个文件研究两天就过去了，这是走马看花。许多文件须要一条一条加以分析研究，一个搞完再搞第二个，这时候别的先不要看，专讨论这一个。有些可以两三个合起来研究，但也要先一个一个地研究。

斯大林的十二条搞通了很不容易，许多人想一把抓，结果没有抓到。要一条一条地搞，要用分析的方法，搞了一条，再搞第二条，这样搞下去，先剩下十条，再剩下八条，最后全部“消灭”。先逐条加以分析，然后综合起来，全部才能明白。这次我们要搞出些名堂，使全党面目为之一新，这就须要在座的同志负起责来。整顿三风搞得好不好，对目前，对将来，对领导整个革命，关系很大，我们一定要下决心把这样的事做好。

根据中央档案馆保存的讲话记录稿刊印。

注　释

〔1〕这是毛泽东在中央学习组会议上的报告。

〔2〕中央学习组，又称中央研究组，是中共中央于一九四一年八月决定成立的，以中央委员为范围，目的在于提高党内高级干部的理论水平和政治水平，克服主观主义和形式主义。

〔3〕指斯大林一九二五年二月同德国共产党党员赫尔措格谈话中阐述的各国共产党要实现布尔什维克化必须具备的十二个基本条件。（见《斯大林选集》上卷，人民出版社 1979 年版，第 311—313 页）

〔4〕指一九四二年四月三日《中共中央宣传部关于在延安讨论中央决定及毛泽东同志整顿三风报告的决定》中规定的整风学习的十八个文件：一、毛泽东二月一日在党校的报告；二、毛泽东二月八日在延安干部会上的报告；三、康生两次报告；四、中央关于增强党性的决定；五、中央关于调查研究的决定；六、中央关于延安干部学校的决定；七、中央关于在职干部教育的决定；八、毛泽东在陕甘宁边区参议会的演说；九、毛泽东关于改造学习的报告；十、毛泽东论反对自由主义；十一、毛泽东农村调查序言二；十二、《联共党史》结束语六条；十三、斯大林论党的布尔什维克化十二条；十四、刘少奇《论共产党员的修养》第二章第二、第三、第四、第五节；十五、陈云论怎样做一个共产党员；十六、红四军九次代表大会论党内不正

确倾向；十七、宣传指南小册；十八、中央宣传部关于在延安讨论中央决定及毛泽东同志整顿三风报告的决定。

〔5〕指中共中央宣传部一九四二年四月十六日《关于增加整风学习材料及学习时间的通知》中增加的四个整风学习文件：一、斯大林论领导与检查；二、列宁、斯大林等论党的纪律与党的民主；三、斯大林论平均主义；四、季米特洛夫论干部政策与干部教育政策。

〔6〕指共产国际执行委员会总书记季米特洛夫一九三五年八月在共产国际第七次代表大会上作的《工人阶级统一起来反对法西斯（对大会讨论的答复）》中提出的正确选择干部的四项条件：第一，要无条件地献身于工人阶级的事业，忠实于党，并且在敌人面前——在战斗中、在监狱中、在法庭中——受过考验的；第二，要极密切地接近群众；第三，要能独立地自觅方向，不怕担负决策的责任；第四，不但在对一切违背布尔什维克路线的现象作不调和的对抗时，而且在对阶级敌人作斗争时，都要守纪律，受布尔什维克的锻炼。

〔7〕康生（一八九八——一九七五），山东胶南人。当时任中共中央书记处书记、总学委副主任。

〔8〕任弼时，当时任中共中央书记处书记、中央秘书长。

〔9〕王稼祥，当时任中共中央军委副主席兼总政治部主任、中央学习组副组长。陈云，当时任中共中央书记处书记、中央组织部部长。

〔10〕李富春（一九〇〇——一九七五），湖南长沙人。当时任中共中央副秘书长兼中央办公厅主任。

〔11〕凯丰，即何凯丰，又名何克全，当时任中共中央宣传部副部长、代理部长。

〔12〕斯达汉诺夫（一九〇六——一九七七），苏联顿巴斯的采煤工人，煤炭工业中的著名革新者。由于他运用新技术和改进劳动组织，一九三五年八月三十日创造了在五小时四十五分钟内用风镐采煤一百零二吨的纪录，相当于当时生产定额的十四倍。这一先进事例很快得到广泛传播，并发展成为群众性的社会主义竞赛运动，称斯达汉诺夫运动。

〔13〕王首道，一九〇六年生，湖南浏阳人。当时任中共中央秘书处处长。

〔14〕邓发（一九〇六——一九四六），广东云浮人。当时任中共中央职工运动委员会书记。

〔15〕指当时任中央研究院副院长的范文澜。

文艺工作者要同工农兵相结合[1]

（一九四二年五月二十八日）

文艺界的同志最近开了几次会，座谈怎么样使文艺界的同志与我们在座的同志、与我们领导下各方面工作的同志相结合的问题。我想在座的同志也应该了解这个问题。这个问题的解决当然不是一天两天的事，而是一个长期的过程，但是我们要了解党对待这个问题的政策。

我们可以回顾一下。在十年内战时期，也就是在红军那个时候，我们也有一点文艺，比如写一写小说，搞个剧团，那是比较普遍的，此外也有歌咏，有宣传画、漫画。这些东西同现在的比较起来那是差得多，现在我们八路军所吸收的人才，种类要丰富得多，文艺工作也普遍得多。那个时候，我们根据地与广大的知识分子隔绝了，与中心城市的人隔绝了，在知识分子问题上又犯过错误，轻视知识分子，认为知识分子似乎没有好多用处，要是不犯这些错误，情况也许会好一些。

那个时候，国民党有两种“围剿”，即军事的“围剿”和文化的“围剿”。军事的“围剿”就是反对红军；文化的“围剿”就是反对新文化，反对包含着革命思想的文学艺术，也就是反对以鲁迅为首的在白区的革命的文化艺术。西安事变之后，我们建立了统一战线，这种“围剿”被打破了，文化人、知识分子大批地到根据地里面来。所以，现在华北、华中各个根据地，陕甘宁边区，特别是延安，有大批的文艺工作者，有已经成了专门家的，还有许多没有成家，是做普通文化工作、艺术工作的，这种人更多。这种现象对共产党、八路军、新四军，对我们根据地，是一种什么性质的现象呢？是一种很好的现象，绝不是坏现象。这个情况，在中央关于知识分子的决定颁布之后，要更加好。中央关于知识分子的决定，正式表明我们党欢迎并吸收大批的知识分子，不管是什么知识分子，只要他们是抗日的就应该吸收。但在事实上，和我们合作的知识分子不但是抗日的，而且是有民主思想、倾向于民主的。没有民主思想，他们根本就不会来。而且在和我们合作的人中，大多数人的思想都变成了马列主义的思想，共产主义的思想，也就是说，大多数人变成了党员，他们的思想不但是抗日的、民主的，而且成了无产阶级的。

党中央关于知识分子的决定已经有了，但是对于文学艺术工作，我们还没有一个统一的很好的决定。现在我们准备作这样一个决定，所以我们召集了三次座谈会[2]，有一百多同志到了，有党内的，也有党外的。这次会开得还算好，其目的就是要解决刚才讲的相结合的问题，即文学家、艺术家、文艺工作者和我们党的干部相结合，和工人农民相结合，以及和军队官兵相结合的问题。

如何结合呢？分两个方面，要向两方面的人做工作。对文学家、艺术家，文艺工作者来说，他们要与军队工作的同志、党务工作的同志、政治工作的同志、经济工作的同志接触，要与这些同志结合；对其他方面的人，则告诉他们要与文学家、艺术家接触、结合。总之，要向两方面做工作，要告诉双方各应采取什么态度。

关于文艺工作者方面的问题，我们也应该了解。这方面有些什么问题呢？就是想不想结合和如何结合的问题。首先是要结合还是不要结合，回答是要结合；那末接下来就是如何结合法，即怎么样结合的问题。这中间就要解决思想上的问题，其中一个基本问题，就是要破除资产阶级思想、小资产阶级思想的影响，才能够转变为无产阶级的思想，才能够有马列主义的党性。解决了这个思想上的问题，才能够在思想上与无产阶级、与工农大众相结合；有了这样的基础，才可能在行动上和工农兵、和我们党相结合。如果这个问题不解决，总是要格格不入的。一个人从事一种事业，如果时间很长了，一定会发生很多习惯，一定会发生许多偏向。许多文艺工作者生长在国民党统治的社会或封建社会，旧社会的影响有的受得多，有的受得少，有的根底浅，有的根底深，有着程度的不同。这些东西如果不加以指明，如果不使他们把这些东西来一个自觉的破坏，逐渐转变为无产阶级思想，那末就会成为这些同志在行动中完全同工农兵和党相结合的一个障碍，阻碍他们这个结合的过程的速度，阻碍他们自己的进步。所以在整顿三风中间，一切同志都要整顿，文艺界也包括在内，其目的就是要把资产阶级思想、小资产阶级思想加以破除，转变为无产阶级思想。

最近一个时期，某些文章，某些文学作品——当然只是一部分，发生了一些问题。有些同志对一些事情不满意，提出一些意见，这些问题的提出都是对的，提出这些问题证明了什么，证明我们的同志不愧为一个政治战士。虽然我们的文化水平低，但是我们的政治嗅觉相当灵敏，什么风气不好，我们一嗅就嗅出来了。现在所有发生的这些问题，所有发生问题的作品，我们说都没有什么大问题。为什么这样说呢？因为那些同志根本上都是革命的，都是从外面城市或根据地来的，他们在外面城市也是做革命工作的，有许多人已经做了很长时间，现在还是做革命工作。至于某些时候，或者某次说话、写文章没有弄好，这是属于部分的性质，这样的问题好解决，都不是什么严重问题。个别比较严重的就是王实味这个同志，他的思想是比较成系统的，似乎坏的东西比较更深一些。其他作品都与此不同，只是部分的问题，不是什么了不起的问题，这是一种。

再一种就是问题严重的。他们离彻底地运用马列主义的思想，达到革命性、党性与艺术工作的完全的统一还差得很远，就是说，头脑中间还保存着资产阶级的思想和小资产阶级的思想。这个东西，如果不破除，让它发展下去，那是相当危险的。这个东西，在文艺界的同志中或多或少都有一点，新党员当中有，老党员当中也有。当然，这种缺点严重的也只是一部分同志。他们最基本的问题就是文学艺术要不要为工农大众，服务于工农大众，向工农大众普及，再从向他们普及中间来提高等还没有解决。他们的这些问题也都是可以解决的。此外也还有像这样的问题，在对作品的评价上，有的同志说是抹杀了艺术性，也有的说是抹杀了革命性。所谓抹杀革命性，就是说，只要是艺术的东西，只要是艺术水平高的文学艺术作品，就认为是好的。他们特别强调这一方面，而对立场问题，观点问题，马列主义基本观点问题，向工农兵取材问题，给谁读的问题，与工农兵密切结合或完全为工农兵这些问题，认识不清楚。

文艺家要向工农兵取材，要和工农兵做朋友，像亲兄弟姐妹一样。如果对这方面轻视，不看重，那是一个偏向，就是比较地忽视革命性（当然忽视的程度也有轻重的不同）。如果说有偏向的话，这就是一个严重些的偏向。当然也不是说个个都有这个偏向，但是有许多人都有忽视革命性这一个偏向。他们忽视学习马列主义，忽视拿马列主义的思想来破除资产阶级和小资产阶级思想在我们头脑中的影响。他们的思想和实践、思想和行动不统一，想是这样想，做却是那样做，做的事和想的东西不相符合。这是理论和实践的分离。想的是为工农，做的事不为工农；想的是为工农做事，在工农中间的朋友却很少；想的是为工农，对工农干部却不了解。这种"想"，实际上是不彻底的，就是说，对革命性没有强调得好。这种偏向在文学艺术界的同志中很多，应该很好地检讨一下。

还有没有其他偏向呢？有的，这就是太强调革命性而忽视艺术性，认为只要是革命的东西，标语口号式的也好，艺术上不像样子的东西也行。这就把文学艺术降低到和普通东西一样没有区别了，因为别的东西是不采取文学艺术这种艺术形态的。现在强调革命性，就把文学艺术的革命性所需要的艺术形态也不要了，这又是一种偏向。我们只是强调文学艺术的革命性，而不强调文学艺术的艺术性，够不够呢？那也是不够的，没有艺术性，那就不叫做文学，不叫做艺术。这个偏向在俄国曾经发生过，在我们党的历史上，听说也有过，似乎只要讲几句马列主义，只要讲几句无产阶级，就是好东西。不注重艺术形式的问题，只注重作品的政治内容，这就把艺术与其他东西的区别取消了。说艺术无须乎带有什么特殊性，它在革命工作中也不是特殊部门，这种看法同样是一种偏向。

那末，我们主张什么样的东西呢？我们认为革命性是从低级的到高级的，艺术性也是从低级的到高级的。革命性怎样从低级的到高级的呢？对大地主，你跟他讲马列主义他不来，讲民主他也不来，地主是要租子、要封建制度的。现在日本帝国主义打进来了，他也要抗日，只要不破坏他的封建制度，即使破坏也不要破坏得太彻底，抗日他就会来的。他来就好，对大地主、大资产阶级就是取他们抗日这一点，不能够取到他们别的东西，只要他们抗日就好。民族资产阶级就不一样，他们需要民主，但他们所需要的民主是资产阶级的民主。至于人民大众这个最主要的部分，即工人、农民、小资产阶级的民主，和资产阶级的民主则又有区别。当中国民族资产阶级没有完全取得政权，或者没有主要取得政权的现在，他们至少有这样的想法：他们要搞民主，讲马列主义是不来的。就小资产阶级整个阶级来说，他们不是搞马列主义的，只有无产阶级和无产阶级化了的其他阶层的知识分子，才真正相信马列主义，实行马列主义。讲革命性是从抗日到马列主义，即从低级到高级。在艺术上，我们采取的政策和革命性一样，也是从低级到高级，即是从萌芽状态起，一直到高级的，到托尔斯泰、高尔基、鲁迅等最精湛的。艺术性高的我们要，低的我们也要。像墙报、娃娃画娃娃，我们也要，那是萌芽，有发展的可能性，有根在那里。老百姓唱的歌，民间故事，机关里的墙报，战士吹牛拉故事，里面都有艺术。一字不识的人可以讲出美丽的故事，连说的话也是艺术性的，我便听过许多这样的故事。忽视了这些，眼睛只看到高的，看不到低的，说老百姓粗手粗脚算得什么，轻视那些东西，甚至看不起普通的艺术工作者，看不起墙报、农村通讯，不懂得士兵、农民能动手写几百字的墙报具有很大意义，这是不对的。专门家中有这种观点的多。胡适之的书，我们看看是需要的，不看也可以。墙报、民歌、民间故事，我们也需要看看。多少年受压迫刚翻了身的人居然能写出几百字的墙报，是了不起的大事；不这样看，那就是他的立场明显地没站稳，因此对群众的东西不喜欢看。我们主要的基础是什么？是工农兵。要不要资产阶级、小资产阶级出身的知识分子文艺家呢？需要的，但是主要的基础是在工农兵。只有在这个基础上，他们的作品才能开花。资产阶级、小资产阶级出身的文艺家是能够帮助我们的，其中一部分有决心工农化的，他们脱胎换骨，以工农的思想为思想，以工农的习惯为习惯，这样来写工农，也就能教育工农，并提高成为艺术。在阶级社会中有文人，在将来的社会主义社会也有专门的文学家、艺术家。将来大批的作家将从工人农民中产生。现在是过渡时期，我看这一时期在中国要五十年，这五十年是很麻烦的，这是资产阶级、小资产阶级出身的文艺家和工人农民结合的过程。在此期间，有点麻烦，出点乱子，是不可避免的。我们的政策是要小心地好好引导他们自觉地而不是勉强地和工农打成一片。少数人不能打成一片，要容忍他，这是思想问题，不能勉强，不能用粗暴的态度。我们的总方针是争取文学家、艺术家中的大多数人和工农结合，使得他们看中低级的东西，看中普通的文艺工作者。

专门家有责任指导普通的文艺工作者。是不是只有指导的责任呢?不是的,还要学习,要从普通的文艺工作者那里,从人民身上吸收养料,不然便要悬在空中,这是非常危险的。高尔基很高,但他和下面有着广泛的联系。他和农村有通讯联系。他看到一个十三岁小孩的信非常欢喜,改了几个字把它发表出来,在《海上述林》中便有。高级文艺工作者也只有和普通文艺工作者,和人民发生联系,才有出路,他才有群众,才有牛奶吃,这是老百姓给他的,不然便是空的。

文艺是一支军队,它的干部是文艺工作者。它还要有一个总司令,如果没有总司令,它的方向就会错的。鲁迅、高尔基就相当于总司令,他们的作品,他们说的话,就当作方向的指导。如果普通的文艺工作者没有高级的指导,他的方向就可能会错,他就会长期地停留在低级阶段不能提高。我们要使文艺工作者了解这些问题,掌握党的政策。使他们在一两个月内了解更好,一两个月不能了解来他半年,半年不行来他一年。我们要特别注意让那些成名的、有成绩的作家了解,来推动整个文艺工作朝这个方向进行,以有利于民族,有利于工农兵。这对作家本身也是有利的。"人生一世,草长一春",为了什么呢?人生一世就是专门为工农兵,死的时候如果作祭文也是这样作就好了,当然不是专门为了作祭文。张浩〔3〕去世,我们就作了祭文,名为对死人,实则对活人,就是告诉人们,你们不要自私自利吧!张浩革命一生,难道是为了作祭文吗?我相信不是的!所以文艺家要懂得这样的政策,其他同志也要懂得这样的政策,这是一个结合的过程问题。

另外还有一个问题就是如何结合的问题。我们要求我们的同志，在军队、政府、教育、民运、党务各方面工作的同志，对文学艺术工作者，不论是低级的还是高级的，要采取欢迎的态度，恰当的态度，对他们的缺点要采取原谅的态度；而在文艺家方面，对于工农兵的缺点也是要采取原谅的态度。有缺点，不原谅是不行的，将来一定还要有问题。一些知识分子、文艺家不和我们做朋友，这不只是知识分子、文艺家这一面有缺点，一些部门一定也有缺点，也有问题。中央关于知识分子的决定发表以后，还有好些问题没有解决，所以需要像三大纪律、八项注意一样，天天讲，使得在军事、政府、党务、经济、教育各方面工作的同志，对文化人、知识分子采取欢迎的态度，懂得他们的重要性，没有这一部分人就不能成事。斯大林在联共第十八次代表大会上把这个问题当作一个理论问题来讲的。任何一个阶级都要用这样的一批文化人来做事情，地主阶级、资产阶级、无产阶级都是一样，要有为他们使用的知识分子。在他们这个阶级完全知识化以前，还要利用别的阶级出身的知识分子。所以我们要慢慢地来，要进行宣传解释，光是写几篇文章作几次演说办不了事，一定要具体地一步一步地来，没有一次就成功那样容易的事。

根据中央档案馆保存的讲话记录稿刊印。

注　　释

〔1〕这是毛泽东在中央学习组会上报告的第三部分。

〔2〕指一九四二年延安文艺座谈会在五月二日、十六日、二十三日举行的三次会议。

〔**3**〕张浩，即林育英，曾任中华全国总工会驻赤色职工国际代表、中国共产党驻共产国际代表团成员、中共中央白区工作委员会书记、八路军第一二九师政治委员、中共中央职工运动委员会副书记等职。一九四二年三月六日在延安病逝。

山东有可能成为战略转移的枢纽

（一九四二年七月九日）

胡服〔1〕同志：

（一）六月九日电早已收到，书记处各同志都看了，因在考虑，故迟复。（二）我们很望你来延并参加七大，只因路上很不安全，故不可冒险，仍以在敌后依靠军队为适宜。（三）你的行止，以安全为第一，工作为第二，以此标准来决定顿在山东还是仍回军部。（四）但有一点须与你商酌的，即是山东的重要性问题。国内外局势是很有利的。反希特勒斗争今冬明春就有胜利希望，如此则明年秋冬就有战胜日本希望。苏、英、美三国团结得很好，影响到国共关系亦不会很坏。我们的方针是极力团结国民党，设法改善两党关系，并强调战后仍须合作建国。整个国际局势战后一时期仍是民主派各界合作的统一战线的民主共和国局面，中国更必须经过民主共和国才能进入社会主义。在此国际总局势下，国民党在战后仍有与我党合作的可能。虽然亦有内战的另一种可能，但我们应争取前一种可能变为现实。因此就须估计日本战败从中国撤退时，新四军及黄河以南部队须集中到华北去，甚或整个八路、新四须集中到东三省去，方能取得国共继续合作的条件（此点目前不须对任何人说），如此则山东实为转移的枢纽。同时又须估计那时国民党有乘机解决新四的可能，如蒋[2]以重兵出山东切断新四北上道路则新四甚危险，故掌握山东及山东的一切部队（一一五师、山纵、杨苏纵队[3]）造成新四向北转移的安全条件，实有预先计及之必要。（五）上述掌握山东任务须请你担负之。至于执行此任务，自以你在山东为便利，但如苏北比山东更安全则在苏北亦可执行，或在山东一时期再返苏北，最后再去山东，请你斟酌情形决定。在你确定行止后，中央即通知华中、山东及北方局付托你以指挥山东、华中全局的权力。（六）日寇正积极准备攻苏，时间有在本月底说，你们须准备应付此种局面。（七）日寇攻我方针之一是寻找我主要指挥机关给以打击。八路总部被袭，左权阵亡[4]是一严重教训，今春一一五师师部亦曾遇到危险，请予严重注意，一切主要指导机关及主要指导人总以安全为第一义。（八）学习二十二个文件[5]在延安收到绝大效果（延安有一万干部参加学习），在学习中发现各种纷歧错杂的思想并获得纠正，绝大多数干部都说两个月学习比过去三年学习效果还大，请你按照敌后特点注意指导此种学习。掌握思想领导是掌握一切领导的第一位。

毛　泽　东

七月九日

根据手稿刊印。

注 释

〔1〕胡服，即刘少奇。

〔2〕蒋，指蒋介石。

〔3〕山纵，指张经武任指挥、黎玉任政治委员的八路军山东纵队。杨苏纵队，指杨得志任司令员、苏振华任政治委员的八路军第二纵队。

〔4〕一九四二年五月，日军向太行区中共中央北方局和八路军总部所在地进行“扫荡”。五月二十五日，八路军副参谋长左权在山西辽县（今左权县）麻田指挥突围战斗中牺牲。

〔5〕二十二个文件，见本卷第422页注〔4〕和第423页注〔5〕。

对华中精兵简政的意见

（一九四二年八月四日）

陈毅[1]同志：

看了关于精兵简政的电报，使我们明了华中全面情况，这是很好的。你们又刚在四月底开过扩大会还不很久，也不必急于更改。但有一点须请你注意，即伴随着极端残酷斗争，根据地缩小必然要到来，而且可能很快到来，这一点如不预先计及，将来必要吃大亏。在此情形下，不论华中、华北，都不能维持过大军队，如愿勉强维持，必难持久，一九三四下半年中央苏区的经验我们不应忘记。以华中论，你们决定现有八万主力军四万地方军扩大至十万主力军十万地方军，共计二十万，党政还不在内，江南、皖东、淮北、鄂中均已缩小，这个总数是太大了。明年必是非常困难的一年，其困难程度为目前许多人所不能想像，高级领导机关必须预为计及。内战时还可以有长征，现在则绝不能有长征。如使根据地民力财力迅速枯竭，弄到民困军愁，便有坐毙危险。现在华北、山东须下绝大决心实行彻底的精兵简政，否则到了明年必不能维持。华中情形虽略有不同，但总方向是相同的，此事请你预加考虑，到年底或明春作一通盘计划，达到精简目的为盼。

毛　泽　东

八月四日

根据中央档案馆保存的抄件刊印。

注　　释

〔**1**〕陈毅，当时任中共中央军委华中分会代理书记、新四军代军长。

关于精兵简政问题给谢觉哉、陈正人[1]的信

（一九四二年八月十九日）

觉哉、正人二同志：

今天所谈二届参议会应以准备精兵简政为中心，在开会以前应实行精简，开会以后应检查（点验）精简，而精简包括精少、效能、统一诸方面。今看本日（十九日）报纸《精兵简政在晋冀鲁豫边区》一文，所包事项尤多，尚有节省、反官僚主义诸项，此文我看很好，请你们也看一看，是否我们这里可以完全仿效？此事应在整风学习完后来一个如像整风这样的大举，方能普遍、深入与切实见效，过去还只是耳边风。

敬礼！

毛　泽　东

八月十九日

根据人民出版社一九八三年出版的《毛泽东书信选集》刊印。

注 释

〔1〕谢觉哉，当时任中共中央西北局副书记、陕甘宁边区参议会副议长。陈正人（一九〇七——一九七二），江西遂川人，当时任中共中央西北局组织部部长。

关于报纸和翻译工作问题给何凯丰[1]的信

（一九四二年九月十五日）

凯丰同志：

今日与博古[2]谈了半天，报馆工作有进步，可以希望由不完全的党报变成完全的党报。他向二百余人作了报告，影响很好（据舒群[3]说），报馆人员在讨论改进中。谈到各部门利用报纸做工作的事，我想还要讨论一次，以促中央各部门同志的注意。各根据地当局也还未把报纸看作自己极重要武器，我想要写一电报（或须用书记处名义），提出此种任务。整风完后，中央须设一个大的编译部，把军委编译局并入，有二三十人工作，大批翻译马、恩、列、斯及苏联书籍，如再有力，则翻译英、法、德古典书籍。我想亮平[4]在翻译方面曾有功绩，最好还是他主持编译部，不知你意如何？不知他自己愿干否？为全党着想，与其做地方工作，不如做翻译工作，学个唐三藏[5]及鲁迅[6]，实是功德无量的。

罗迈[7]走后，中研院由你直接指导。

解放[8]第四版缺乏稿件，且偏于文艺，我已替舒群约了十几个人帮助征稿，艾、范、孙雪苇[9]及工、妇、青三委都在内。青委约的冯文彬〔10〕，拟每月征6,000—10,000字的青运稿件，不知能办到否？

不愉快的事，过一会也就好了。

敬礼！

毛　泽　东

九月十五日

根据人民出版社一九八三年出版的《毛泽东书信选集》刊印。

注　　释

〔1〕何凯丰，又名何克全，当时任中共中央宣传部副部长、代理部长。

〔2〕博古，即秦邦宪，当时任解放日报社社长。

〔3〕舒群（一九一三——一九八九），黑龙江哈尔滨人。当时任《解放日报》副刊主编。

〔4〕亮平，即吴亮平（一九〇八——一九八六），浙江奉化人。翻译过恩格斯的《反杜林论》等书，曾在延安编辑《解放》周刊。

〔5〕唐三藏，即玄奘（约六〇〇——六六四），洛州偃师（今河南偃师）人。唐代高僧，佛经翻译家。曾主持翻译经、论七十余部，共一千三百多卷。

〔6〕鲁迅，文学家、思想家和革命家。曾翻译外国文学作品和文艺理论著作多种，编为《鲁迅译文集》，共十卷。

〔7〕罗迈，即李维汉，一九四〇年十月任中共中央宣传部副部长，一九四一年七月兼任中央研究院新闻研究室和教育研究室主任，一九四二年九月调任陕甘宁边区政府秘书长。

〔8〕指《解放日报》。

〔9〕艾，指艾思奇，当时任延安中央研究院中国文化思想研究室主任。范，指范文澜，当时任延安中央研究院副院长兼历史研究室主任。孙雪苇，又名刘雪苇，

一九一二年生，贵州郎岱（今属六盘水市）人，当时是延安中央研究院的特别研究员。

〔**10**〕冯文彬，当时任中共中央青年工作委员会副书记。

历　史　教　训[1]

（一九四二年十月十四日）

十月四日，斯大林在答复美国新闻记者关于“苏联所存的抵抗力量如何”的询问时称：“我认为苏联抵抗德国匪徒的能力，如果不是较大的话，也不小于法西斯德国或其他任何追求世界统治权的侵略国。”十月五日莫斯科《真理报》社论称：“斯大林格勒的抗战，粉碎了希特勒的巨大计划。该计划原定在迅速攻下斯大林格勒后，即向莫斯科、巴库前进。”这些话到十月八、九两日就证明了。十月八日，德军发言人宣布：“不再使用炮兵与工兵强袭斯大林格勒。”原因之一，是如十月九日苏联情报局所宣布的：“苏军业已突破斯大林格勒工业区的包围线，并据守新阵地。”原因之二，是如十月十日路透电所称：“昨日德军被迫转调进攻斯大林格勒的部分兵力至西北区，因该处正遭苏联解救军的不断攻击。”所有这些，就是说，红军由城内正面与北部侧面两方的夹击，迫使希特勒绝望于该城的进攻，而不得不在事实上一天一天把自己转入防御地位。还在一个多月前，一些人们就在匆匆忙忙地讨论高加索失守后的局势，他们对于苏、德两军的力量都是判断错了的。希特勒的“巨大计划”是有的，但这个计划正如《真理报》所说，被斯大林格勒的抗战所粉碎了。

希特勒的实力和他的野心之间的矛盾，是他失败的重要原因。这个矛盾，表现在他采取避实击虚政策上面。列宁格勒、莫斯科是被认为应该避开的，他就集中力量向着南线一隅。七月间他曾拼命争夺沃罗涅日，打不开，又避开它。拼命争夺克列茨基，又打不开，又避开它。于是攻击点集中到斯大林格勒与高加索北麓了，这是无可避开的了，又是打不开，又是要避开了。但这是最后的避开，就是说，被迫放弃攻势，转入防御地位，希特勒现在就是处在这样情况中。希特勒今天还没有发出停止进攻的一般声明，他也许还想最后挣扎一下，但大势已去，无可挽回了。一切他所避开的地点，都成了红军向他进攻的出发点，目前红军就是从克列茨基到斯城北角一线向德军进攻的。这样将迫使希特勒最后地放弃他的一切战略进攻。

保卫斯城的直接战斗从八月二十三日德军渡过顿河河曲开始，但河曲战斗对保卫斯城的意义是极其重大的。整个七月份，德军由哈尔科夫打到顿河。这个期间，红军采取战略退却，德军毫无所得。七月三十日，柏林宣布德军在齐姆良斯克至罗斯托夫二百五十公里战线及顿河下游渡过顿河。不知是德军原先计划的，还是因渡河胜利冲昏了德将波克的头脑，他就从整个野战军中分出二十个师，向高加索方向猛追退却中的红军，八月中旬即达到库班河流域，但出于德军意外地遇到了红军的顽强抵抗。直到今天（十月十四日）德军只得到迈科普一个小油田。高加索北麓还有一个较大的油田叫格罗兹内的，同盟社还在八月十三日就说："通至格罗兹内的进路非常平坦，目前所关心的问题，只是德军的进攻能否给予红军以充分时间彻底破坏该处油田。"可是从说这话到今天已整整两个月，希特勒对这个油田还是可望而不可即。至于为着想达到巴库一带吃这块最肥的天鹅肉,德军确曾冤枉地爬过高加索山隘。八月二十三日海通社宣称,"八月二十一日晨十时,德山岳部队在高达五千六百三十公尺的厄尔布鲁士山升起德国战旗",表示法西斯吸血鬼们的狂喜。可是这面战旗,不知是送给红军了,还是法西斯们自己拖着溜下山去的,总之是一场空欢喜。听说波克现在被希特勒撤职了(十月九日路透电),那末,他的错误在哪里呢?或者第一条就是这个向高加索分兵吧。红军一方面坚决扼守顿河河曲,一方面却诱使波克祸水分一股流向库班河去,因此就减轻了对斯大林格勒的压力。

河曲战斗是从七、八月之交打起的,红军以极其英勇的奋战,直打到八月二十三日才放弃顿河东岸刻赤一带阵地。如果没有这一战,如果德军没有河曲二十三天的阻碍与极大的消耗,则斯城的直接保卫将是困难的。

从八月二十三日德军渡河至九月十五日德军打入斯城工业区,红军又在顿河与斯城间纵深五十至六十公里地带消磨了德军二十三天。没有这第二个二十三天的消磨,斯城的保卫也是困难的。

从九月十五日德军打入工业区,至十月九日红军路丁什夫部队突破该区德军阵线,二十四天中,是极端猛烈的巷战期间,红军以城内的巷战与北部的压力粉碎了德军的进攻。

从此希特勒整个地转入被动地位,他的实力与他的野心之间的矛盾最后地暴露出来,他将被这个矛盾所压碎。

九月三十日,希特勒在柏林体育宫演说中说到红军时,他只好这样说,"那是一个不知道慈悲的敌人,他们不是人类而是野兽”，表示他似乎曾经希望过红军向他讲慈悲似的。整个苏德战争已经证明：只要人们不对法西斯讲慈悲，就是说，多一点勇气，法西斯就会失败的，这就是历史的教训。

日本法西斯看了希特勒的惨败，将做什么感想呢？还是要到海参崴一带去碰一碰吗？那里靠得住又是不讲慈悲的。日本的实力与它的野心之间的矛盾，也是一定要把日本法西斯压得粉碎。

根据一九四二年十月十四日《解放日报》刊印。

注释

〔1〕这是毛泽东为延安《解放日报》写的社论。

评柏林声明[1]

（一九四二年十月十六日）

柏林发言人已于十月十二日正式发表声明。该声明说："德军已由攻势转入守势。"该声明又说："此不应被视为吾人未来的作战计划，亦非谓三国公约中的任何一国业已决定或被迫将主动地位给予敌方，此不过表示德国及其盟友在作战三年以后业已赢得一个不易被攻的地位，而以镇静态度及必胜信心以观变化。"

这后一段话是说谎的。但这个说谎对于目前法西斯的地位极其必要，这是因为今年希特勒的由攻势转入守势，和去年他的由攻势转入守势大不相同的原故。

在去年，因为德国尚有余力，可以准备在今年再取一个攻势；因为日本法西斯和希特勒约好了不久就要爆发太平洋战争，而这就被认为是一则足以麻醉人民，二则足以牵制美国、削弱英国，而不致有第二条战线；此外还因为日本法西斯答应希特勒，在某种条件下（例如德国第二个夏季攻势达到了战略目的等）它可以进攻西伯利亚，和德国合力打击苏联：这三个条件，在那时都是存在的，或是可能的，所以希特勒在进攻莫斯科失败转入守势之时，他就不需要说出如像现时这类可怜的谎言，他就可以拿撤销前线总司令勃鲁齐区给他的军民人等看，说战争是由勃鲁齐区弄坏的，他自己当了总司令就自然有办法。

果然，太平洋战争爆发了，英、美受了很大损失，日本闹得声势煊赫，这件事立即在德国及欧洲人民中起了麻醉作用，希特勒所遭受的夏季攻势失败与冬季红军反攻两个创伤，就被这副麻醉剂把他的痛楚减轻了许多。今年希特勒实施夏季攻势时，又果然没有发生第二条战线。

在去年，希特勒一面应付红军的冬季攻势，一面还补充了旧部队的兵力，重新装备了新的兵力，又从意、罗、匈等国拉来了几十师军队，所有这些，是被希特勒及其一切法西斯伙伴们认为是自己还有前途的最主要的基础，他们感觉自己还有实力。在此基础上，希特勒果然举行了今年的攻势，虽然不如去年那样煊赫，但在七、八、九三个月间也颇迷惑了一时，使得人们似乎觉得希特勒还有很大气力似的。

只有第三个条件至今没有动静。要说还有可能的话，那末，似乎只有一种时机，就是说，当英、美实行对德进攻或接近这种进攻时，法西斯们为了死里逃生起见，或者日本军阀们还会干一下。但是拿这个条件来配合希特勒今年攻势的预定计划是破产了。

在去年至今年，三个条件实现了两个，这就是德国法西斯们一年结账时他们还可以自鸣得意的一面。

但是还有另一面，就是说，三个条件一齐破产了。第一个，今年的攻势完全破产了。去年还有这个法宝，可以安慰自己，安慰人民，今年没有了。所谓“守势不应被看作将来的作战计划”，似乎还有第三个攻势的希望似的，但这只是完全的谎言。

希特勒的旧军队是疲敝不堪了，精锐部分已经耗完。他的人力资源与军备资源即使再搜括，也不能组成一个像样的攻势了。过去所借以维系人心与借以延续法西斯生命的基础条件——德国的进攻实力，现在转到了它的反面，这个条件是基本上破坏了。就在这种时候，法西斯们需要以完全的撒谎来维系人心，但是世界上没有不拿实力而拿撒谎可以维系人心的。斯大林谦虚地说："苏联力量不说较大，也不小于法西斯"，在希特勒攻势破产后，红军的力量是强大于法西斯的。在这种情况下，法西斯内部将发生分裂的危机，过去那样的团结不可能了。法西斯与人民间的矛盾一定要扩大，民心军心都很难维系了。德国与意、罗、匈、芬以至日本间的关系有大闹别扭的趋势，意大利甚至有倒戈的危险。欧洲几个中立国的态度也将起变化，某些国家或有加入同盟国之可能。

讲到第二个条件，今年也是去年的反面。日本的胜利促起了美国的整军，美国以一年时间不但补偿了夏威夷一役的损失，而且正在积极准备进攻。和柏林宣布守势的同一天，罗斯福〔2〕说道："关于开辟第二战场，吾人对于战略已有若干重大决定。其中之一，为吾人所共表同意者，即须要向德、日发动新攻势，以分散苏联与中国境内的一部敌人至其他战场。"日本是畏美如虎的。八月二十八日，日本海军情报部发言人说道："自英国威尔斯太子号沉没后，美国即追加空军预算四十万万元，将战舰改造为航空母舰或改变其设计者共十四艘，又改造商船二十艘及设计中之商船七十艘，均改为航空母舰，这说明美国多么重视航空母舰。我国不能坐视美国建舰，要在美国建舰未成前采先发制人办法击灭之。"九月二十六日，东条〔3〕说道:“英国逐渐整备了战略路线,美国反攻企图日益明显,两国依靠其丰富资源,急速增强其战斗力,待时进行总反攻,大东亚战争的正规发展还在今后。”总之,日本在美国面前,吓得全身发抖了。德国呢?也是一样,十月十二日柏林发言人也说到:“美国业已开始大规模的军备计划。但无论其如何强大,若欲谋收复欧洲、非洲及亚洲,则非其力之所能及。”这后一句也是撒谎。实际上,法西斯们清楚地觉到,第二战场的魔影已一天一天地接近了他们的后门。八月二十八日,法西斯党卫军首领希姆莱的机关报,竟至于借了红军的威风去恐吓英、美,鼓舞军心。这个报纸说:“曾在东线举行空前剧烈战争的人员与武器,将予英国以最后的清算。我们应该问一问在东线战争严格考验后调至西方应付第二条战线的德国武装人员,他们之中每一人都迫切希望向英国,或者还可说向美国这两个敌人,试验他们在东线‘无限壮大’的力量。当英国一九三九年宣战时,他就不知道战争是什么,而我们更好地知道战争是什么,而现在我们完全知道战争是什么。”这就是向英、美说,我们是红军的学生,你们敢来吗!这就是向德国士兵说,我们是和红军交过手的,还怕第二条战线吗!法西斯们知道战争是什么呢?他们知道战争就是失败。十月四日,戈林〔4〕恐吓人民说:“如果我们在这次战争中失败,则德国的命运将是悲惨的,德国人民将被国际犹太人的毒牙咬断,并被消灭,德国将在地图上被抹掉。”总之,法西斯们现在是专靠撒谎与恐吓吃饭,而不能靠实力吃饭了。他们的进攻实力已经完结,他们的生命也就完结了。

日本的情况稍有不同,他的实力还可以举行一个进攻,这是因为过去的战争还没有动用他的主力的原故。故日本是否还要向北或向南举行一个大的冒险，此时还不能作断定。但有一件事是确定了的，日本面前摆着一个美国反攻的大危险。拿日本现存实力和这个将来危险作比较，那简直是不能设想的。日本军部对于美国飞机、军舰的生产，表示那样彻骨的惊慌，就是从这件事实发生的。日本目前是站在这样的分歧点面前：还是照德国今年攻势那样来一个一定失败的冒险进攻呢？还是以德国作殷鉴保存这点力量以期在防御战中侥幸取胜呢？假定日本法西斯采取第一条路，那在德国说来，其意义是为了援助德国防御而使用日本的进攻，就是说，为了牵制美国与苏联在欧洲的攻势而使用日本的进攻，这和今年为了援助德国的进攻而使用日本的太平洋战争及希望日本进攻西伯利亚，大不相同。假定日本采取第二条路，那对日本当然有利些，但对德国就完全不利，也许在这个问题上东西两个法西斯国家要闹起别扭来。德国在今天以前利用了日本的进攻英、美，但没有能够利用日本进攻苏联。今后呢？德、日情况都有了很大不同，日本究竟采取什么政策，还要等一下才能看清楚。

但是不论怎么样，世界形势已起了根本的变化，一切法西斯国家实际上都已丧失了主动地位，不管德国或日本，都是如此，也不管日本采取这样或那样的政策，都是如此。

法西斯的命运是决定了，只有十分怯懦的人们还在害怕法西斯。

根据一九四二年十月十六日《解放日报》刊印。

注　　释

〔1〕这是毛泽东为《解放日报》写的社论。

〔2〕罗斯福，当时任美国总统。

〔3〕东条，即东条英机。当时任日本内阁首相。

〔4〕戈林（一八九三——一九四六），德国元帅。一九三九年被希特勒立为继承人。

通讯社和报纸的宣传应符合党的政策〔1〕

（一九四二年十月二十八日）

各中央局，各分局：

最近一时期内各地宣传曾发生若干不适合目前党的政策的事件。例如，新华社太行分社发表参政会通电主张召集国是会议，山东分社发表东北军一一一师反对国民党人员的通电，苏北分社发表反对国民党的新闻，晋西北分社发表某友军致新军〔2〕五周年纪念贺电（足以影响友军之地位），均是和我党目前政策不适合的。查各地中央局、中央分局对当地通讯社工作及报纸工作注意甚少，对宣传人员及宣传工作缺乏指导，尚不认识通讯社及报纸是革命政策与革命工作的宣传者组织者这种伟大的作用，尚不懂得领导人员的很多工作应该通过报纸去做。西北中央局已经发表了一个关于报纸工作的决定，各地亦应仿此办理，改正过去不讨论新闻政策及社论方针的习惯，抓紧对通讯社及报纸的领导，务使通讯社及报纸的宣传完全符合于党的政策，务使我们的宣传增强党性，拿《解放日报》所发表的关于如何使报纸增强党性的许多文件去教育我们的宣传人员，克服宣传人员中闹独立性的错误倾向。

中央书记处

十月二十八日

根据毛泽东手稿刊印。

注　释

〔1〕这个电报是毛泽东起草的。

〔2〕新军，即山西新军，是抗日战争初期在中国共产党领导和影响下发展起来的山西人民的抗日武装。

关于起草财经问题报告给南汉宸[1]的信

（一九四二年十二月二十日）

汉宸同志：

请你写的东西不知着手否？我要的是关于粮草、税收、金融、贸易四部分，每样要说政策，说工作，是向广大的干部说话，使他们看了懂得政策的方向，懂得工作的作法。在说政策说工作时，要批评错误意见，批评工作缺点，使他们有所警惕。每样要有点历史，有点分析，又有一九四三年应如何作法。请你从今天至星期四四天之内下一番苦功赶一下，于星期五日交我就好了，或在星期二三先将粮草一件交我，余在星期四五交我。金融、贸易二件请找银行与贸易局的人研究一下，粮、税你是熟的。你前交报告很好，只是向少数人说的，不是向广大干部说的，故须重写。

敬礼！

毛　泽　东

十二月二十日夜

你写的被服部分我已采入工业问题里去了。〔2〕

根据人民出版社一九八三年出版的
《毛泽东书信选集》刊印。

注　释

〔1〕南汉宸（一八九五——一九六七），山西洪洞人。当时任陕甘宁边区政府财政厅厅长。

〔2〕指毛泽东在《经济问题与财政问题》第七部分《关于发展自给工业》中，采用了南汉宸此前写的报告中关于被服问题的内容。

经济问题与财政问题（节选）

（一九四二年十二月）

一

延安县同志们的精神完全是布尔什维克的精神。他们的态度是积极的，在他们的思想中、行动中，没有丝毫消极态度。他们完全不怕困难，他们像生龙活虎一般能够征服一切困难。我们看，延安同志们对于工作是怎样充满了负责精神的："一九四二年农具贷款放迟了一个时期，早一天早开多少荒地！""抓紧时间，迅速解决各种问题是必要的，迟一天少开多少荒地！""制定每个农户的生产计划。""领导上抓得紧，检查严，对于完成任务是有决定作用的。"这种精神，对于那些一遇困难就唉声叹气，就缩手缩脚的人们，对于那些办事不认真，得过且过，敷衍了事的人们，真是一个天上，一个地下！在这种精神下，延安同志们没有一件事不是实事求是的。他们对于他们所领导的延安全县人民群众的情绪、要求及各种具体情况是充分了解的，他们完全和群众打成一片，他们有很好的调查研究工作，因而他们就学会了马克思主义的领导群众的艺术，他们完全没有主观主义、宗派主义与党八股。这种情形，对于那些处理问题不根据群众要求而根据主观想像的主观主义者，对于那些完全不作调查研究,工作三年五载、下情一点不知的官僚主义者,又是怎么样呢?岂不又是一个在天上,一个在地下吗!我们希望全边区的同志都有延安同志这样的精神,这样的工作态度,这样的和群众打成一片,这样的调查研究工作,因而也学会领导群众克服困难的马克思主义的艺术,使我们的工作无往而不胜利。边区各县同志中像延安同志这样或差不多这样的人是不少的,我们希望这些同志的模范经验,能够很快地推广到一切县、区、乡里去。

二

全部公营经济事业包括下列三部分:(一)政府经营的盐业、工业及商业;(二)军队经营的农、工、商业;(三)党政机关经营的农、工、商业。这些就都是直接保障党、政、军人员的生活资料及其事业经费的供给的。这一部分的供给量,依一九四二年的计算及一九四三年的预算看来,超过了人民以租税形式交纳政府的供给量(包括公粮在内)。故公营经济事业成为我们保障财政供给两大来源的一个主要基础,它的重要性是不言而喻的。

我们之注意公营经济建设事业,有其历史的与现时的原因。还在内战时,中共中央曾经为了战争需要而在江西苏区建立了一部分公营工商业。那时,为了补助伙食之不足,也曾经发动过各机关学校种菜养猪的事。那时,只有军队还无生产的经验。那时,因为江西农民比较富庶的条件,还不需要我们自己动手解决粮食。这是历史的原因。抗战以来,我们是处在一种非常特殊的地位。国民党政府对于我们的军队，初则只给很少的一点饷，继则完全断绝，边区也被封锁，迫得我们不得不从事生产自给，维持抗战的需要。这是现时的原因。

抗战以来，我们之注意公营经济建设事业，是从一九三八年开始的。那时，在军队方面，由于经费不足，开始了生产运动。但在那时，我们还只是令一部分部队试作种菜、养猪、打柴、做鞋等生产，其目的只是借以改良战士们的生活，还没有企图借以解决一般的财政供给。后来看见试办的战士们在做这些工作中生了成效，他们果然能于教育之暇做出许多生产工作来了，他们的生活果然改良了，他们因生活改良，逃亡现象也减少了。由于看见这些成效，我们就把这个经验普遍地应用到那时留守边区的部队，由留守处下命令叫各部队都学着这样做。但也还是为着改良生活的目的，不是为着解决一般需要的目的。那时政府方面，开始注意建立了几个小的工厂，但对机关学校，则连种菜养猪我们也还没有叫他们做。一九三九年国民党颁布《防制异党活动办法》，国共间的关系不如从前了。边区的机关学校也增多，虽有外来的一点经费补助，已经分配不过来，我们处在财政供给问题的严重威胁下。由于这个原因，迫使我们不得不想到全体动员从事经济自给的运动。那时，我们在干部动员大会上曾经这样提出问题：饿死呢？解散呢？还是自己动手呢？饿死是没有一个人赞成的，解散也是没有一个人赞成的，还是自己动手吧——这就是我们的回答。我们曾经指出这样简单的道理：从古以来的人类究竟是怎样生活着的呢？还不是自己动手活下去的吗？为什么我们这些人类子孙连这点聪明都没有呢？那时我们又指出：一个处在封建社会里的被剥削的农民家庭，一家三口、四口乃至七口、八口，只靠一个劳动力生产的事是很普遍的，这样的一家，不但要维持他们自己的生活，而且要付出百分之五十至八十的租税给他人，为什么我们反不如这样的农家呢？我们的军队全部都是劳动力，没有女人，没有老人小人，又没有租税重负，为什么还会发生饿饭的事？我们有政府这样的权力机关，为什么还不能解决自己的衣食住用问题？我们考察一下从古代的人类到今天的贫农，他们之所以能够活下去，并且活得同野兽不同的原因，无非就是他们有两只手，并且将手接长起来——拿着工具。我们再来考察一下我们自己，原来我们每一个人也都有两只手，我们也可以将手接长起来——拿着工具。这个考察很重要，这样一来，我们的问题就立即解决了。总之，我们是确信我们能够解决经济困难的，我们对于在这方面的一切问题的回答就是“自己动手”四个字。这时，我们提出的任务比一九三八年不同了，不是仅仅为了改良生活，而是解决一般需要的一部分。动员的范围也不限于军队，而是所有部队、机关、学校一律进行生产，发出了开展一个大规模生产运动的号召。《开荒歌》是那时唱出来的，《生产大合唱》也是那时产生的。这一号召，不仅动员了几万党、政、军、学人员，也动员了边区的老百姓，这年老百姓开荒达一百万亩之多。这一号召又传播到了华北，在战场上作战的八路军也有许多在战斗间隙中从事生产的。这是我们的生产自给运动的第一阶段，这一阶段包括一九三八、一九三九及一九四〇三个整年。在这一阶段中，政府的工业建设发展了一步，军队与机关、学校发展了农业生产。

一九四一年至此次高干会（一九四二年十二月）为第二阶段，生产自给的基础已经坚固地打下了。在这两年中，人员增多了，许多人因外边顿不住来到边区要吃饭，为了增强河防三五九旅也来了。军队增加了而外援全断，一切公用的生活资料与事业经费，只能完全从取之于民与取之于己这两方面来解决。而在取之于己这一方面，两年努力的结果，从总量上说来，是超过了取之于民那一方面的。这一阶段的经验，使我们发生要感谢那些封锁我们的人们的感觉。因为封锁这件事，除了它的消极的坏处一方面之外，还产生了一个积极的方面，那就是促使我们下决心自己动手，而其结果则居然达到了克服困难的目的，学得了经营经济事业的经验。“艰难困苦，玉汝于成”的古话，对于我们，是完全自觉地被理解的。

已经过去了的两个阶段中，第一阶段，部队、机关、学校着重于农业，政府则发展了工业；第二阶段则着重了商业，为了解决迫在眉睫的需要，除一部分部队与机关、学校坚持了农业为主的方针外，其余都讲究做生意，没有像在第一阶段那样地重视农业了，但政府、部队与机关、学校都发展了工业与手工业。此次高干会后将进到新的发展阶段。在新的阶段上，我们的经济基础已较巩固，我们的经验也较多了，应确定以农业为第一位，工业、手工业、运输业与畜牧业为第二位，商业则放在第三位，因为商业只可救急，要建立永久基础于商业之上，是不可能也不应该的。

三

建立经济核算制，克服各企业内部的混乱状态。为此必须：第一，每一工厂单位应有相当独立的资金（流动的和固定的），使它可以自己周转，而不致经常因资金困难妨碍生产。第二，每一工厂单位的收入和支出，应有一定的制度和手续，结束收支不清、手续不备的糊涂现象。第三，依照各厂具体情况，使有些采取成本会计制，有些则暂不采取，但一切工厂必须有成本的计算。第四，每一工厂的生产，应有按年按月生产计划完成程度的检查制度，不得听其自流，很久不去检查。第五，每一工厂应有节省原料与保护工具的制度，养成节省原料与爱护工具的习惯。所有这些就是经济核算制的主要内容。有了严格的核算制度之后，才能彻底考查一个企业的经营是否是有利的。

四

改善工厂的组织与管理，克服工厂机关化与纪律松懈状态。首先应该改革的是工厂机关化的不合理现象。目前我们有许多工厂在组织上非常不合理，人员众多，组织庞大，管理人员和直接生产人员的分配不适当，以及将管理大工厂的制度应用到我们的小工厂上面，这些现象必须迅速改变，使一切工厂实行企业化。一切工厂，应依自己经济的盈亏以为事业的消长。一切从业员的薪给，应由工厂自己的盈利解决，而不支领公粮、公衣与公家的津贴费。其次是实行十小时工作制及计件累进工资制，借以提高劳动热忱，增加生产。八小时工作制，是将来大工业发展时应该实行的，目前则应一律实行十小时制，应使职工们了解这是抗战的需要。平均主义的薪给制抹杀熟练劳动与非熟练劳动之间的差别，也抹杀了勤惰之间的差别，因而降低劳动积极性，必须代以计件累进工资制，方能鼓励劳动积极性，增加生产的数量与质量。军工生产暂时不能实行计件工资制，亦应有计件奖励制度。再其次，应改善职工会的工作，发展赵占魁运动[1]于各厂。职工会工作有不适合于提高劳动纪律与劳动积极性的，必须加以改造。一个工厂内，行政工作、党支部工作与职工会工作，必须统一于共同目标之下，这个共同目标，就是以尽可能节省的成本（原料、工具及其他开支），制造尽可能多与尽可能好的产品，并在尽可能快与尽可能有利的条件下推销出去。这个成本少、产品好、推销快的任务是行政、支部、工会三方面三位一体的共同任务，各顾各地把三方面工作分裂起来的作法，是完全错误的。三方面要组织统一的委员会，首先使行政人员、行政工作、生产计划走上正轨，而党与工会的任务就是保障生产计划的完成。再其次，工厂应奖励最有成绩的工人与职员，批评或处罚犯错误的工人与职员。没有适当的奖惩制度，是不能保证劳动纪律与劳动积极性的提高的。

五

有许多的部队、机关、学校，在他们的生产活动中，负行政指挥责任的同志不大去管,甚至有少数人完全不闻不问,而仅仅委托于供给机关或总务处去管,这是由于还没有懂得经济工作的重要性的原故。其所以还不懂得,或则中了董仲舒们所谓"正其谊不谋其利,明其道不计其功"[2]这些唯心的骗人的腐话之毒,还没有去掉得干净;或则以为政治、党务、军事是第一位的,是最重要的,经济工作虽然也重要,但不会重要到那种程度,觉得自己不必分心或不必多分心去管它。但是这些想法全是不对的。在目前陕甘宁边区的条件下,大多数人做工作,讲革命,除了经济与教育(理论教育,政治教育,军事教育,文化教育,技术教育,业务教育,国民教育,均在内)两件工作以外,究竟还有什么工作值得称为中心工作,或所谓第一位工作的呢?究竟还有什么工作是更革命的呢?不错,其他工作是有的,而且还有许多,但是中心的或第一位的工作,就目前边区条件说来,就大多数同志说来,确确实实地就是经济工作与教育工作,其他工作都是围绕着这两项工作而有其意义。我们如果认真地做好了这两项工作,我们就算很好地援助了前方的战争,我们也就算很好地协助了大后方的人民。两项工作中,教育(或学习)是不能孤立地去进行的,我们不是处在"学也,禄在其中"的时代,我们不能饿着肚子去"正谊明道",我们必须弄饭吃,我们必须注意经济工作。离开经济工作而谈教育或学习,不过是多余的空话。离开经济工作而谈"革命",不过是革财政厅的命,革自己的命,敌人是丝毫也不会被你伤着的。由于我们有许多负领导责任的同志至今还采取轻视或不很重视经济工作的态度,以致其他许多同志都学样,愿意做党政军学工作,愿意弄文学艺术,而不愿意做经济工作。有的女同志不愿嫁经济工作者，似乎认为他们是不大名誉的人，认为与其嫁一个骡马队长，不如嫁一个政治干事，才算不辱没了她。所有这些观点，实在都是错得很的，不适合我们此时此地的条件的。我们必须重新分工。我们要有一批脱离生产事务的革命职业家，我们也要有一批医生、文学艺术工作者及其他人等，但是这些方面的人决不能过多，过多就会发生危险。食之者众，生之者寡，用之者疾，为之者舒，是要塌台的。因此，大批的干部必须从现在的工作或学习的岗位上转到经济工作的岗位上去。而各级党部、政府、军队、学校的主要负责同志必须同时充分地注意经济工作的领导，要调查研究经济工作的内容，负责制订经济工作的计划，配备经济工作的干部，检查经济工作的成效，再不要将此项极端重要的工作仅仅委托于供给部门或总务部门就算完事。

六

总之，所有延安及全边区各机关学校的生产自给工作是有成绩的，他们不但供给了日常经费的大半，解决了迫切的财政困难，而且奠定了公营经济的基础，使我们能够依据这个基础继续发展生产，解决今后的问题。

特别重要特别值得指出的，是我们学得了经营经济事业的经验，这是不能拿数目字来计算的无价之宝。我们不但应该会办政治，会办军事，会办党务，会办文化，我们也应该会办经济。如果我们样样能干，惟独对于经济无能，那我们就是一批无用之人，就要被敌人打倒，就要陷于灭亡。

七

一切空话都是无用的,必须给人民以看得见的物质福利。我们还有许多同志的头脑没有变成一个完全的共产主义者的头脑,他们只是做了一个方面的工作,即是只知向人民要这样那样的东西,粮呀,草呀,税呀,这样那样的动员工作呀,而不知道做另一方面的工作,即是用尽力量帮助人民发展生产,提高文化。为了革命,为了抗战,我们向人民要东西是完全合理的。我们的同志做了这一方面的工作算是做了他们应做的革命工作,这是很好的。但这只是做了一个方面的工作,而且还不是第一个方面的工作。我们的第一个方面的工作并不是向人民要东西,而是给人民以东西。我们有什么东西可以给予人民呢?就目前陕甘宁边区的条件说来,就是组织人民、领导人民、帮助人民发展生产,增加他们的物质福利,并在这个基础上一步一步地提高他们的政治觉悟与文化程度。为着这个,我们应该不惜风霜劳苦,夜以继日,勤勤恳恳,切切实实地去研究人民中间的生活问题,生产问题,耕牛、农具、种子、肥料、水利、牧草、农贷、移民、开荒、改良农作法、妇女劳动、二流子劳动、按家计划、合作社、变工队、运输队、纺织业、畜牧业、盐业等等重要问题,并帮助人民具体地而不是讲空话地去解决这些问题。这一方面的工作是每个在农村工作的共产党员的第一位工作。只有在做了这一方面的工作,并确实生了成效之后,我们去做第二方面的工作——向人民要东西的工作时,我们才能取得人民的拥护,他们才会说我们要东西是应该的,是正当的；他们才会懂得他们如不送出粮草等等东西给政府，则他们的生活就不会好，就不会更好。这样我们的工作才不是勉强的，才会感觉顺利，才会感觉真正和人民打成一片了。这就是我们党的根本路线，根本政策，每个同志（军队的同志也在内）都要好好去研究。只有在我们的同志懂得并且实行了这样两方面工作的配合时，我们方能算得上一个完全的共产主义的革命家，否则我们虽也在做革命工作，虽也是一个革命家，却还不是一个完全的革命家。而且，对于某些同志说来，他们还是一个脱离群众的官僚主义者，因为他们只知道向群众要东西，却不知道或不愿意给群众一点东西，引起群众讨厌他们。这个问题非常重要，希望大家十分注意，并向全党宣传这个道理。

根据解放社一九四四年一月订正再版的
《经济问题与财政问题》刊印。

注　释

〔1〕赵占魁运动，是一九四二年开始在陕甘宁边区的公营工厂中开展的、以边区公营农具厂司炉工模范工人赵占魁命名的劳动竞赛运动。这个运动后来发展到其他敌后抗日根据地。

〔2〕见《汉书·董仲舒传》。

图书在版编目(CIP)数据

毛泽东文集　第2卷/中共中央文献研究室编.
-北京:人民出版社,1993.12
ISBN 978-7-01-001834-8

Ⅰ.毛…
Ⅱ.中…
Ⅲ.毛泽东著作-文集
Ⅳ.A41

毛　泽　东　文　集

MAO　ZEDONG　WENJI

第　二　卷

(一九三七年八月——一九四二年十二月)

中共中央文献研究室编

人民出版社 出版发行
(100706　北京朝阳门内大街166号)

北京新华印刷有限公司 新华书店经销

1993年12月第1版　2009年11月北京第11次印刷
开本:635毫米×927毫米 1/16　印张:30
字数:304千　印数:36,201—40,500册

ISBN 978-7-01-001834-8　定价:49.00元